浙江 · 泰顺 · 南浦溪

女性的身影

历史长河中的库村

WOMAN,
HISTORY &
KUCUN

库村口述历史编纂委员会 编

中国文史出版社
CHINA CULTURAL AND HISTORICAL PRESS

《女性的身影·历史长河中的库村》编委会

主　　任：王珊珊　李永进
编　　委：陶建华　薛　卫　谢世糠　张倩倩　许立裕
　　　　　叶彬彬　陈学晶　夏帮欲　刘化春　胡国华
　　　　　刘素芬　包国宣　吴振橙　包国岳
执行主编：任中亚　翁　彧
摄　　影：翁　彧
校　　稿：林致同　李　谦

库村口述历史·之二

目录

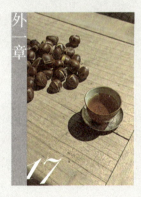

《吴氏族谱》中记载的"库村舆地图"

[代序]

女性　大时代　库村

库村女性的命运与中国女性的命运
历史长河中的库村包、吴氏族
库村家族历史与中国的大历史……

2022年末，温州地区第一本关于乡村的口述历史《时间的记忆·库村口述历史》由中国文史出版社出版，该书的面世，在民间激起了涟漪，书中口述者生动而鲜活的回忆及叙述与史料的相互补充和佐证，使得地方历史原本"扁平"的文本呈现出立体性与多元性，也提升了阅读的丰富性与趣味性。

《女性的身影·历史长河中的库村》是《时间的记忆·库村口述历史》的深入和延展。本书继续由浙江省泰顺县南浦溪镇政府委托《时间的记忆·库村口述历史》作者任中亚、翁或担任田野调查、采访、整理及创作。

在《时间的记忆·库村口述历史》一书的完稿过程中，两位作者注意到，史料及宗谱对女性着笔甚少，但同时，不管是史料、宗谱，还是口述人的叙述，都无法避开女性，在这些口述人的回忆和叙述中，女性在其家族中的作用不可忽视，甚至其中一部分女性成为他们家族的精神支柱，是她们的坚韧、毅力以及面对苦难所表现出的乐观和坦然，帮助家族渡过了难关。

同时，一些口述人言谈中涉及的"卖妻""典妻"行为，使两位作者意识到，女性在悠长的历史中，所遭受的苦难和不公，虽然随着时代的进步而有所改变，却依然留存在活者的记忆中，而这些女性，有些甚至是他们的至亲——母亲。

此外，库村历史中的一些重要人物，在《时间的记忆·库村口述历史》中基本上作为背景资料，以"注"的形式片段出现，但他们各有其精彩的人生经历和个性，而他们的命运遭际，与其所处的时代息息相关，因为库村虽地处偏远，却无法真正做到遗世而独立。

库村的历史，无法避开中国乃至整个世界的历史，如在宋时，库村吴氏出现十几位进士，即与宋朝对读书出仕的官员的尊重和厚待有关。

唐进士及第后，如想出仕，还要经过吏部再定期考选。"吏部之选，十不及一"，宋朝进士，一经及第，即行授职，名次高的可以得到通判、知县或其他同等级官职。官户免役、免税，中上级官吏"任子"（子孙不经"选举"，特准宦仕）的特权……此外大臣致仕时有"致仕恩泽"，可荫若干人，死后有"遗表恩泽"，可荫若干人。 ——张荫麟《西南联大国史课》

及元，朝廷几度废除科举，强硬派并坚持建朝初期制定的差别歧视政策。

元明两朝，京城北迁，泰顺所处之地不仅历战乱，也历倭寇之乱，民间呈现出"文风萎靡"的现象，原因并非单纯所谓"一个宗族的文运衰落"，而与整个时代的变化有关。

至清末，清廷重臣曾国藩、李鸿章、左宗棠等倡导发起了"师夷长技以制夷"的洋务运动，希望利用西方的科学文化知识。从 1872 年到 1875 年，清政府先后选派了 120 名 10 岁至 16 岁的幼童赴美留学，这是近代中国历史上的第一批官派留学生，开启了国人赴外留学的历史。在这个潮流中，库村的包际春也因缘际会，走上了留学日本之路。

凡此种种，使得两位作者在完成《时间的记忆·库村口述历史》之后，阅读相关历史专著，搜集相关历史资料，并重新翻阅宗谱，将库村的历史从另一个角度进行梳理：

尝试挖掘、收集及扩展千年历史中原本只以其姓氏或其名，或寥寥数语留存于文本的女性的相关信息，并力求由一个"具体的人"推及"具体的时代"。库村女性的命运，与中国女性的命运紧密联接，"命妇制度"，历朝历代对于女性的"贞节""贤良"的要求，其影响都会越山越水，到达僻野之地。就连标志着女性"魅力"的裹脚"风"，也吹到了这个交通不便利的地方，成为

"良家女子"必须经受的磨难。

尝试将库村家族历史与国家历史做有机联结，使得今人如我们，能通过相对宏观的角度去追索库村两位肇基始祖，中唐长溪县令包全公和晚唐谏议大夫吴畦公，及他们的后裔如吴梓、吴泰和、吴子良、包涵、包际春等人的命运踪迹，了解和理解他们当年所作所为的缘由，从而产生心理上的超越时空的共鸣。

本书也因此以与《时间的记忆·库村口述历史》不同的书写方式呈现，由创述和口述两部分组成，创述部分旨在以库村历史中的人物或事件为脉络，梳理库村包、吴两氏在历史长河中经历的悲欢荣辱，折射出他们所处各个时代以及家族的概貌和特征，以及因其事迹而被记录但往往被忽视的女性形象。当然，因为年代久远，这些曾经在当时当代出现过并度过各自丰富而鲜活人生的女性，她们的生平、品性、音容笑貌，等等，早已化成时间的尘埃，只可通过相关文本及资料，做大致梳理。

在这个意义上看，在世的年岁已大的库村女性的回忆便显示出其珍贵性和重要性。本书的第二部分，便由五位女性口述实录组成。

库村老一辈女性，曾经在《时间的记忆·库村口述历史》中因口述人提及而引起作者注意的，如包长族的母亲陈美玉、包长丰的岳母夏李、包长荣的母亲夏彩英均鲐背之年，这几位老人各有自己不同的人生经历及个性和风貌，她们的身世，尤其是幼年及年轻时的经历，代表了已经过去的时代。她们曾经身处的时代已渐行渐远，如果不留存于文本，也将很快消失。

还有在父母支持下，成为解放初期教育受益者的翁彩霞，她在南浦溪中心校任职数十年，在其漫长的教学生涯中，曾经自己创作音乐与舞蹈，她的学生也因此参加县级与市级文艺汇演。在和她的交谈中，还提到"节育"这个对于她那个年代的女性来说还相对陌生与新鲜的词。

在中国历史中，无数传统女性曾被生育所累所困扰，翁彩霞老师有这样的自觉，我们把它归结为教育和知识的力量。

跟随工作调动的丈夫来到库村的蔡春衣，她14岁即被父母许订，却因父母同时支持她念书，而呈现出性格和行为上的复杂性与独立性，在彼时很多妇女为了生"子"而逃避计划生育政策的年代，她为了能争取到工作的机会，在只生育一个女儿的情况下，毅然选择了引产。后来又在库村开了裁缝店，挣的钱，比她丈夫的工资要多。

她的女儿，也因此避免了同龄人的困窘童年，说自己的童年"不苦"。因为她，父母亲都有经济收入，而且作为家中独女，她深受父母的疼爱与娇宠。

而这也是本书著述的目的之一，关注女性，关注女性在人类历史中的"贡献"的同时，也关注她们的命运。这在当代尤其重要，当代妇女地位虽然大大提升，但"重男轻女"的意识依然存在，将女性视为生育及延续宗族血脉的工具的现象依然存在，女性被"物化"的现象依然存在。而尊重女性，尊重女性的独立人格，尊重女性内心的真正需求，需要全社会的共识，更需要女性自身意识的觉醒。

当然，因为篇幅及水平所限，我们所能做的，仅限于本书所呈现的。如果它能令读者从另一个角度重新认识女性以及女性的力量，我们的目的也算是达到了。

历史由伟大的人构成，历史也由普通人构成。
历史由男人构成，历史也由女人构成。

第一章

[历朝史略·中唐]

盛世之下　危机暗藏

库村包氏肇基始祖包全公，按清人林鹗[注]《分疆录·寓贤》，"自会稽入安固白云山下居焉"，为外籍进入泰顺的第一位"贤士"。

【注】林鹗生于 1793 年，1874 年过世，道光二十二年（1842）贡生，曾先后任兰溪训导、中山书院掌教等。晚年林鹗费数年心力著《分疆录》，书未成，病逝。林鹗去世之后，他的儿子林用霖继续父亲未竟的事业，续编《分疆录》。

他也是外籍进入库村的第一位贤士。那年是唐元和辛卯年，即 811 年。

《泰顺县志》里的包全传略

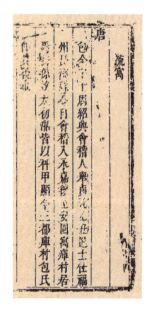

彼时泰顺[注]还远未立县，虽然自新石器晚期就有人类活动，但与交通方便的平原地区相比，"溪水潺湲，林峦峭耸"（包全语）的泰顺显然更像处于世界边缘，套用时下流行的词语，真正有点"秘境"的意味。

【注】明景泰三年，即 1452 年，析出瑞安县义翔乡五十六至六十都和平阳县归仁乡三十八至四十都置县，景泰皇帝赐县名"泰顺"。此前，库村归辖于安固县（902 年改名瑞安县）。

这秘境，成为包全人生的最后一个落脚点。这个地方没有他认识的人，也没有认识他的人，他的过往，只要他不提及，就可以只当没发生。从此他可以如一个"新人"开始新的人生。

彼时包全 64 岁，儿子包福 6 岁。

在那之前，他带着家人，在福建、江苏、浙江已经流徙了 6 年。

包全的故事，不妨从头说起。

武周之代李唐 / 包全出仕

　　包全的远祖可以追溯到春秋时期著名的"哭秦庭"者申包胥,库村包氏"望出丹阳,门阀弥盛","始祖驼公大业二年避隋之乱,自润州丹阳徙居青田沐鹤溪(今浙江景宁鹤溪)",到了驼公曾孙一辈,人丁开始出现兴旺之态,其中的一位包序,便遵祖先遗命迁回润州丹阳。包全公的父亲包条即这位包序后人。包条后又迁居越州会稽(今浙江绍兴),官虞部员外郎[注]。

　　【注】据《大安包氏宗谱》:"条以孝廉闻,擢为虞部员外郎"。"虞部"始于三国魏,属工部,掌山泽、苑囿、草木、薪炭、供顿等事。"员外"本指正员以外的郎官,始设于晋。隋开皇时,尚书省二十四司各设员外郎一人,为各司的次官,属正五品或从五品。

　　包条生卒年未详。包全生于747年,即唐天宝六年。

　　纵观历史,彼时唐已经建朝一百多年(唐太祖李渊于618年称帝,建立唐王朝),历经唐太宗时代的"贞观之治"、武则天时代的"武周之治"、唐玄宗时代的"开元之治",唐朝一派生机盎然,首都长安也成为国际性的文化中心,呈现出中国历史上最富包容性和开放性的状态,乃至于李白敢借酒胆让唐玄宗身边最得力的宦官高力士为他脱靴。如果没有开放的环境和君主,李白再怎么狂(彼时为李白入宫任翰林第二年,史料提及天性爱自由的他开始厌倦御用文人的生活),酒喝得再多,也不敢妄为到如此地步。

| 库村古村落

高力士脱靴事件发生在唐天宝二年（743）。

如前所述，包条以"孝廉"举。举孝廉的选官制度始于汉朝，经过魏晋南北朝和隋朝，以孝为官的考核制度日趋完善，到了唐朝，中国第一位也是唯一一位女皇帝武则天登基之后，这位有创意、不循常规的女皇帝更是对科举制度（科举考试始于隋朝开皇七年，即587年，"命各州举荐三人，称为贡士，全国190州，近600名贡士送到首都，参加特殊的考试"。史学家陈舜臣将之形容为：激烈残酷的地狱式考试）进行大力改革，降低了参考人员的门槛，新立了很多科目。同时，选拔人才的方式更灵活和多样化，大大增加了"普通家庭"出身的子弟出仕当官的机会。

自高祖、太宗创业至高宗统御之前期，其将相文武大臣大抵承西魏、北周及隋以来世业，即宇文泰"关中本位政策"下所结集团体之后裔也。自武曌（武则天）主持中央政权之后，逐渐破坏传统之"关中本位政策"，以遂其创业垂统之野心。故"关中本位政策"最主要之府兵制，即于此时开始崩溃，而社会阶级亦在此际起一升降之变动。盖进士之科虽创于隋代，然当时人民致身通

| 百花岩山中秋色

显之途径并不必由此。及武后柄政，大崇文章之选，破格用人，于是进士之科为全国干进者竞趋之鹄的。当时山东、江左人民之中，有虽工于为文，但以不预关中团体之故，致遭摈抑者，亦因此政治变革之际会，得以上升朝列，而西魏、北周、杨隋及唐初将相旧家之政权尊位遂不得不为此新兴阶级所攘夺替代。故武周之代李唐，不仅为政治之变迁，实亦社会之革命。若依此义言，则武周之代李唐较李唐之代杨隋其关系人群之演变，尤为重大也。

……

自武则天专政，破格用人后，外廷之显贵多为以文学特见拔擢之人，而玄宗御宇，开元为极盛之世，其名臣大抵为武后所奖用者。

——陈寅恪《唐代政治史述论稿》

"乡举里选"这种荐举制度到了唐德宗时期，已经逐渐成熟并定型，而且朝廷针对制度和做法上存在的一些问题不断地进行调整和完善，包括自代制、冬荐制、连坐制以及中央台省长官荐举制等制度的规范化，唐韦澳《解送进士明经不分等第榜文》："朝廷将神教化，广设科场，当开元、天宝之间，始专明经、进士；及贞元、元和之际，又益以荐送相高"，其时，荐举选官大行其道，是朝廷选拔人才的重要途径。

正是在这样的历史背景下，包全通过"乡举里选"的方式，于唐贞元乙丑年（785）"登第"，以"御府参军"开始他的仕宦生涯。

所以包全公的名字，没有出现在唐代的进士榜上。

登进士榜必须得先顺利通过州、县举办的选拔考试，而后通过省试，最终进京参加殿试，殿试时录取分为三甲：一甲三名，名曰赐"进士及第"（其中第一名称状元，第二名称榜眼，第三名称探花）；二甲、三甲各若干名，二甲名赐"进士出身"，三甲则为赐"同进士出身"。

一、二、三甲榜上有名的都叫"进士及第"或"登进士第""登进士榜"，统称为进士，是科举考试的最高功名。

凡是登第者，不仅名字在各家谱有记载，在各地方志也拥有一席之地，乃至哪一年中进士，中进士那年谁中状元（古时以该榜"状元"的姓名命名榜单），都有相关资料可查。

中国的科举制度允许考生终身参加，科举史上，有年纪轻轻就一举中第者，如唐宣宗大中五年（851），年仅17岁的莫宣卿，廷试第一，钦点制科状元，入翰林院，是中国科举制度时代最年轻的状元。据《双槐岁钞》记载："吾广大魁天下，实自宣卿始。"他也是两广地区的第一位状元。

也有屡试不中但坚持考试最终如愿的。颇有诗名的安徽人曹松，天复元年（901）中进士那年已经73岁了，朝廷还认真授予他校书郎、秘书省正字的职位，可惜他只做官两年便驾鹤西去了。

更具戏剧性的是唐德宗贞元七年（791）辛未科考，当年屡试不第的老考生尹枢已经70岁，相传当时主考官杜黄裳没有邀请"榜帖（同考官）"，尹枢便自荐去帮主考官批卷写榜，最后主考官征询尹枢该谁是榜首的时候，尹枢竟然当仁不让地写下自己的名字。

所以包全公33岁时以乡举里选的方式登第，在年龄上并不"嫌老"。所谓"三十老明经，五十少进士"，四五十岁登第很正常。只是不知他是此前在科举考试中经受了挫折从而明智地选择了乡举里选这条路呢，还是他年轻时无意科举，却在33岁时，机缘巧合地通过乡举里选这个方式登第？

此外，在唐代，科举并不是唯一的做官途径，许多出于各种原因无法科举取士的文人才俊，除了荐举，还可以通过从军边塞，建立功名；进入幕府成为幕僚；漫游或优游，以结交官员或名流；"以退为进"的隐逸等途径和方式进入仕途。

古人当官，一方面，当然其中很多是抱着服务当局。造福苍生的目的；另一方面，在唐朝当官，有"非常实际的好处"。

唐朝与魏晋南北朝一个很大的不同是，不当官就成不了大地主，因为官吏是直属于皇帝的臣子，皇帝通过给予臣子优厚待遇的政策保持帝国的稳定。当官的是"士"，不当官的是"庶"，士与庶仿佛是两个不同世界的人。

唐朝实行"均田制"。对"庶"，即普通老百姓，唐朝的土地分为"口分田"和"永业田"两种。口分田在分得者或年满 60 岁，或过世，或残疾的情况下，必须归还国家。而永业田无须归还，后代可以继承。

普通百姓的"口分田"和"永业田"的比例为 8:2。

唐朝的官吏，即"士"，所拥有的田地，分"职分田"和"永业田"。不当官的时候交还职分田，死亡或引退后，永业田则可以留给子孙后代。

唐代官阶分为九品，其中又分正、从，再分上、下等。"职分田"和"永业田"按官位等级不同而不同。

顶级官吏如中书令、门下侍中是正二品官，职分田是 20 顷、永业田是 50 顷。一顷是 100 亩。算起来，正二品官可以留给子孙的永业田有 5000 亩，是一般百姓的 250 倍。

品序最低的是从九品官，相当于县尉【注】这个职务的小官吏，他的职分田和永业田也有两顷，即 200 亩，是普通百姓的 10 倍。

所以不管从世俗的角度还是儒学的角度，考取功名以至谋得官职是当时上至豪族下至百姓梦寐以求的事情。

【注】在唐代，县令是县级政府的行政长官，统筹掌管全县的政务；县丞是副长官；主簿负责勾检、督办公文工作。而负责具体执行的，就是县尉。

一荣俱荣 / 一损俱损

回望包全出生到出仕的 33 年间，唐王朝已经经历了安史之乱（755—763），但动乱并没有波及南方，推测他的家族受此影响不大。

此外，安史之乱结束后，从唐玄宗、唐肃宗、唐代宗到唐德宗，这四代皇帝都是父子关系，都是父皇死，太子登基，并未经历血腥的篡位事件，所以从朝廷到民间，都还算是平静的。

这 33 年间，也是中国伟大诗人王维（701—761）、李白（701—762）和杜甫（712—

包氏大宗祠外观。祠堂坐北朝南，正殿两层七间，两边横轩七间，前殿设为戏台，为砖木结构仿唐建筑

770）相继过世的时期。王维和李白都受到安史之乱的牵连，李白之死意味着盛唐诗歌的终结，杜甫则在安史之乱后又活了七年，那七年是他创作的高峰期，与李白天才的想象和狂放不同，杜甫创作的诗歌，具有更多直面现实的社会性。

这是题外话。

总之，按包全所作世系序——《肇迁库村自序》，包全于唐德宗登基初年登第出仕之后，"自同御府参军，受彬州义昌县令，秩满，受润州司仓参军……。贞元二十一年三月，以承奉升征事，从六品，上福州长溪令。"【注】

包全任福建长溪县令时为贞元二十一年，即805年，时年58岁。

那年正月，唐德宗去世，德宗之子李诵登基，为唐顺宗。

【注】长溪，古县名。唐武德六年（623）置，治所今福建省霞浦县南，属泉州。同年并入连江县。武周长安二年（702）复置，徙治今霞浦县，仍隶泉州。乾元元年（758），改长乐郡为福州，长溪县属福州。五代后唐长兴四年（933），升福州为长乐府，长溪县属长乐府。

包氏族人，浙江乐清市芙蓉包宅包应玉和浙江文成县桂山凤狮包学冠合著的《包全公序之研讨》分析祖先包全公任职及（被）罢职事由，认为包全之"起落"，与当时因李诵登基而得势的王叔文及其同党发起的改革有关。

他们的分析是有道理的。

王叔文为越州山阴（今浙江绍兴）人，因棋艺高超，入宫侍读太子李诵。

王叔文棋艺高超，但志不在棋，而在政治。他常与李诵议论政务，颇有见地，得李诵赏识，李诵即位后，王叔文被任为翰林学士，不久兼判度支、盐铁副使，转尚书户部侍郎。

在"陪太子读书"的过程中，王叔文的周围团结了一批志同道合之人，如王伾、柳宗元、刘禹锡等，形成了一个政治集团，掌管朝政后，积极推行革新，采取了一系列改革措施，史称"永贞革新"，如：

| 王叔文像

罢宫市。（改宦官采购宫中所需物资为由京兆府官吏采办。）

禁五坊小儿。（所谓"五坊"指雕坊、鹘坊、鹰坊、鹞坊、狗坊，每坊中养育一种动物，供皇帝娱乐。"小儿"指在五坊中畜养动物的工人，德宗时，五坊小儿常欺凌百姓，诈财、骗食。）

停盐铁使月进钱。（盐铁使自玄宗时开始设置，是主管国家财务的机关。德宗时代，规定盐铁使每月要送钱给宫廷。王叔文当政后，禁止官吏私人进奉。）

召还陆贽、阳城赴京师任职。（陆贽、阳城以正直闻名，由于敢直谏，德宗时二人曾被贬官边地。）

王叔文等试图收回宦官和藩镇手中的兵权。

但人算不如天算，史书记载，当了25年皇太子的李诵在登上帝位之前一年的九月得了风疾，该年正月登基（为顺帝），不久病情就恶化，乃至于当年四月，俱文珍为首的宦官拥立李纯为皇太子，并向顺帝施加压力，八月，顺帝让位于儿子李纯，退位当了太上皇。

当了几个月太上皇后，李诵于次年（806）正月去世，享年46岁。

顺帝李诵一退位，王叔文及其所带领的团队被罢官的罢官，免职的免职，八月六日，王叔文被贬为渝州司户，王伾被贬为开州司马。

集团的中坚分子，大名鼎鼎的文学家柳宗元和刘禹锡等先后被贬为远州（指远离中土的边远州）各司马，即历史上著名的"八司马事件"（贬为远州司马的共八人）。

长溪县令包全，当年三月上任，他算不上是王叔文政治集团的核心人士（他任长溪县令，不知是不是跟他与王叔文为"老乡"，彼此"相识"有关），但一荣俱荣，一损俱损，当年八月，才当了五个月县令（不知已经有所作为还是来不及作为），就被罢了官职。

又或者，因为当年包全的举荐人是王叔文阵营的人而牵累到包全的仕途？

历史学家们对王叔文有各种评点。如：

叔文沾沾小人，窃天下柄，与阳虎取大弓，《春秋》书为盗无以异。　　——《新唐书》
叔文固俭险小人，此论自正。　　——冯梦龙

也有为他鸣不平的：

叔文行政，上利于国，下利于民，独不利于弄权之阉臣，跋扈之强藩。　　——王鸣盛
王叔文非真无赖子，观其引进诸人，多一时知名士，虽非将相才，要皆文学选也。王伾与叔文比肩，较为贪鄙，招权纳贿，容或有之，乱政误国，尚未敢为，观其贬李实，召陆贽、阳城，罢进奉、宫市、五坊小儿，举前朝之弊政，次第廓清，是亦足慰人望，即欲夺宦官之柄，委诸大臣，亦未始非当时要着，阉寺祸唐，已成积习，果能一举扫除，宁非大幸？　　——蔡东藩

王叔文因此成为历史上有争议的人物，也因此"名留青史"。而关于包全的官方史料，至少目前为止，尚无。但王叔文53岁就被赐死（即短命皇帝李诵去世当年），包全则于同年（时年59岁）开始了流徙生涯，并最终在安固库村卓小阳（今泰顺南浦溪后坪）找到了可以安度晚年之地，并于91岁的高龄去世，得以寿终。

这是不幸中的幸事。

包全的流徙 / "儿女之谜"

包全流徙，带着他不足两虚岁的儿子包福。前文说包全在福建长溪短短五个月，不知已经有所作为，还是来不及作为，但有一点是肯定的，在长溪期间，他唯一的儿子包福出生。

子生于福，故名福。　　——《肇迁库村自序》
（按《库村包氏宗谱》包全"自序"所言，包全仅生有一子包福。《大安包氏宗谱》载包

全有第二个儿子"福老"，幼年即去世。）

　　彼时包全 58 岁。
　　按正常情况，似乎包全不该 58 岁才生子。但行文至此，笔者突然意识到，自己或许又是被那"根深蒂固"的思想误导了。

　　梳理《时间的记忆·库村口述历史》文稿时，笔者看到《库村包氏宗谱》记载清人包涵的继母夏氏生于嘉庆丙寅年（1806），年 21 守志，47 岁时包涵请旌奉旨建坊，78 岁时五代同堂，太史藁田赠以"五叶春晖"。
　　我们查阅了夏氏唯一的继子包涵公所有后人的信息，发现她的玄孙辈们的出生日期，并无一个早于 1884 年（夏氏 78 岁时所属年份）。
　　但既然太史公题赠"五叶春晖"，当不致有误。民间对于人们的寿龄，以及"几代同堂"的态度是相当严肃和认真的，不可能在这件事情上犯错。
　　那到底"五叶春晖"的根据在哪里？成了心头的一个疑团，直到有一天，突然福至心灵，恍然大悟：我们在宗谱上所查的夏氏所有玄孙辈，都是男性，因为直到近现代，几乎所有宗谱记载的，都是"儿子"（男性）的相关信息、出生年份以及娶妻何氏，至于女儿（女性）的相关出生信息，是不被宗谱记载的。但宗谱不记载，女孩们也还是活生生的生命，也还是作为一个"人"来到这个世界的，所以"五叶春晖"，合理的解释是，夏氏 78 岁的时候，家中已经有玄孙辈的女孩诞生了。

　　所以在我们诧异包全怎么 58 岁的时候才生了一个儿子的时候，我们顽固的思维又开始犯同样的错误，我们再次把包福当作包全的第一个孩子，而不是第一个儿子。

　　这就是一代一代"重男轻女"观念对人的思维潜移默化的扭曲，就连有个性、有胆略、心狠手辣、为所欲为者如武则天[注]，登基之后，把儿子李旦的姓改为自己的姓氏武姓，殊不知，"武"是她的家族父姓。
　　【注】武则天于永徽六年（655）被太宗的继任者高宗册立为皇后，高宗于弘道元年（683）去世，武则天于 690 年，即庚寅年九月登上帝位，称"圣神皇帝"，改国号为周，定元号为天授。唐朝的虚位皇帝睿宗李旦则成为周的圣神皇帝武则天的皇嗣，赐予武氏之姓。

　　父和夫，都代表了男性，所以即便武则天思想再开放（设置了很多选拔人才和发现人才的机制），想象力再丰富（创造了大约 20 个文字，其中被后世确认的有 17 个字，包括她自己的名字"曌"。而她创造的代替"国"字的"囝"这个字，还流传到了日本，江户时代的水户藩

今人不见古时月，今月曾经照古人

主德川光圀的名字就用了这个字），再有女权意识（当时服丧制度规定，父死服丧三年，母死一年，武则天改为母死也服丧三年），再有胆气（把皇嗣的姓直接改掉），终究还是不能从根本上做到女性的独立和完整。

言归正传，关于包全58岁才生了孩子（儿子）包福，合理的解释是，之前包全已经有过一个或数个女儿，只不过按惯例未记载于宗谱。而包福的确是包全的头生儿子。如果之前包全已经有过儿子但于年轻或年幼时就去世，按传统惯例，宗谱上仍会有记录。

当然，我们也不能排除包福既是包全的第一个儿子，也是包全的第一个孩子（即他前面没有姐姐）的可能性。

尚不知包福的出生具体日期，不管如何，包全带着家小，怀着莫可名状的心情离开长溪时，包福还是个襁褓中的幼儿，此后数年间，包全先去了自己这一脉的先祖居地润州丹阳（今江苏丹阳），又"由江入浙"，游览了钱塘、西湖，参拜了另一处先祖居地包山，他回忆彼时彼地"墟址肖然而聚落稀矣"，然后，包全回到了自己的故里，浙江会稽之包山。

复如先世由江入浙，乃至钱塘，巡西湖，复效祖陵抵会稽故事。开包山横肘江，上东直海门，墟址肖然而聚落稀矣，遂航西陵，抵会稽之包山，实曲河之皋，在稽山之南，宅里隐约，规矩不坠。
——《肇迁库村自序》

包全及父亲皆在外任官，而儿子包福在福建长溪出生，可见他的家眷也随他在外，多年后，白发人回家，"宅里隐约，规矩不坠"。

可见推想包全一家子"近乡情怯"的心情，何况是被罢官之人。彼时虽信息流传不如现在那么迅速，但包全想必也已经得知顺宗去世以及王叔文被赐死的消息了吧。

如前文所写，王叔文与包全同为越州人，王叔文805年八月被罢官之前，还曾回乡守母丧，既然我们有包全因同乡王叔文的荐举而升任长溪县令的"推测"，不妨也推测王叔文被赐死之前，包全一直带家人在外"徘徊"，而不是直接回故乡会稽，是不是也有"等等看看时局会是一个什么走向"的心理？又或者也有避王叔文之嫌的心理？

及至806年王叔文被赐死，包全终于回到故里，却没有从此在故里安度晚年。

和他之前携家小拜访祖籍地润州丹阳、浙江钱塘包山一样，包全在自己的故乡会稽也只是短暂居留，之后又携家小出发，再次踏上流徙之路。（按包氏宗谱记载，包全为包条独子。包条自己也是独子。推测彼时包条已经不在人世。）

包氏大宗祠内的"包公纪念馆"

再次踏上流徙之路是包全原定的计划呢（拜访几处祖籍地，颇有向祖宗致敬以及告别之意），还是临时决定？不得而知。按说那时候包全已经是六十几岁的人了，包福年纪尚小，在家乡安度晚年，抚养幼儿长大，才是正理。

或者包全在家乡会稽的日子过得并不如意？一个家族败落，在地方上或许会遭遇别族人的歧视乃至欺凌。

不安生，那就走。

也或者他还是有着"不知什么时候这个新朝廷又发一道罪诏令"的担忧，所以选择了"在路上"？

别故里之后，包全带着家小"沿剡水，跨天台，历东瓯，爱其山水之胜，风物之美……"

可见包全还是有家底的。"永贞革新"不是政变和叛乱，包全被免官，家产不会因此被抄没，数年间在各地转徙，是他的主动行为，不是被朝廷流放，更不是逃亡，所以包全才能这么"优哉游哉"地一路停停行行。或许在这样的流徙途中，回想自己的过往和遭遇，心情未免郁郁寡欢，但依然能欣赏大自然之美。或者说，正是大自然，尤其是东瓯的山水胜境，令他的身心得到真正的放松。

这种放松，或许是他的祖籍地丹阳以及他的家乡会稽不能给予的。

包全自序提到自己的始祖包驼为避隋乱，徙居青田沐鹤溪，后来时局稳定，世孙之一包序受先祖遗命，复迁回润州丹阳。

包序即包全一脉的六世祖。

如今包全又回到祖先当年的避乱之地，感叹"殊冠此境，风采人物，秀出万山之中，贤才雅德，蔚为人望"，由此萌生了"立业隐居于此"的愿望。

愿望萌生，但具体要在哪里落脚，彼时尚未确定，直到元和辛卯年，包全和家人作出决定：

> 乃自溯西江上，盘桓深入，溪水潺湲，林峦峭耸，牵舸穷而人力病，入深窈而得佳趣。南拒闽，北至括，奥区亘衰数百里，至库以为最，畴昔盖未有闻也，乃税驾而居。越明年，爱契之吉，遂伐木之佳者以为庐，锥沃畈以为园，瀹清泉以为池，采芝术，种兰芷，委此而终其间，陶然自乐其乐。
>
> ——《肇迁库村自序》

陶然自乐是一方面，另一方面，或者包全以如此偏、远如此陌生的山野之地为家的真正或更重要的原因，还在于他想保全自己家族这唯一的血脉吧，推测非常重视血脉延续的中国人如包全，58 岁得子，内心是如何快慰，况且经历了官场浮沉，家族血脉的延续更成了当前人生一件最重要的事。

若真如此，想必包全的夙愿会达成，因为他的儿子包福在泰顺深山健康成长，后来成了家。而在包全生前，他唯一的孙子包瞿出生。

包全自己，则于 91 岁才离开人世，是非常长寿了。

《库村包氏宗谱》收录了肇基始祖包全公《唐长溪县尹全公咏竹五律》及《全公咏梅截句》两首诗作，可见包全公风骨：

《唐长溪县尹全公咏竹五律》
不见此君久，相逢意豁然。
清标长自若，雅操抑何坚。
迥出烟尘外，偏依雨露边。
一竿如可托，归钓越江鲜。

《全公咏梅截句》
玉骨冰姿回绝尘，雪花点染更精神。
昨宵偶向风前立，似有寒香暗袭人。

山外面的世界 / 甘露之变

包全隐世而居于泰顺库村的二三十年间，外面的世界发生了翻天覆地的变化。

先是唐宪宗李纯死于元和十五年，即 820 年，传被宦官陈弘志杀死。之后，宪宗第三个儿子李恒在一片混乱中被宦官扶上帝位，称穆宗。穆宗在位 4 年就死去。

穆宗和宪宗，彼时都长期服用道士所炼之长生金丹，历史上怀疑他的死与服用金丹有关。

穆宗死后，穆宗的长子李湛即位，即敬宗，敬宗即位 3 年即被宦官李克朋杀死。之后，李克朋被另一派宦官王守澄等人杀死，李湛的弟弟李昂于宝历二年（826）十二月即位，即唐文宗。

掐指算来，包全避世的这些年，皇帝换了四个，而且其中两个皇帝都年纪轻轻就死于宦官之手。唐文宗虽然没有那么悲惨的下场，但因为他曾试图清除宦官，于太和九年（835）发动了史称"甘露之变"的消灭宦官的暗杀行动，在执行过程中不慎泄密，行动失败。

学者陈舜臣在参考了系列史籍之后，以"穿越时空"的手法对暗杀现场进行了颇为生动的描述：

> 与李训一起密谋的左金吾卫大将军韩约在观赏甘露的时候神色慌张，满头大汗。仇士良觉得蹊跷，恰好这时吹来一阵大风把帐篷掀开，他看见帐幕后面埋伏着手持武器的士兵，立即明白这是要发动政变，急忙逃走……
> ——陈舜臣《中国的历史》

| 包宅，半墙竹影

至于发动"甘露之变"失败的唐文宗，虽然没有被宦官所杀，但因为有把柄握在宦官手中，事实上已经成了一个虚位皇帝。

"甘露之变"后的开成四年（839），因病蛰居思政殿的唐文宗召见直学士周墀，两人有过一段对话，唐文宗将自己比作周赧王（公元前 256 年被秦灭亡的周朝最后一个皇帝）和东汉的献帝（被魏灭亡的东汉最后一个皇帝）。且说自己不如这两位亡国之君：

> 赧、献受制于强诸侯，今朕受制于家奴，以此言之，朕殆不如！ ——《资治通鉴·唐纪六十二》

从此不再上朝，第二年正月死去，结束了他悲剧而辛酸的一生，享年 33 岁。

包全于 837 年，即"甘露之变"的两年后去世，不知"甘露之变"的相关信息，有没有通过各种变形的方式流传于民间，而最终传到他耳里。

不管如何，之前皇帝的更换，一定会传到他的耳里，因为每个皇帝登基，都要立新的年号，这个年号也会以公文形式很快地传遍皇帝权势所在的各个角落，偏僻如库村深山。

包全为世系作序，自序以"余既谢事，遁深谷，年逾耄矣，姑序世系始末，以遗厥后，俾有所考焉耳"结尾，最后不忘记下自己的"写作时间"，"时开成二年丁巳夏月"。

包全死于序作完成的同一年，即 837 年。

3 年之后，840 年，库村的另一位肇基始祖吴畦出生。

| 素朴的溪石是库村古村落的主要建材

无法定姓之妻

关于包全的妻室，《库村包氏宗谱》只记载"配陈氏"，而到底其妻是不是姓陈，未能确定，因宗谱又有一句"大安派谱始祖作配夏氏"。

第二章

[历朝史略·晚唐]

盛世已过　危机四起

吴畦出仕 / 时局动荡

家族的荣光 / 命妇 / 嫡母

贬官 / 避走安固库村

山中岁月长 / 金书铁券

罗隐寻访吴畦 / 陌上花开

与家族共进退的夫人们 / 生育的意义

肇基地 / 永久居所

与包全公相比，吴畦公的一生要"波澜壮阔"得多。

但盛世已过，危机四起。

吴畦出生于 840 年，他出生时，天下已经换了君主，从"文宗"而为"武宗"。在武宗短短数年的治世中，影响最大的是镇压佛教。

唐王朝自称以老子李聃为始祖，所以唐初尊道教，武则天时代变成"佛先道后"，到了唐玄宗时代，又是道在佛先，因为唐玄宗喜欢道教。唐武宗的祖父唐宪宗则又是虔诚的佛教徒，在宫中供养舍利，刑部侍郎韩愈曾上疏《论佛骨表》表示反对，结果被宪宗远贬到广东潮州。

唐宪宗虽然信佛，却也热衷服用养生金丹，据说因金丹中含的矿物质成分，导致宪宗晚年性情异常暴躁。而唐武宗自己，在废佛的第二年，即会昌六年（846）三月死去，也是吃多了道士炼的金丹。时年 33 虚岁。[注]

【注】据清赵翼《廿二史札记》，唐太宗、唐宪宗、唐穆宗、唐武宗、唐宣宗皆服丹药致死，大臣如杜伏威、李道古、李抱真亦因服食中毒而亡，有侥幸生还的，也大都"眉发立堕，头背生痈"。最终连炼丹士也对其怀疑起来，炼丹术逐渐衰落，成了后世玄幻、武侠小说里的情节。

顺便提一下，同年，唐代大诗人白居易去世。

继唐武宗之后登上帝位的是唐武宗的叔叔光王李忱，称宣帝。

之前的三任皇帝，敬宗、文宗、武宗是兄弟关系，这本来就挺别扭的，如今出来个叔叔继承他们的皇位，更显得怪异。

唐武宗有皇子，但尚年幼，在朝廷内廷数十年间被宦官把持的情势下，宦官们将行事低调的李忱扶上帝位，有他们自己的想法和目的。

宣帝上台，宣布取消废佛令。宣帝的另一个大动作就是解除宰相李德裕的职务，恢复牛僧孺的宰相职务。[注]

【注】李德裕与牛僧孺两人的敌对与斗争，要回溯到唐宪宗时代。李德裕的父亲李吉甫任宪宗时代宰相的时候，就很讨厌牛僧孺，不让他担任要职，但到了唐穆宗时代，牛僧孺当上了宰相，就把曾经为翰林学士的李德裕贬去当地方官。之后，牛僧孺历唐敬宗、唐文宗，成为三朝宰相，但到了唐武宗，李德裕当上宰相之后，把牛僧孺贬职放逐。

唐宣宗时期，牛僧孺重新得势，回归朝廷任职宰相，不用说，李德裕再次失势，先是被贬为荆南节度使，接着降格为潮州司马，最后贬为崖州司户参军，相当于管理户籍和宿舍的从七品下的小官。于大中三年（849），死于崖州，时年63岁。

此前一年，848年，牛僧孺离世。牛僧孺生于779年，李德裕生于787年。两人差不多是同时代人，如果两人不是这么水火不容，或许唐朝的命运不至于如此衰落。

话说唐宣宗是一个明君，人称"小太宗"，他具有敏锐的洞察力，善于决断，从善如流，禁止宦官与朝臣交往，以肃清朝纪，可惜他和他的前几位皇帝一样，都热衷吃道士推荐的丹药。享年50岁。

彼时为859年。

吴畦出仕 / 时局动荡

唐宣宗死后，长子李漼即位，为唐懿宗（833—873），唐懿宗为唐朝第十八位皇帝，他在位期间，唐咸通元年（860），吴畦中进士。时年20岁。宣宗大中间为广文生，与令狐滈有交往。[注]

康熙《浙江通志》关于吴畦的文字记载

025

与包全几十年间一直在七品官和六品官间徘徊不同，吴畦的仕途相当顺利，年纪轻轻就任职桂州刺史（桂州在唐时属"下州"。唐时州按人口及地理位置，分为上州、中州、下州，刺史的品级也从三品到五品不等）。

后又任河南节度使【注】，意味着吴畦不仅有诗书才华，在行政管理以及谋略决策方面也能独当一面。

【注】节度使本来是镇守边境守备军的司令，安史之乱后，不仅边境，内地也设置节度使。河南节度使是大唐在内地府道建立的第一个节度使。节度使一般兼任观察使，即军队的司令长官兼民政长官，位高权重，称为"藩镇"。

到唐宪宗时代，文官、禁军的高级军官被任命为节度使，任期也相应缩短，除河北之外，其他地区节度使的半独立性得以削弱，节度使纳入官吏的任免体制。

这期间，唐懿宗病死。享年41岁。在位14年。

唐懿宗第五子唐僖宗李儇（862—888）即位，当了儿皇帝，年仅12岁。时为873年。

唐僖宗在位的十几年是唐朝发生大动荡的时期，继席卷全国的黄巢起义之后，各藩镇节度使之间也开始了彼此间的混战，乃至僖宗数次逃离京城长安，最后于27岁时因病离世。

| 唐宪宗像

新皇帝（唐懿宗李漼第七子）李晔即位，为唐朝第二十位皇帝（888—904），为唐昭宗。

同年，吴畦任职谏议大夫。跻身于唐朝最高行政中心。【注】

【注】唐朝的政治核心是三省六部。三省为掌决策的中书省，草拟颁发皇帝诏令；负责审核政令、掌审议的门下省；负责执行的尚书省。尚书省下设六部，分别为吏部（负责考核、任免四品以下官员）、户部（负责财政、国库）、礼部（负责贡举、祭祀、典礼）、兵部（负责军事）、刑部（负责司法、审计事务。具体审判另有大理寺负责）、工部（负责工程建设）。

唐太宗时，谏议大夫隶属于门下省，"宰相入内平章国计，必使谏官随入，预闻政事。有所开说，必虚己纳之"。

德宗贞元四年，谏议大夫分左右设置，人员由四人加置到八人，其中四员隶属于门下，为左谏议大夫，四员隶属于中书省，为右谏议大夫。唐武宗会昌二年，谏议大夫品级由正五品上升为正四品下。

两年后，吴畦进太子太保【注】。正一品。吴畦在朝廷的官职达到了顶峰。

【注】太子太师、太子太傅、太子太保为职事官，教导、辅佐当朝储君，是东宫地位最高、权力最大的三个官职，正一品。

家族的荣光 / 命妇 / 嫡母

吴畦官至一品，他的家族也因他的飞黄腾达，而迎来了最光辉的时刻。吴畦的父亲、母亲和妻子都因此被诰封。

仕公封光禄大夫柱国诰：

皇帝圣旨国家登庸才俊图懋治功禄秩既厚其躬褒封必加其父尔封资善大夫吴仕乃太子太保殿前谏议吴畦之父积学专精宅心仁厚有子能官历事三朝之久积功累进峻登一品之阶洵义方之有征宜宠褒之加厚爷特加封尔为光禄大夫柱国享荣家宅给禄有司益懋躬修毋替朕命宜令吴仕准此

大顺二年二月　日

张氏夫人诰：

皇帝圣旨朕惟群臣之贤者固本燕翼之诒亦资熊丸之训矧予卿辅茂建勋庸揆厥所由可无殊命尔封夫人张氏乃太子太保殿前谏议吴畦之母赋性淳良治家严肃笃生贤子为时名卿屡建大勋合膺殊宠兹特加封尔为一品夫人永贻门闾之望益衍云礽之泽宜令张氏准此

大顺二年二月　日

王氏夫人诰：

皇帝圣旨朕念辅佐之勋股肱是赖宠荣之典伉俪攸同盖以彰风化之原示闺门之式也尔太子太保殿前谏议大夫吴畦妻王氏慈良柔顺淑慎温恭生长华族作配名门风昭内助之贤已荷荐推之命夫秩既登于极品国恩岂吝于重褒特加封尔为一品夫人允为中闱之表仪益耀内庭之朝谒宜令王氏准此

大顺二年二月　日

关于"命妇"的最早记载，可能是春秋末期，如《国语·鲁语下》〔卷五〕："命妇成祭服"。

"命夫"即所谓受有天子爵命的男子。贾公彦《疏》："内命夫，卿、大夫、士之在官中者，谓若官正所掌者也。对在朝卿大夫士为外命夫。"

命夫有内外之分，命妇也有内外之分，宫廷中嫔妃称"内命妇"，外廷官员的妻子、母亲称"外命妇"。

《周礼·天官·阍人》记载，掌管王宫中门的守卫纠禁即"阍人"，"凡外内命夫命妇出入，则为之辟"，体现出一种等级的礼遇。

唐代，封赠命妇的活动非常兴盛，并明确形成了制度。而在隋以前，皇族和大臣的母妻有被封为夫人、郡君、县君、乡君等号，但只是随意封赠，并未形成固定的品级制度。

唐代命妇定制为：一品为国夫人，三品以上为郡夫人，四品为郡君，五品为县君。

封赠制度的诞生、发展，从某个角度体现了中国封建社会制度的智慧和人性化，看上述三封诰书，起篇先讲一番大道理，篇中对受诰人的品行进行表扬，末了还附上"期望"，想象受诰人收到这样一份来自朝廷的东西，内心该怀着多大的喜悦和自豪，以及安慰（考虑到那些呕心沥血为朝廷奔波而无法顾及家庭的命官）。并"激励"着中国从豪贵到民间人士发愤读书，做好（高）官，尤其对于本身没有办法走上仕途、实现自己的社会价值的女性来说，更是不仅自己要贤良淑德，还要严谨治家，支持、督促丈夫上进，以及培养儿子成才。这样就算自己不能有所作为，也算是为国家贡献了栋梁之材，间接实现了自我价值，而且在重要的日子里，还能"抛头露面"，参加一些国家级的社交活动。如《新唐书·礼乐志五》：

皇后初采桑，典制等各以钩授内外命妇。皇后采桑讫，内外命妇以次采，女史执筐者受之。

参加社交活动时还可以穿漂亮衣服：

每岁十月，驾幸华清宫，内外命妇，熠耀景从。　　——唐陈鸿《长恨歌传》

而漂亮衣服不是随意穿的，有严格的等级区分，唐高祖李渊特意为此颁布《武德令》：

唐初受命，车、服皆因隋旧。武德四年，始著车舆、衣服之令，上得兼下，下不得拟上。

《武德令》之"命妇之服六"，即翟衣、钿钗礼衣、礼衣、公服、花钗礼衣、大袖连裳等六大类命妇礼服，从材料、颜色到款式、佩饰，都有具体规定，蛮有意思：

翟衣者，内命妇受册、从蚕、朝会，外命妇嫁及受册、从蚕、大朝会之服也。青质，绣翟，编次于衣及裳，重为九等。青纱中单，黼领，朱縠褾、襈、裾，蔽膝随裳色，以緅为领缘，加文绣，重雉为章二等。大带随衣色，以青衣、革带、青袜、舄、佩、绶，两博鬓饰以宝钿。一品翟九等，

《唐人宫乐图》描绘了一群宫中女眷围着桌案宴饮行乐的场面

花钗九树；二品翟八等，花钗八树；三品翟七等，花钗七树；四品翟六等，花钗六树；五品翟五等，花钗五树。宝钿视花树之数。

　钿钗礼衣者，内命妇常参、外命妇朝参、辞见、礼会之服也。制同翟衣，加双佩、小绶，去舄，加履。一品九钿，二品八钿，三品七钿，四品六钿，五品五钿。

　礼衣者，六尚、宝林、御女、采女、女官七品以上大事之服也。通用杂色，制如钿钗礼衣，唯无首饰、佩、绶。

　公服者，常供奉之服也。去中单、蔽膝、大带，九品以上大事、常供奉亦如之。半袖裙襦者，东宫女史常供奉之服也。公主、王妃佩、绶同诸王。

　花钗礼衣者，亲王纳妃所给之服也。

　大袖连裳者，六品以下妻，九品以上女嫁服也。青质，素纱中单、蔽膝、大带、革带、袜、履同裳色，花钗，覆笄，两博鬓，以金银杂宝饰之。庶人女嫁有花钗，以金银琉璃涂饰之。连裳，青质，青衣，革带，袜、履同裳色。

需要说明的是，受封赠的家属中的母辈，唐（以及此后的宋、明）有严格的规定，《唐六典》卷二"司封郎中"条记载：

凡庶子有五品以上封，皆封嫡母；无嫡母，即封生母。

"嫡母"的意思，不用解释。在多妻制的时代，朝廷对一个家庭中明媒正娶的女子的尊重，代表着社会的主流观点，同时也起着维持一个家庭结构稳定性的作用，不然"母凭子贵"的事情不仅发生在宫廷，还会在民间大量上演，对家庭的"稳定和谐"造成一定的"破坏"。

尤其有一定社会地位的家庭，一般都要考虑对方的家世，待嫁女子的口碑、品性，等等，所以娶妻是家族的事情，而不是准新郎和准新娘本人的事情，娶妻生子，繁衍后代，更是家族大事。在这个过程中，妻子的家庭地位及重要性是毋庸置疑的，至于娶妻之后又纳妾，原因多种，有的因为正妻不能生育，有的只出于男性对于女性容貌和肉体的贪恋及虚荣。在此"动机"下进门的女性，一般来说，其娘家家世都相对平凡，有些乃至因为家贫而"卖"女儿给男方为妾，所以在夫家，大部分妾的家庭地位（包括见识、言行举止）不能与正妻相比。但不管什么样的女性，一旦孕育了生命，一定对十月怀胎所生下的孩子有着深刻而持久的爱，而这种发自天性的感情，不仅母亲拥有，母亲所生的孩子一定也拥有。

所以在孩子的内心，对自己生母的爱，一定远远超越了其他"母亲"，就算他从小"被迫"与家中的嫡母建立感情上的联结，而且嫡母也给予他很多"爱"，但来自血缘的神秘的力量终究会牵引着他偏向自己的生母。唐穆宗时期，就有一位少府监裴通，因职事修举合考中上，请追封生母而舍嫡母。

他成功了吗？当然没有。考公员外郎李渤因此上奏，说他"明罔于君，幽欺其先"，请赐考中下。

而通查吴氏宗谱及包氏宗谱，几乎每位男性族人，都记载娶妻何氏，出现两位或两位以上女性姓氏的，都会写明"续娶"。

续娶，意味着第一位明媒正娶的妻子已经亡故，而续娶女子的地位则相当于已经亡故的第一位妻子。

但没有任何关于正妻之外的"妾"的信息。

我们当然不太相信这1000多年里，包、吴两氏族人都只娶妻不纳妾，只不过所纳之妾不仅不如妻，"妻"在其夫家谱上还有个姓氏，妾们连姓氏都没有，在其夫家的家族史上，一点痕迹都不曾留下。

贬官 / 避走安固库村

回到吴畦。如前文所述，官至太子太保对于吴畦来说，是他职业生涯的高光时刻，却不料，之后不久，他的人生就急转直下。

虽然唐昭宗与他的前任皇帝，哥哥唐僖宗相比，能力和识见都强得多，也颇有重振唐朝的雄心，但在他的时代，节度使之间的混战愈演愈烈。唐昭宗即位之前就多次跟随皇帝出逃京城，他即位的第三年，刚兴致勃勃立年号为"大顺"，希望讨个好兆头，三月便传来李克用兵乱的消息。

该年四月，唐昭宗召集中书、门下、尚书及御史台四品以上的官员讨论对策，在这次的"站队"中，官员分成两派，一派主张讨伐，一派反对讨伐。吴畦反对讨伐李克用，可能现场还慷慨激昂说了些话。

唐昭宗采纳"讨伐李克用"的意见，吴畦也因此被贬为润州刺史。之后不久就辞官回到故里越州山阴（今浙江绍兴）。

最终导致吴畦避走安固库村（今泰顺南浦溪）的，是镇江节度使董昌的叛乱。

| 吴宅村景，院墙多为溪石叠砌

董昌原为地方豪族，在唐末藩镇之乱中扩展自己的势力，最后生出当皇帝的野心，并真的付诸行动。于乾宁二年（895）二月，在越州称帝，国号"大越罗平"，自称"圣人"，并铸"顺天治国之印"，改元顺天，设置系列官吏。

在这个过程中，附庸的人多，反对的人少。

反对董昌称帝，因此被董昌所杀的有三位：节度副使黄碣、会稽令吴镣、山阴令张逊。

在董昌势力范围内，董昌"欲收罗"，但不愿附庸的吴畦选择了"避走"。

《库村吴氏宗谱》记载吴畦于唐乾宁三年（896）避走泰顺。时年 56 岁。

896 年，指的应是吴畦到达泰顺的时间。以古时的交通，从山阴到达泰顺，路上的时间怎么也得有月余或数月，吴畦离家，应是 895 年，董昌称帝**[注]**那年。

【注】董昌于 895 年二月称帝，但不久钱镠就出兵讨伐，最终逼迫董昌"以布衣出城"。在押解至杭州的途中被杀，也有传说他"投江自杀"。彼时为 896 年五月十九日。

唐朝末年，类似董昌这类做"突发奇想"之事者不少，可见彼时是一个怎样的失常之乱世。

与 811 年包全携家小一路走走停停相比，吴畦的团队规模要大很多，同行的有吴畦父母、吴畦本人及妻子王氏、吴畦大儿子吴象及妻子曹氏（不知这对夫妻是否已经生有小孩）、吴畦小儿子吴承（按《库村吴氏宗谱》，吴承无后，不知婚否）、吴畦的弟弟吴畴及张夫人（《库村吴氏宗谱》提及吴畴另有李夫人，不知是迁往泰顺后继娶，还是之前就娶了）、吴畴的儿子（《吴氏统谱》记载吴畴有两个儿子，大儿子琚生于唐僖宗乾符二年，即 875 年，小儿子生年未记载）。

这么一算，仅家小就起码十位，一路行来，动静应该是很大的。

和包全一样，吴畦进泰顺，也是先经过青田，只不知包全是否曾经在青田沐鹤溪一带包氏祖地停留。吴畦一大家子则曾经在青田白岩居住过，可能感觉此地还不够"隐"，不久之后又举家沿着飞云江往上，一直到莒江**[注]**，还曾被当地一位有名有姓叫陈世安的人士挽留。但可能吴畦觉得那里也还不是理想的隐居之地，所以继续往深处走，一直走到一个叫卓家庄的地方，才定下心来要安居于此。

【注】莒江，因古时山上多楮树，又有飞云江一支流穿境而过，后由"楮"谐音演化为"莒"，故名"莒江"。

莒江辖地，明景泰三年（1452）泰顺置县前属瑞安义翔乡五十六都，置县后为二都。景泰初，浙江布政使孙原贞驻兵于此，设岗哨，曾改"莒江"为"莒冈"。

1996 年，因珊溪水利枢纽工程建设需要，莒江等地的泰顺区域移民开始动迁到温州、瑞安、乐清等地指定安置区，莒江于 1999 年淹没，现为飞云湖库区的"莒江湖"。

| 飞云湖库区的"莒江湖"，此处1999年淹没前即为"莒江"

彼时定居于卓小阳的包全已经过世，独子包福如果在世，也是年逾九旬的古稀老人了——以包全的长寿基因，包福成为寿星也不是不可能的事情。

按《库村包氏宗谱》，唐乾符五年（878）包瞿从卓小阳迁到了钱仓【注】。

【注】钱仓位于今库村古村落西南方，该村西南一列小山曲折盘绕，形似谷仓，故名。后钱仓改名为"新仓"。

《库村包氏宗谱》记载包瞿从卓小阳迁往钱仓的时间为唐乾符五年，但大安包氏宗谱有一篇包瞿自序文，提到自己迁往"南阳（钱仓）"的时间则为唐乾宁三年（896）。按家谱手抄本经常出现错抄现象，目前尚不能确定包瞿到底是哪一年迁居，且将两个时间同时记录于此。

以彼时从外界进入泰顺的地理线路，卓小阳在卓家庄的"外面"，两个相距不远的村落都在山坡上，地理位置相对平缓，视野开阔。

包全的孙子包瓘迁居到钱仓，是往"里"挪了数里之地。

而吴畦的"挪"，幅度更大些，挪到了更"里"的一个山谷。今人习惯称之为"库村"【注】。

【注】旧时所称的"库村"，泛指由群山环抱，十一条小溪汇聚的大片谷地，是个"大库村"的地名概念，地理范围包含了包全迁居所在的卓小阳、吴畦迁居所在的卓家庄以及包全孙子包瓘迁居的钱仓和现今的库村古村落、大垟、旁山垟等地。而现在人们习惯所称的"库村"，一般是指南浦溪镇"库村古村落"这个小范围。

为方便理解，本书凡涉及"库村古村落"这个地理位置，皆以"小库村"代指。

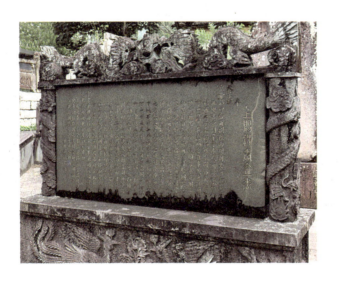

吴畦陵园里的"金书铁券"碑刻

《库村吴氏宗谱》记载吴畦之所以定居卓家庄不久之后举家迁往"小库村"，是因为他们夜闻钟鼓声，更有僧人上门告知这是佛家之地，凡人不适合居住。

时乾宁三年四月十八日也，居之数载，每夜闻钟鼓声，举家怪之，莫知其由。有一老僧踵门而言藤萝尊者，因云此佛地也，非为俗所居之，乃命家人苏来、胡安、钮贤鼎居其所，守耕其业，吾复东三里，地产其竹，山水佳丽，于此开基，号曰库村。

因为这段"故事"出现在吴畦的自序中，所以1000多年来，吴家子弟都将它视为"真实"，或许这真的是吴畦迁居的原因。虽然我们对此有点存疑，既然那儿为卓家庄，说明一直以来就有人居住，怎么吴畦到来之后，就突然变成了佛地？不过吴畦去世之后，吴家在卓家庄立家祠，吴氏也陆续有族人葬于此地，包括包全公过世后，他的孙子将其坟迁于此，都说明这个地方的确不适合凡人（生人）居住，而适合另一个境界的生命：僧、佛、神鬼？

至于吴畦为什么要迁往比钱仓更靠"里面"的小库村，合理的推测是，当时那儿是一个无人居住的小片谷地，谷地被山峦包围，前有一条相当大的溪流，地理位置相当隐蔽而独立，相对于"视野开阔而无遮无挡"的卓家庄，这里更有安全感。而以彼时吴畦的家族成员庞大，拥有一块相对独立而"完整"的地盘，显然更符合他们一家在这里长期居住的实际要求。

彼时吴畦虽然辞官不做，但之前数十年的职官生涯，应该积攒了不少财富。此外，吴畦的弟弟官至都巡，赠中禄大夫。吴畦的两个儿子吴象和吴承【注】，也都曾出仕为官，足以保证他和他的家人在日后漫长的隐居生活中不至困窘。想他们彼时的生活应该清简很多，但不会有衣食之忧，更不必像农人那样辛苦劳作。

【注】吴象，字文象，畦长子，明经科进士，授江南节度使掌书记，升承务郎。吴承，字继宗，畦次子，武科进士，授团练使。

吴畦一家官宦出身，照理也不善农作，生存所需要的粮食以及日常生活用品，都需要通过"外界"及"外人"来获得，所以他们一家，加上相关家丁、佣仆、协助劳作的农人，俨然一个小小的部落群体了。

清理谷地，造屋，铺路，养牲口，也养家禽，而村中供家族公用的清阴井，库村吴氏后人愿意把它想象成当年吴畦公亲手所挖（宗谱记载清阴井为北宋时吴亨所凿），因为水为生命之源，就算小库村前有溪流，后有山泉，但挖井这个举动，有一定的仪式感和它的形而上的意义。

它标志着人对于这块土地的拥有权。

也标志着从此这里有了烟火气息。

山中岁月长 / 金书铁券

过了数年。

那数年是唐朝治下的国家大乱的年份，各地节度使出于各种原因和理由（借口）造反，唐昭宗因此数次被迫离开京城长安，在虽然短暂但惊魂不定的逃亡和回归京城的过程中，唐昭宗开始后悔自己当初的作为，而派使者千里迢迢来到温州，将金书铁券送到吴畦手中。【注】

【注】乾宁五年（898），朱温占据东都洛阳，正和皇帝"交恶"的李茂贞、彼时与唐昭宗建立了良好关系的李克用、唐昭宗外逃时迎帝在华州暂居的当地长官韩建，暂时建立联盟，使昭宗安全回到了长安（为了不让唐昭宗落到朱温手里）。唐昭宗回长安是当年八月，按照他喜欢改年号的习惯，改年号为"光化"，以资庆祝。

按《库村吴氏宗谱》，吴畦收到金书铁券是900年间的事。彼时吴畦一家在泰顺已定居4年，作为曾经的朝廷大官，而且举家前来，就算再低调，想要真正避人耳目，究竟是不太可能的事情。

想必吴畦也没有刻意隐瞒自己的身份，毕竟数年前他只是被降职，原因也只是说了几句不顺耳的话，不是做了什么犯法的事情，以他的个性，就算避居，也要理直气壮地，堂堂正正地过日子。

另外，彼时就算泰顺再僻远，也早就不仅有人迹，还有群居村落，除了已经迁居至此的包全公的后裔，夏氏也已经迁至莒江。

巧的是，不仅包全和吴畦同为越州人氏，附近的莒江肇基始祖夏仁骏的原籍也是越州山阴。夏仁骏的父亲夏太一为唐懿宗咸通元年（860）赐武进士，与吴畦中进士时间为同一年。一个文，一个武，夏太一官至防御使，唐僖宗中和五年（885）因与董昌不合，被害。夏仁骏因此弃家而走，也一路到了泰顺，定居于莒江，繁衍生息。如今夏氏也是泰顺一大家族。

加上卓家、吴畦在莒江遇到的陈家，吴畦的邻居至少有这么几个姓氏，而这些人是不可能成为真正的世外之民的。

我国在秦汉时期就已经形成严格的户籍制度，有比较复杂的人事注记，相当于现今户籍和人事档案内容的结合，要立户，确立户主，写明籍贯。一户是一个以父家长为核心的小集体，其他人口必须注明与户主的关系，包括家内身份关系，对户籍中填报的人口还要进行详细描述，自然体状、性别、样貌、年纪，等等。年纪分大、老、小。大，标志成年；老，为免役的标识；小，又可分为"使"与"未使"，前者是可以服较轻的劳役，后者指年龄幼小，不能服役。另外，家中田数、租赋徭役完成情况，有无违法犯罪记录等也一并记录。

这种复杂的户籍制度此后历朝历代都在沿用。

彼时泰顺属温州府，朝廷诏令一发，要找到吴畦，不是一件很难的事情。

唐昭宗所颁的金书铁券，洋洋洒洒，既有一个皇帝的自省和悔意，也有对吴畦的嘉奖。言辞是恳切的。

沧海有不涸之期，泰山无颠坠之日，惟我思贤之意，永将辅佐国家……。月给俸米三硕，岁赐绢帛两端，卿自保摄天和，俾臻寿算，永享太平之乐……。庶称朕眷顾之怀，如有过犯卿恕三死，子孙恕一死，或犯常刑，有司不得加责。

可以想象彼时吴畦收到金书铁券之际，内心的汹涌澎湃。作为熟读圣贤书，20 岁就中进士，此后三十几年为朝廷呕心沥血作贡献的士子，吴畦对于朝廷以及皇帝，想必是忠心耿耿，乃至愿意肝脑涂地的，虽然后来因为直言被贬官，但贵为皇帝之人有这样的忏悔之言，他就算内心再有怨，也早烟消云散，代之而起的只有感恩了。

《库村吴氏宗谱》保存了吴畦所写之谢恩文章，这篇谢恩文章完成之后，吴畦不是委托当朝信使快马回复京城，也不是交由相关政府公署层层递交，而是由次子吴承亲自送到京城，"亲自"交给唐昭宗。

承公造朝，召至殿下，上表，上览，嘉之。遂敕省臣飨公于中书，恩意加焉！阶辞还乡之日，上命复以礼遣之。

可叹，就在君臣前嫌尽释之后不久，900年十一月，宦官政变，唐昭宗被"软禁"，之后虽被"解救"，却最终"受制于"朱温。数年后，904年九月，唐昭宗被朱温（曾因有功，被赐名"朱全忠"）手下杀害，代表着唐朝的终结。因为虽然昭宗离世之后，辉王李柷即位，为昭宣帝，但这位年仅13岁的幼帝乃朱温所立。

3年之后，907年，昭宣便将帝位禅让给朱温，宣告唐王朝正式灭亡。

昭宣帝于次年被毒杀，年仅17岁。他的九个兄弟此前全部被杀，尸体被扔进九曲池。

同年，即907年，朱温称帝，建立梁朝（后梁）。

正是那一年，吴畦的弟弟吴畴迁往处州松源（今浙江庆元），不知道兄弟二人分两地而居，是不是也意识到政局动荡，分散两地有利于保存家族血脉（按《库村吴氏家谱》，吴畦的次子吴承跟着叔叔去了庆元）。因吴畦在泰顺，虽一直处于"世外"状态，但"前"有金书铁券事件，"后"有罗隐上门，吴畦一家要"真隐"，难矣。

罗隐，本名横，自号江东生。唐末五代时文学家、诗人、辞赋家

罗隐寻访吴畦 / 陌上花开

　　罗隐上门的时间，相关资料根据疑为罗隐所写的相关文章《罗江东外纪》，推测为甲子年，即 904 年。如果时间确切，彼时罗隐已是一位年过七十的老者了。

　　《罗江东外纪》叙述自己前往泰顺寻访吴畦的过程，既描述了沿途所见，也记录了自己寻吴畦而不得，倒与居住附近的"后山人"交谈的详情。

　　关于《罗江东外纪》，民间有很多解读，这里不赘述了。以彼时乱世，及罗隐的身份（唐末五代时文学家、诗人、辞赋家）和阅历（曾"赴举"参加科考十多次，都榜上无名，史称"十上不第"，因此改名"隐"。罗隐壮年时期辗转全国各地，887 年归江东，投靠杭州刺史钱镠，时已 53 岁，此后一直在钱镠帐下），事实未必真如他文中所写，循着读书声来到一家茅屋前，叩问抱云山人的住处，屋中童子答道："抱云山人正是我家主人，他到南山中访后山人去了，既然贵客已来，且留下小住等候。只是主人去无定迹，归亦无定期。"

　　| 吴宅村景

试想彼时吴畦一大家子都在库村，以彼时罗隐一大把年纪且远道而来，就算吴畦本人真的不在家，家中还有俩儿子，怎么的也得出面接待，才比较符合人情世故。

是不是存在一个可能性，即罗隐当年其实见着了吴畦，但吴畦无意出仕，罗隐为了向钱镠交差，扯了个谎，说吴畦不在家？

所以这段文字，是虚写，而不是实录？

这样的话，也保护了吴畦，使他不致得罪钱镠。

罗隐文中又描述自己造访后山人，其情境之感觉像见仙人。文中所记之后山人的一段智慧之言，可能是真的，也可能那一段话其实是吴畦所说，又或者，是罗隐自己的心声。以吴畦和罗隐二人的人生经历以及所具智慧，当有此洞见，但在彼时，以二人的身份和处境，若直言，可能令钱镠不悦乃至动怒。

假托一个山中智者说出自己的识见（文人惯用的手法），比较安全：

天下动乱已极，然揣测其数，过三十六年始得太平。浙东西仰赖钱王可免劫难。然惟无贪土地之心，方可外固而内安，此钱王之福，惟罗公能成其事。野人虽无意于世，独区区之见，时北望听风烈。

而这段话，或许正是罗隐写这篇文章的真正目的与苦心。

3年之后，907年，朱温灭唐而建梁朝（后梁）时，按史料记载，罗隐曾劝钱镠举兵讨伐，但钱镠并未采纳。钱镠接受了朱温的册封，为吴越王，兼任淮南节度使。说明钱镠还是有称帝的野心，并在923年正式建国，即吴越国，到978年归顺大宋，是五代十国中政权寿命相当长的一个小国。

钱镠于932年过世，他在世时，固守疆土，与中原王朝长期保持适当关系，行事低调，对文人则有礼有致。在他当政期间，中原人爱去西湖游玩，并赞美此地为"人间天堂"，可见钱镠是一个聪明有智慧之人。如果说罗隐写《罗江东外纪》的初衷是劝谏钱镠"然惟无贪土地之心，方可外固而内安"，那么以钱镠的所作所为，并未"辜负"罗隐。

钱镠在历史上是一个传奇性的人物，关于他，民间以及历史学家各有各的说法，此处不赘述了，只取一则。

《十国春秋》记载，钱镠甚爱王妃庄穆夫人吴氏，王妃每年春天必归临安。有一年春天，王妃未归，而春色将老，陌上花已发。钱镠写信给王妃："陌上花开，可缓缓归矣。"

可见此人颇有雅趣。

北宋熙宁年间，苏东坡任杭州通判时，灵感勃发，写下了三首诗：

（一）
陌上花开蝴蝶飞，江山犹似昔人非。
遗民几度垂垂老，游女长歌缓缓归。

（二）
陌上山花无数开，路人争看翠辇来。
若为留得堂堂在，且更从教缓缓归。

（三）
生前富贵草头露，身后风流陌上花。
已作迟迟君去鲁，犹教缓缓妾还家。

与家族共进退的夫人们 / 生育的意义

《库村吴氏宗谱》称吴畦夫人王氏为唐朝宰相王建的女儿。但查唐朝，并无官至宰相的王建，同名且年代比较相近的倒有唐大臣、著名诗人王建，但以他生于765年，卒于830年，显然不可能是生于841年的王夫人的父亲。

如果王夫人与王建一定有血缘关系，唯一的解释就是宗谱漏抄了一个"孙"字，将"孙女"变成"女"。（本书后文所写三贞母的故事，明大儒宋濂的文章中提到三位女性，都注明她们为某某某之孙女，所以这种可能性是存在的。）
又或者王夫人的父亲并非此王建，而是另一位不太有名气的同名同姓者。
她姓王，是实实在在的，以中国从古至今对家族姓氏的重视，不会错。

但《库村包氏宗谱》记载包全公的妻子为陈氏，而《大安包氏宗谱》所记包全公的妻子为夏氏，漫漫千年过去，现在我们已经无从得知包全公的妻子到底是陈氏还是夏氏，因为唐朝对于命妇的封诰，有比较严格的制度，非五品以上官员的家属，不能获赠。包全所任福建长溪县令，为正六品，他的夫人陈氏（夏氏）就没有资格获得封赠，不然包氏家谱想必也会收录相关圣旨，

吴氏宗祠正殿。建筑仿清代江南风格的翘角大屋顶造型，各单体建筑四周立面均装饰五彩斗拱

就不会产生相关歧义。

在这个意义上，王夫人是幸运（幸福）的吧，她能嫁入吴家，说明她来自一个世家，她自己本人也有着良好的妇仪风范。在吴畦相继出任桂州刺史、河南节度使的外放官涯年间，尚不知王夫人是随任还是跟着婆婆居于绍兴，不管怎样，作为官太太，那些年她的生活应该是养尊处优的，而在那个过程中，她也从年轻的媳妇"变"成了婆婆。

（参看《库村吴氏宗谱》，吴畦一家避居泰顺之前，大儿子吴象就已经完成了婚姻大事，娶了绍兴当地一个曹氏家族的女子。）

当王夫人跟随着吴畦踏上避居的漫漫长途时，已经 55 岁，过了知天命之年，彼时一路前行，离家园越来越远，而不知哪里才是归宿，或许也因之茫然，心感凄楚，但毕竟完整的一家人在一起。

而终于定居于库村，远离官场纷争，虽不再有昔日的荣耀与社交，却有日月相伴的清净与平安。

吴畦陵园中的"唐谏议大夫吴畦纪念碑"

王氏夫人如此，王夫人的儿媳妇曹氏夫人也如此。曹氏夫人随家族迁居库村时，是一个年轻的媳妇，与王氏夫人在此之前已经经历了人生最丰富的时光相比，曹氏夫人的大半生则都在几近与世隔绝的山村度过，三十几年的光阴，她也从一个年轻的媳妇"变成"了婆婆。

现在我们想象一个出嫁前基本没有出过远门，只在娘家地界上长大的女孩子，突然有一天就被花轿从家里抬走，从而进入一个完全陌生的环境，与一群陌生人一起生活，是一件相当有挑战性的事。因为彼时都是大家庭在一起过日子，婆婆之上或许还有祖母辈的太婆婆，以及个性不一的妯娌，和个性不一的奴婢。在这样一个陌生而复杂的环境中"生存"，不是一件那么容易的事情。

就算她再想念娘家的亲人，在心理上还是一个对父母亲有依恋的女孩子，一旦到了夫家，就得打起精神学做一个成人和媳妇，但她所嫁的男子，却不用经历地理和心理上的转换与巨大的变化。虽然他成家了，但是他依然生活在原来的环境，周围还都是那群熟悉的人，乃至于有一天家里多了一个嗷嗷的新生儿，对于他来说，他的生活也不会因此而起变化，他照样可以按照他原来的节奏生活。

但是生育对于一个女子来说，意味着人生的另一个重大变化，嫁人为妇，从此告别少女时代，与一群陌生人生活在另一个屋檐下，就已经够难的了，现在经过十月怀胎，从此还得担负起养育的重任。

但也只有等她当了母亲，她在这个家庭中的地位才真正确立，她也才会被真正接纳为这个家庭中的一分子吧！从某种角度来说，成为媳妇与妻子，是一个女性的被动角色，而成为一个母亲，才令她真正感受到女性的力量，因为在夫家，某种意义上她是最孤单的一个个体，只有那个嗷嗷待哺的新生命的到来，才是真正"属于"她的人，是她的希望，也是她未来的倚靠。乃至孩子渐渐长大，她的年岁渐老，渐渐适应了夫家的生活，乃至有一天，她真正有了女主人的意识，那时，她也真正地以夫家为"家"，而在内心真正接受了她的命运，在那样的时刻，她有了归属感。

当她告别人世，就算她不与丈夫合葬，也是葬在夫家为她选定的坟墓，终究不管是生，还是死，都成了夫家的一员。

这是一个漫长的过程，在这样漫长的过程中，一个女性或许没有这么敏感和这么强烈的对于自我角色转变的意识，或许当她踏入夫家之门的那一刻，她就已经在心理上割断了与娘家的联结，就安然而快速地接纳了她的崭新的生活。这样的女性，是幸运的吗？

王夫人离世时间先于吴畦，为912年，时年72岁。

王夫人并未与吴畦合葬，宗谱记载她和弟媳张夫人合葬于库尾塽（亦有族谱写作"㘰"），墓地为"风吹罗带形"。【注】

【注】唐代合葬风俗盛行，夫妻合葬是主流的丧葬形式，沿袭至今。但由于复杂的民间习俗和出于各种原因，古时夫妻分葬两处也比较普遍。

王夫人去世之后，她的两个儿子吴象、吴承请瑞安县丞蒋安为母亲写墓志铭，可见他们对母亲的感情深厚。当然，邀请"文人或有官职之人"（生前有一定"地位"且受人尊敬）为母亲写墓志铭，也是彼时的一种风俗。

坟墓的选址关系到子孙后代的福祉。有字的墓碑，则是对逝者的追思，也通过这种方式，使得逝者的子女后代能够在一年一度的清明上坟时，通过阅读立于坟前的墓碑上的文字，而牢记祖先的荣耀和事迹。

中国古人通过这样的方式，将自己家族的关系，从先人到后代，"牢牢"地维系在一起。

曹氏去世之后，也葬在泰顺。

她的儿子们也照例邀请名人（表兄弟，邵武教授张晋乡）为自己的母亲写了墓志铭，通过这样的方式纪念他们，这些无法为自己的命运做主，只能跟随着丈夫与丈夫的族人一起进退的女子。

肇基地 / 永久居所

吴畦于 923 年去世，享年 83 岁。坟就在库村。

按老习俗，中国人都是在生前就为自己（有些还为自己的家族）选好了坟地。所以吴畦的坟地，应该是他自己生前所选。【注】

【注】古人对于坟墓的选址很有讲究，认为好风水的坟墓，可以荫翼到后代子孙——风水学是中国古人关于地理环境的科学，有玄学的成分，在一定程度上也体现了中国古人对于宇宙的敬畏。他们认为天地和人一样，都是有情物，是可以通过它们自己的神秘的运作作用于人类命运的，并且，某些时候它们会用自己的方式表达自己的情感，比如"六月雪"，是上天对窦娥冤的愤怒；大旱，是对执政者的警告……

| 吴宅村景

有吴氏后人推测吴畦公之所以如此"行事"，是因为他希望金书铁券随之葬于此，由他的子孙世世代代"守护"。

这个推测有一定的合理性（吴氏族人的另一个说法是，金书铁券被吴畦弟弟吴畴带往松源），又或许，"小库村"作为吴氏在泰顺的肇基地，也将成为吴畦的永恒居所，他希望在自己的"地盘"，通过这种方式荫护着他的子孙后代。

当然，吴畦公不会希望他的子孙后代从此就在这深山密林中生活，成为一个个"地道农人"，他或许希望他的子孙们韬光养晦，乱世之中，耕读传家，太平盛世到来之际，则能走出大山，做对"社会"有用之人。

如果是这样，吴畦公的愿望是达到了。

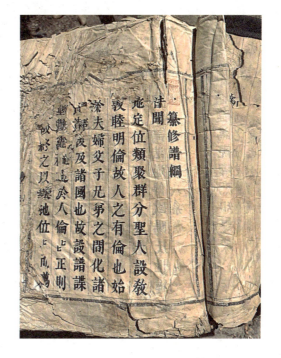

| 保存在白牛坑的老版《吴氏族谱》

吴畦公的儿子吴象留在库村（小儿子吴承跟随叔叔吴畴定居于庆元），吴象有五个儿子，第三个儿子余愍留在库村，其余四个儿子分迁各地：瑞安白岩、平阳钱仓、福建霞浦、泰顺筱村。

余愍派下又有五个儿子，其中长子承端公为清泰甲午年（934）举人，意味着这个家族在几十年的"隐居"之后，重新以读书出仕的方式"回归"社会。

承端公的后人留守库村，其余兄弟分迁到别处。从那以后至今1000多年，吴畦与王夫人的后代已经传至四十几代，后裔100多万，远布中国大地及海外。

但始终有族人留守。

库村也因此成了吴畦一脉的祖居地。

每年清明，他的族裔从各地而来，去他的陵园祭拜，同时联络宗族感情。

第
三
章

[历朝史略 · 宋朝]

世事"太平" 人间偏安

话说天下合久必分，分久必合.唐灭亡之后，中原有五代，而南方有十国，如此持续几十年的光阴，最后由黄袍加身的赵匡胤取代后周即位，最终平定天下，国号"宋"。

宋太祖赵匡胤像

宋朝的开国少有血腥味，北周皇帝柴宗被废，并未像唐昭宗及宣昭宗那样先后被杀，而是被赵匡胤封为郑王。宋朝南迁，依然立其子孙，祭祀不绝，使得柴氏家族在宋朝300年间得以延续繁衍。

据传北宋年间，每一个皇帝即位，都要在内宫举行一种秘密仪式，拜阅太祖赵匡胤安置在皇宫内殿的石刻遗训【注】。该遗训只有皇帝一个人阅读，连宰相也不知其内容。

【注】史载靖康二年（1127）金灭北宋，占领宫城，石刻遗训始见于天日，其中有"柴氏子孙有罪，不得加刑，纵犯谋逆，止于狱中赐尽，不得市曹刑戮，亦不得连坐支属"。以及"不得杀士大夫及上书言事人"，并警告"子孙有逾此誓者，天必殛之"。

后世对"勒石三戒"评价甚高，明末清初著名思想家、史学家王夫之的《宋论》中曾有记载"太祖勒石，锁置殿中，使嗣君即位，入而跪读。其戒有三：一、保全柴氏子孙；二、不杀士大夫；三、不加农田之赋。呜呼！若此三者，不谓之盛德也不能。"

不管是不是真有石刻遗训这回事，"善待周王室柴氏后人"以及"不因言论而杀士大夫"，在宋朝，的确做到了。

　　这与宋朝吸取唐亡教训，从武官政治转向文官政治的"政策"有关。宋朝开始，科举及第的读书人形成了政治的主流，很多平民因此当上高官。

　　尤其北宋中期，涌现出以"先天下之忧而忧，后天下之乐而乐"的范仲淹为代表的士大夫，代表了彼时士大夫们的担当意识，即认为自己是这个国家的主体。在数千年帝制下的中国，也只有宋朝的士大夫才有如此强烈的担当意识。

　　在这样的大历史背景下，库村包、吴两氏族人，尤其是吴氏，自北宋而南宋，出现了诸多因读书出仕的族人。

　　如吴梓。

吴梓 / 家园 / 凡人与神 / 包拯

　　吴梓，字良材，为吴畦的第八世孙，于北宋端拱己丑年（989）出生，北宋大中祥符八年（1015）进士。官至大理寺【注】评事。

　　【注】大理寺，官署名。职掌刑狱案件审理。系中央审判机关，相当于现代的最高人民法院。大理评事是官名，职责为判案。

| 《吴氏族谱》记载的吴梓为瑞峰院"请额照帖"

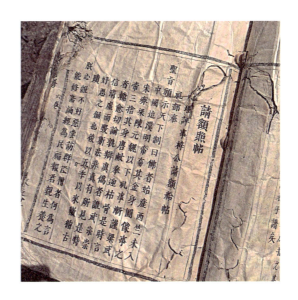

　　吴梓在朝廷当官，正是宋真宗时代，彼时宋朝经历了宋太祖和宋太宗两位皇帝的开创时期，景德元年（1005），宋与辽签订了"澶渊之盟"。虽然自盟约签订之后，历代赞否之争一直不断，但不可否定的是，此盟约结束了宋辽长达25年的战争，此后宋辽边境处于长时间的和平状态，宋朝也进入了守成时期。

　　所以吴梓的出仕、任职及官场生涯

都相当顺利。宗谱记载其"治狱有决断之明"。

年迈退休，吴梓回到了故乡库村，并终老于此，时年北宋嘉祐丙申（1056）。

（按此年与家谱所记吴梓年75虚岁不符，要么非嘉祐丙申，而是嘉祐癸卯（1063）。当然，也有可能吴梓的寿年有误。）

不知吴畦在避世库村的几十年间，是否思念自己的山阴故里，而最终选择库村为自己的安葬之地，可以想见就算思念自己的故里，也只能尸骨埋于异乡了。但这异乡对于他的后世子孙如吴梓，却是故乡。彼时库村由唐而宋，经过吴氏几代人的血脉传袭，这块风景秀丽的谷地已经深深印刻在他们的脑海里，他们在这里出生、长大、读书，怀着经世济国的抱负远离家乡，将老之时，则一定要回归故里。

有灵性的动物对于故土的依恋是一件神奇而值得深思的事，或许因为故土承载了一个人童年及少年时代太多的记忆，那些记忆包括养育自己长大的父母、慈爱的爷爷奶奶、兄弟姐妹以及小伙伴，还包括自己生活其间的环境、草木、山川，乃至天空与星辰、山野的风、吃过的食物、睡过的床、用过的家具、器物……所有的一切，在他离开家乡之后变成叠加的记忆，而时光流逝，那些记忆又过滤了不那么美好的，只留下美好的部分。

对于吴氏子弟来说，山阴是他们祖宗曾经的家园，而库村是他们自己的家园，这种地理位置的变化，对于彼时的人是物理上的，更是心理上的。所以吴梓不仅告老返乡，在库村度过自己平静的余生，还在库村兴办义塾，教育家族中的子弟。

库村的书院，在宗谱上有记载的分别是南宋时期吴子益创办的"侯林书院"及吴子良创办的"中村书院"。但照宗谱所写，早在吴梓时代，他就已经在库村创办过义塾，"先君赋性颖悟，官评事，明形施好生之德，治狱有决断之明，契友以义，郡邑利弊兴除，悉就谘焉，晚年致仕归家，设义塾，造就子弟"，可能彼时规模小，也没有取具体名字。

创办书塾，对吴梓来说是一件相当自然的事情，因为他本身就是一个热心宗族事务而活跃的人。据库村吴氏宗谱记载，位于卓家庄的瑞峰院，也是他上奏朝廷请额，因此而改为"广度禅院"。

又以"卓相公神像立于家庙之内不便，故天圣间另设宫于东侧，匾以兴福"，奉为"兴福土谷神"。并于宝元二年，以卓相公"助天施化，捍患御灾，保障一方，黎民获福，旱祈得雨，病祈得痊，功被吾民"，奏闻朝廷，敕封为"兴福善政伯"，锡职相公。

（元大德四年，库村人吴琯又奏请朝廷，以卓相公再显神迹，助民御寇，加封卓相公为"兴福善政肃德侯"。）

中国古来没有成体系的神话，有限的如盘古开天辟地、女娲造人，是古人对生命起源的一种人本的朴素的想象，而将凡人升格为神，则是古人对于"生命奇迹"以及生命永恒的一种渴望，与对于坟墓选址的郑重其事一样，古人热衷于在自己的居住地建立家祠，通过点香祭拜或在节庆日供清食的方式，与另一个世界的亲人保持联络。与此同时，他们也供奉他们认为的得道升天之人，渴望能得到他们的护佑，如这位至今还被库村包、吴两氏族人供奉的卓相公。

卓相公如今和包氏始祖包全公、吴氏始祖吴畦公以及夏氏的始祖夏太一的塑像一起立在今南浦溪镇新仓的一处神宫中。

【注】据奉祀卓相公的库村水尾神宫介绍，"卓相公，原系卓家庄（即今广度寺）人氏，自吴畦公、包全公迁至库村卓家庄，立卓相公为地主"。

当然，吴梓的所作所为有大的背景，其时，从天子到士人都存在一股融合儒、释、道三教的倾向。宋真宗赵恒更是三教同源、三教同流论的赞同者和鼓吹者，并曾作《感应论》，他的观点是，三教有助于世人的教化。

三教之设，其旨一也，大抵皆劝人为善，惟达识者能总贯之。

| "锦绣谷"摩崖石刻。锦绣谷位于库村东三里的蒲洋水尾金谷庵山

在这样的大背景下，民间如库村将卓相公这位有姓而逸名的乡野之士立为神，是为"小神"。同时代则另有一位活生生的人物，因其所作所为，死后被民间追奉为"大神"的，即至今一直活跃在各文学创作及戏剧中的包拯。

全国乃至东南亚一带，都有包公祠。

包拯生于999年，宋真宗时代，于宋仁宗天圣五年（1027）中进士。在他系列的官职中，也曾任过大理寺评事，从他的时间年表，推测他的官场生涯开始要比吴梓晚，至于二人有生之年有没有交集，目前尚没有资料来确认。

之所以提包拯，是因为包拯与库村另一位肇基始祖包全公拥有共同的祖先申包胥。申包胥为他们的共同祖先，这点是确凿无疑的，有意思的是，现今保存在大安的清乾隆版包氏宗谱，将包拯归为包全的后裔，宗谱有清晰的线索，全→福→瞿→盈→政→添，即包全的第五世孙包添"徙居江南庐州府合肥县包山，孝肃公讳拯即其后也"。

大安清乾隆版包氏宗谱所提包拯的近祖，与合肥包拯族谱中的近祖，名字对不上。（我们查相关资料时，发现关于包拯比较近的先祖究竟是哪一脉，库村之外的各地包氏谱系，也有点"意见不一"。）

将同姓而不同源的祖先归到自己同源祖先名下，或者将自己归到非同源祖先名下，是很多民间宗谱有意无意都会犯的"错误"。在做田野调查时，我们就听闻库村包氏族人提到包全公后裔的一脉，迁往温州某地的一支，将自己的祖先归到包拯所属的合肥郡。库村族人上门说理，对方说"错就按错的办"。

我们或许可以说这是人类共有的"虚荣"，而这虚荣的深层因由，我们愿意将之归纳为人类对于"善与荣光"的追求。他们追随包拯的荣光，是不是说明在他们的意识深处，希望包拯对公平正义的追求以及不畏权贵的精神，能穿越时光，照耀他们的心灵？

在这个意义上，我们希望包拯是我们所有人的祖先。

就目前我们所掌握的资料，无确凿证据证明包拯为包全公的后裔。库村人包涵于清同治年间所修包氏宗谱，《杂考》中如此写道：

旧谱有紫崖公《录孝肃拯公遗稿记》，中有云：与侄泰初京试，竟造其庐，讲明世系，盖南北虽异其地，而要之同一根柢也。是以亲拾其家庙所藏遗稿，累成一帙。窃意公当日应江南漕试，便道至庐州合肥，亦未可知。但《记》中词义不顺，且有俚语，必非公原作。

"非公原作"四字，间接否定了包拯为库村肇基始祖包全公的后裔（"紫崖公"即包湉）。

所以，于 2013 年完成重建的包氏宗祠，供奉的祖先中，赫然有包拯这位唯一的同姓但非包全公一脉的族人，是一件自然而合情理的事情吧。

当然，我们非常期待民间有更有力的资料和证据出现，证明包拯与库村的血脉关系。因为相隔久远的年代，存在着各种可能性。2008 年库村人包其宣去合肥参加包氏统谱大会时，曾浏览过包拯所属的合肥郡的宗谱，据他说从彼宗谱看，包氏共同的祖宗从申包胥到包拯才 35 代，而历 1500 年左右，算起来约 49 年才出一代，这不合常理，说明包拯祖先的谱系是有缺失的。

未来或许真有那么一天，有人能穿过时间的迷雾，理得真相。

父子进士 / 文人的底色 / 和梦也新来不做

吴梓和包拯生活在宋真宗、宋仁宗时期，之后，宋朝又经历了数代皇帝，英宗、神宗、哲宗、徽宗，北宋在历代皇帝的"创业""守成""创新"过程中，比较安稳地度过了 166 年的时光。

这期间，库村吴氏又有父子相继中进士者，即吴亨、吴嘉猷父子【注】，分别为吴梓的孙子、曾孙。

【注】吴亨，宋绍圣甲戌（1094）进士，官至御史大夫，中书庶务；吴嘉猷，宋政和壬辰（1112）进士，官至朝散大夫。

自吴梓起，宋时吴宅科名兴盛，为官者众，"双心路"之设，不论官职、辈分，可并行而不致逾矩

吴梓生子三，伯琬为最小的儿子，宗谱记载他登宋上舍释褐，他自己为父亲吴梓写的墓志铭（一般墓志铭都是邀请别人撰写，伯琬之所以亲自提笔，是因为彼时一时找不到合适的人，而按民间习俗，墓志铭要在安葬时，随"纳诸圹【注】"）也提及自己"早

据吴氏宗谱记载，"清阴井"为吴亨所凿

放，趋庭补八国学"，并通过严格的考试（宋朝太学，初入学为外舍生，之后依次通过考试升为内舍生、上舍生），最终"释褐"，即脱去褐衣，意味着可以入仕当官。

库村吴氏宗谱未记载伯琬当了什么官，他写的墓志铭也未提及自己的官职，只提及吴梓临终所言："汝二兄不慧，吾疾亟矣，无违之谓孝，汝听吾命，言讫而逝。"

【注】《说文解字》："圹，堑穴也。"《荀子》："圹，丘垄。"圹志，即墓穴前所立记述墓主人生平事迹的碑志，即"墓志铭"。《辞海》详解为："葬者虑陵谷变迁，后人不知为谁氏之墓，故为墓志铭而纳之圹中，用正方两石相合，一刻铭，一题死者之姓氏爵里而平放于枢前，使后日有所稽考。志文似传，铭语似诗。惟古之有志者不必有铭；有铭者不必有志。亦有志铭俱备，而系二人所作者。"

说明吴梓对于这个"听吾命"而读书出仕的儿子，是"慰老怀"的。

几十年之后，吴梓的孙子和曾孙相继中进士，他若泉下有知，必定"大慰"。

吴亨（库村吴氏宗谱记载，吴亨即为保存至今的清阴井之"凿井人"）中进士时，北宋已经经历了新法和旧法之争的大震荡。这场大震荡历时数十年，历经数位皇帝，涉及朝廷高官、外戚、商人、农民，其中的利弊，历史上有各种争论，这里就不展开了。需要说明的是，在这个事件的过程中，新法和旧法的代表人物王安石和司马光，这两位曾是上下级关系的同僚，虽然因为各自的理念（司马光的爷爷和父亲都是进士，出自名门，他的政治理念相对保守；王安石从小跟随担任地方胥吏的父亲在各地生活，对普通民众有亲切感），彼此成为"水火不容"的敌对者，为人却都光明磊落，他们互通书信，各自阐述自己的观点。

他们在官场上的得势以及失势，并非出自他们本人对对方的构陷或诋毁，而与彼时皇帝或太后对新、旧法的不同立场与态度有关。

而在政治上支持旧法的诗人苏轼，1079 年曾因诽谤朝政罪（任地方官时写诗嘲讽新法相关条例及产生的流害）入狱，经历百日牢狱之后，先被流放到黄州任团练副使。1084 年，调任汝州团练副使，从黄州前往汝州途中，苏轼拜访隐居在金陵中山的王安石。

此时王安石卧病在床，向苏轼展示了自己的诗作《北山》。

北山输绿涨横陂，直堑回塘滟滟时。
细数落花因坐久，缓寻芳草得归迟。

苏轼次韵和之，作《次荆公韵四绝》（彼时王安石被封为荆国公），其中次韵《北山》：

骑驴渺渺入荒陂，想见先生未病时。
劝我试求三亩宅，从公已觉十年迟。

可见虽然彼此政见不同，却都是具有健全人格的文人。彼此欣赏，也彼此尊重。王安石的《临川集》就收有《读眉山集次韵雪诗》。（《眉山集》为苏轼文集。）

王安石于 1086 年去世，同年九月，重返宰相职位不久的司马光也去世。

苏轼于 1101 年去世，享年 68 岁。

（苏轼既反对王安石暴风骤雨式的改革，也反对司马光等对王安石变法的全盘否定，结果遭到了新、旧两党的共同排挤，不过所谓新、旧两党，并非直接指向王安石和司马光本人，彼时两"党"人员纷杂，素质参差不齐。）

那是一个文人辈出的时代，欧阳修、梅尧臣、黄庭坚、曾巩、秦观……他们交往，唱和，虽因各自的政见和立场经历了职业生涯的起落（黄庭坚也曾被流放），但各有各的性格，其作品也各有各的风格与特色。而彼此之间，有着文人的温情与坦荡的底色。

而这，与宋朝对文人的"厚待"有关吧？也与开国皇帝赵匡胤的"不因言论而杀士大夫"的遗训有关吧？

| 王安石像

当然，即使如此，也阻挡不了金国的崛起，以及北宋灭亡的命运。

吴亨中进士不久，1100 年，宋哲宗去世，端王赵佶即位，为宋徽宗，该皇帝是一位艺术爱好者，本人也擅长书法、绘画。虽然他支持新法，但骨子里对政治无兴趣，具体事务都交给宰相处理，自己则过着"艺术家"的生活，同时喜欢微行出入花柳街，垂青开封名妓李师师……

为满足宋徽宗的奢侈享受，政府部门和官员采取了各种敛财方式，加上五花八门的酷刑，导致各地民众怨气十足。《水浒传》所描写的时代，就是徽宗治世时期。而 1120 年十月发生于浙江青溪的方腊之乱，虽然被童贯的大军镇压，却被历史学家认为是导致北宋灭亡的主要原因。

因为这支军队原来是要北上与金国一起攻打辽军的，结果南方出现方腊之乱，大军只好改北上而南下，至 1122 年，北宋才能对辽国进行真正的打击，但在此之前，原先约定不南下越过长城的金国攻占了西京大同府，又攻占了燕云十六州，并顺势攻占燕京。之后的局势发展，不仅当事者，后人如我们，阅读文本也有"眼花缭乱"之感。总之，开封被金兵包围，宋徽宗颁布《罪己诏》，自我检讨，宣布退位，立长子赵恒为帝，即宋钦宗。自己先是出逃亳州，再逃到江南镇江，开封一度被宋军解围之后，宋徽宗被宋钦宗召回开封，但最终，金兵攻陷开封，烧杀抢掠，将历代皇帝，尤其是宋徽宗精心收藏的书画奇玩悉数掠走。

钦宗和徽宗主动来到金军军营投降，皇族、朝廷高官、技术人员、艺术家……数千人被掳到金国，史称"靖康之变"。

北宋就此灭亡。时 1126 年。

摘录一首宋徽宗在北地当俘虏期间所作的词吧。这位有才华的风流皇帝晚年失明，当俘虏 8 年之后，在从五国前往均州的途中病死。

《燕山亭·北行见杏花》

裁剪冰绡，轻叠数重，淡著胭脂匀注。新样靓妆，艳溢香融，羞杀蕊珠宫女。易得凋零，更多少、无情风雨。愁苦，闲院落凄凉，几番春暮。

凭寄离恨重重，这双燕，何曾会人言语。天遥地远，万水千山，知他故宫何处。怎不思量，除梦里、有时曾去。无据，和梦也新来不做。

吴氏书院的兴起 / 包氏迁入 "小库村"

北宋国亡，宋徽宗和宋钦宗父子在金国当俘虏，宋徽宗的第九个儿子赵构在河南应天府登基，改元建炎。史学家称为"南宋"。

赵构为宋高宗。时 1127 年。

此后，在金军进逼下，宋高宗南徙扬州、建康、杭州、越州等地，最终在绍兴八年（1138）正式定都临安（今浙江杭州），称"行在"，以示不忘旧都汴梁而以此为行都之意。

| 吴宅戏台藻井。吴宅戏台前身即"中村书院"

在此期间，宋高宗一面任用岳飞、韩世忠等抵抗金军，一面任用汪伯彦、黄潜善、秦桧等负责对金媾和．最终在绍兴十一年（1141）冬达成"绍兴和议"，以放弃旧疆和对金称臣纳贡为代价，奠定了南宋在淮河、秦岭以南的偏安局面。

宋高宗重视农业，曾要求地方官每年春季亲至郊野，传达朝廷劝农之意，发布劝农文，又招抚流民归业，垦荒，同时兴修水利，防御旱涝灾害。

他也重视教育，绍兴三年（1133）六月即下诏于临安府置国子监，以临安府纪家桥一处寺院作为选址。绍兴十三年（1143）正月，宋、金战争停止不久，下诏于钱塘县西岳飞故宅建国子监和太学；七月，国子监和太学建成后，南宋另外两个中央官学宗学和武学也相继建成。

太学、宗学和武学，时人称为"三学"。

库村书院的出现，想必与这样的大环境有关。

侯林书院，以目前所能查到的资料，为泰顺县境第一所书院，吴子益建于宋庆元年间（即1195—1200），原址在吴畦墓前。"为子侄攻书之所，号曰侯林，入邑志。"

吴子益为吴畦第十二世孙，祖先为吴梓次子伯琥一脉。即库村本宗。

之后又有吴子益同族同辈堂弟吴子良在库村建"桂芳堂"：

嘉熙丁酉孟秋之望，予擢令于象州武仙，前令张炎刑政暴虐，征役烦重，民不聊生，余下车而后兴利除害，革薄从忠，一以行仁政以安黎庶，一以存阴德以遗子孙。辛丑十月丁父忧于家，建精舍数间，训诲子侄洒扫应对进退威仪之节，效窦谏议"五子联芳"，故匾其堂曰"桂芳"，遂作格言五条，以为后之规鉴云尔。

按库村吴氏宗谱记载，该篇文章为吴子良所写，详述了吴子良建桂芳堂的初衷，并提及建"精舍数间"，可见有相当规模。据《库村吴氏宗谱》记录："桂芳堂，在本村中宅巷口，宋淳祐壬寅殿前左计议子良公建，令五子读书，其内匾曰桂芳，又称中村书院。"

可以想象南宋库村吴氏的读书风气之好、之盛。

差不多是在吴子益的年代，他们的邻居，包氏第十二代孙中一位叫包宏元的人士从钱仓迁往"小库村"，宗谱载"公由钱仓徙居中村正主山下"。

包宏元为什么要从包家的地盘钱仓迁往吴家的地盘"小库村"，这是一个有意思的话题。因为彼时钱仓和"小库村"这两个村落相距不远，而两家各有自己的地盘，各自独立，按说彼此这么"井水不犯河水"，世代传续，才是比较自然的事情。

或许，因为吴氏自吴畦迁居至此，不仅人丁兴旺，而且人才辈出，而包氏一脉，有"动静"的不多。北宋期间，库村的包氏，按宗谱记载，未有读书出仕之人，推测在包全之后，库村包氏族裔多为"安分守己"的农人，当然不排除他们在农作之余，也读圣贤书，接受儒家文化的熏陶。

一直到南宋，才有包宏元的父亲包效（包全第十一代孙）"登宋开禧乙丑第"。（林鹗分疆录记载为"开禧丁卯举"，并以"唐宋无举人注官之例"，将旧志之"举人"纠正为"乡贡举士科"。包效当年考取即属乡贡举士科。）

包效是库村包氏家族中，录入家谱的第一位有功名之人。后"官至广州南海主簿，历授承直郎，迁循州通判"。

所以客观、实际地讲，与他们的邻居吴氏相比，包氏在"博取功名，光宗耀祖"这方面，的确不如吴氏。

中国汉人对有学问的人士历来尊重，骨子里又是务实的民族，唐朝廷给予仕官的待遇一直不错，宋朝更好，历史学家陈舜臣很有心地在其著作《中国的历史》中，为唐宋的薪俸算了一笔细账，他以从四品官为例，唐朝是每年260石大米、7顷职分田（卸任后归还）和12顷永业田（无须归还）、月俸11576文。

宋朝是每月50石大米，一年就是600石。月俸50000万文，还有春季和冬季的衣料，每

包宅村景。自包宏元迁入"中村正主山下"，至今包吴两姓仍以世英巷为界，分居左右

年绫 2 匹、绢 15 匹、罗 1 匹、棉 50 两。

宋朝还有恩赏，大臣患病，可以得到银 5000 两的赏赐，死后可以得到香典的赏赐……

上述这些"好处"，库村吴氏想必都享受到，邻居包氏看在眼里，或许也相当羡慕，而或许他们将吴氏的文脉兴旺，归结为吴氏的居住地风水好，希望通过搬去居住这样的行为，能分享那儿的好风水，使自己的家族能从此如吴家一样，多出读书人，多出有才能的人。

而包宏元之所以能顺利迁居到"小库村"，可见彼时吴家的开放与包容，一般地盘意识强而"心胸狭窄"的家族，可能会通过各种方式阻止别族人的"入侵"，但显然吴氏当时并未有这样的举动；另一方面，我们猜测包宏元妻子为吴氏女子，查家谱，果然。对于高度重视宗族和血缘关系的汉民族来说，姻亲是同族人之外，最可靠的"外人"，或者说，两者之间也属于"血缘"关系。

总之，包宏元娶吴氏为妻，并顺利从钱仓迁入"小库村"（包氏库村宗谱记载"中村正主山下"），成为吴氏的亲密邻居。

按现在包吴两氏的居住分布来看，"吴家在左，包家在右"这种格局应该从包宏元时代就定下了，此后两族的相交地界可能随着时代的变化有所改动，但大格局一直保持至今。

这或许是两族共同的默契。

包宏元这一举措，显然是高瞻远瞩的"大手笔"，他自己虽然没有功名，但他的次子秀实"官至九江府通判"，孙子包泰初"登宋端平乙未进士，官秘书省校勘"。

包泰初也娶吴氏为妻，包泰初的孙子也娶吴氏为妻，此后这一脉在"小库村"牢牢扎根，历元入明，开始出现人丁兴旺，族人势力不断强大的局面。

对此，包宏元后裔也明确表示"肯定"，库村包氏宗谱收录的《明任吾公包氏族谱跋》中，追述了先祖包全公于库村肇基，三世包瞿公"舍宅为僧舍，徙家东里钱仓"之后，就提到"宋端平三年，通判秀实公父宏元公又自钱仓徙入中村居之，而包氏之族遂昌且大矣。"

当然，"风水说"带有强烈的民间色彩，我们更倾向结合大历史（如上文所述，宋朝对仕官的尊重和礼遇）和小历史（吴家子弟的读书出仕所带来的"名利双收"对于包家的心理冲击）。在这样的背景下，经过数代人的耕读传家，包氏虽"低调"但并未断绝的文脉，在包宏元父亲包效身上得到延续，此后在包宏元后代中持续"勃发"，或许是更理性更客观的解释。

包吴联姻 / 扬鸣琴者嘤嘤然 / 马与驴

其实自吴畦迁来不久，包、吴两家就已经联姻，此后数百年的光阴中，家谱中时常会出现"配包氏"或"配吴氏"这样的记载，如吴梓就"配包氏，生子三"。

不仅包宏元娶吴氏，包宏元的叔叔包文显也娶吴氏为妻，所生女儿又嫁到吴家，成为吴子益的妻子，从而在库村历史上出现了著名的"三友"，即吴驲（吴子益的儿子）、吴泰和（吴子友的儿子，子益和子友同为吴梓后人）、包湉（包文显的孙子、吴子益妻子的侄子）。

（有意思的是，吴子益即伯琬所写《墓志铭》中吴梓所言"不慧"之二兄伯琥的第四代后人，吴子益的上几辈的确没什么事迹可追，但吴子益所生两个儿子吴昙和吴驲先后中进士，吴梓若泉下有知，想必也是"宽大怀"。）

包湉是家中长子（包湉的三个弟弟，包氏宗谱仅记其名，无具体信息），其祖父包文显与父亲包宏达，库村包氏宗谱仅记其名，可见并未有功名，但包湉不仅在库村包氏宗谱留有相当多"文迹"，热衷收藏圣旨、进士录及文学作品的库村吴氏宗谱中也收藏了包湉的诸多文章，如包湉为表哥吴昙彼时建造的节轩写的相关文章《节轩记》："同里季游吴君，其匡居肄业之所，清泚涵泓，美竹旁挺，匾曰'节轩'。季游盖蕴趣于竹而抗志于节者欤……"以及吴驲去世后，包湉应吴驲儿子邀请写的"纪念文章"，等等，足见包湉与吴家子弟交往密切，交情深厚。

同时也可以推测，包湉的姑妈为人贤淑，嫁到吴家之后，在吴家相当受尊重，因为毋庸置疑，彼时吴家的家势一定是强于包家，吴子益也才有条件在村中建"侯林书院"，供族中子弟读书，甚至有可能当年包湉就是因为姑妈的关系，得以时常在吴家走动，日后也跟随着他的表兄弟们一起在姑父吴子益创办的书院中受教育。

民间有条件人士设立书院，虽然首要是为族内子弟提供读书的场所，但也会延及亲友或女眷的亲友。

彼时或许有数位包氏子弟也同入侯林书院读书，如包湉的堂哥，日后做了九江府通判的包秀实。

那一长段时间，是世事太平、人间繁华的年代，这三位人士(推测吴昙[注一]因为年纪比他们大，又早早中进士出仕，离开家乡了)在家乡库村不仅用功读书，闲时（包括当官期间回乡"休假"或"丁忧"）还热衷郊游，家乡一些风景秀丽之地成了他们时常探访的去处，离库村不远的锦绣谷，以及谷中的一个石洞，都被包湉写进了《锦绣谷记》：

> 梅竹散植，古松旁挺。君取岁寒三友之意，曰"三友洞"，集宾友徜徉其间，或憩石上，或坐洞中，围棋者丁丁然，鸣琴者嘤嘤然……

从包湉的文字看，三友洞之"三友"指"梅、竹、松"，而后世亦将此"三友"指吴驲、吴泰和、包湉[注二]。这是族人的诗意，也是对那个时代包、吴两家和谐及亲密关系的纪念。

| "三友洞"摩崖石刻

【注一】吴昙，南宋庆元丙辰（1196）进士，知湖州库事，朝议大夫。

【注二】清人林鹗费心力著《分疆录》，书未成，而病逝于同治十三年（1874）。林鹗去世之后，他的儿子林用霖继续父亲未竟的事业，续编《分疆录》，为此还来过库村。

光绪元年（1875），"乘早凉前往锦绣谷，彼时三友洞三字可摹，但湿不受拓，而锦绣谷则只可仰望欣赏"。

以林用霖彼时记录，他似乎也采纳"三友洞"即指代吴驷、吴泰和、包湉这三位库村人，并称"三友洞"为他们的讲学处。

因为之后从元而明，两族的关系逐渐恶化，乃至为了广度寺打起了官司。当然那是后话了。

而从包湉文中"围棋者丁丁然，鸣琴者嘤嘤然"这句写实的文字中，可以看出彼时库村不仅有浓厚的读书氛围，还有浓厚的"文艺气息"。中国的读书人自古以来讲究风雅，"琴、棋、书、画"被视为"文人四艺"，孔子就是一位有相当音乐素养的学者，《论语·述而》曾记录："子在齐，闻《韶》，三月不知肉味，曰：'不图为乐之至于斯也'。"

先秦又有伯牙与钟子期的"高山流水"遇知音的故事。

宋朝文学家欧阳修晚年自号"六一居士"，即有一万卷藏书、一千卷拓本、一张琴、一局棋、一壶酒、一个居士。

但现在似乎通达"四艺"的文人不多，所以看到包湉这句"围棋者丁丁然，鸣琴者嘤嘤然"，猛然有一种心理上的冲击，继而好奇在这样的幽山僻谷之地，还有这么一群喜欢文艺，懂生活情趣，而不是正经只知道读书的人。

这种风气的养成，一定不是短时间的事，它需要时间的积累以及数代人的参与，现在我们想象在那样的年代，库村以及周围（后唐时期迁到莒江的夏家，更迟些迁到附近筱村的林家及翁山的翁家，到了南宋，经过几百年的繁衍生息，都成了泰顺"世家"，不妨推想当年这些结伴去三友洞游玩嬉乐的年轻人中，也有这些或远或近的别姓族人，因包、吴两氏宗谱中，频繁出现这几个家族的联姻记录）所呈现的，是怎样的勃勃生机。

《库村山水歌》 宋·林梦禾

老峰万仞插天碧，与天相近不盈尺。
旗鼓之山临碧川，金甲之山悬峭壁。
双峰文章倒书空，烟云泼墨四时浓。
古刹瑞峰最殊伟，青山累累挂芙蓉。
书石之阳宜隐游，陇巍六月凉如秋。
佛图灵异侵天影，天然一柱擎中流。
侯林之地接横阳，泉源异派清流长。
乔木森森有繁荫，其中兰蕙芬芳香。
锦谷画桥堪寄题，扬鞭走马临危堤。
拂袖天香桂高折，青云足下升丹梯。

漈门瀑布银河泻，飞湍一派从空下。
桃浪翻红雷吼声，春风三月金鱼化。
永嘉山水古称美，此山此水更无比。
吴公谏议出山阴，挈家肥遁始居此。
垂训后昆孝且忠，况兼胜地钟豪雄。
簪笏传家有余庆，林泉足乐谁能同？

从诗中"扬鞭走马临危堤"可知，彼时泰顺
有条件的年轻人走亲访友、游山玩水的代步工具是
"马"，不过以泰顺多山、道路既曲折且狭窄的交
通环境，是"马"，还是"驴"，值得探讨。因养
马不仅需要一定的经济条件，还需要骑马者具有一
定的体力和驾驭能力；此外，与体形矮小之驴善于
走狭窄且上上下下之陡峭山道不同，"身材高大"
之马适合于平川大道。

库村旧称"漈头"，即因村口有此漈水
而得名。因飞云湖库区蓄水，今漈门瀑
布"飞湍一派从空下"的气势大减了

而纵观中国历史，有"唐人喜欢骑马，宋人则
骑驴者多"这样的说法。有人还颇精辟地提到"驴"
在宋朝的盛行，与宋代（尤其是南宋）文人普遍的纤弱、敏感但自尊的气质有关，因"驴"有
一定的象征意味，南宋著名诗人陆游有一首《剑门道中遇微雨》：

衣上征尘杂酒痕，远游无处不销魂。
此身合是诗人未？细雨骑驴入剑门。

如果把"驴"换成"马"，整首诗的意象是不是都会为之一变？

但想象林梦禾写此诗时尚年轻，年轻人意气风发，且正处在"人生得意"的阶段，我们且
推测他从他的家乡泗溪到岳父家库村，是真的骑马，而非骑驴。就算他其实是骑驴，但如果把"扬
鞭走马临危堤"之"马"换成"驴"，是不是意象也为之一变？
所以，马可能是马，马也可能不是"马"，但不妨写为"马"。

写到"马"，想到包湉文章《为武经大夫吴公䭾行状》中的"一日，公乘笋舆晚过松下，
月透东山，遂赋松月之句，曰：予悟境也。"

"笋舆"即用竹子编成的轿子，应该为"实写"，因泰顺年老一辈还曾见过类似的轿子，当然他们彼时所见是比较简易的"笋舆"，两根竹子之间绑着一把竹椅，坐竹椅者为老者或体弱之人，前后各一人抬之。这种简易"笋舆"很适合山间小道，"操作"又简单，虽与骑马相比气势较弱，但实在。

又：林梦禾所作之《库村山水歌》，原文收录于库村多个版本的吴氏宗谱，林鹗所著《分疆录》亦有收录，内容同库村吴氏宗谱。

本文成稿之后，我们听闻邻村白牛坑一位老人家里有吴氏老谱而前往翻阅时，发现该谱所录林梦禾此诗题为《地位歌·即库村山水景而作》，而非《库村山水歌》。读其内容，作者是对库村山水风景做一个诗意的"写实性记录"，我们认为《地位歌·即库村山水而作》比《库村山水歌》更合本意，而细细比对两诗，发现其内容也多有差异，如"扬鞭走马临危堤"，此句在《地位歌·即库村山水而作》中为"路通走马金沙堤"。金沙堤是旧时库村风景之一，在库村吴氏宗谱地图即有地点标注，虽然少了"扬鞭走马临危堤"的气势，却似乎更符合该诗实写之风格。

当然这只是我们的臆断，我们也好奇这两篇"异同相杂"的诗，是怎么产生的，我们自己倾向于《地位歌·即库村风景而作》为原作。但不妨把诗也附于此，让读者自己下结论：

《地位歌》（即库村风景而作泗溪香岩进士林梦禾赠）

老翁万仞插天碧，与天相近不盈尺。

旗鼓森山临左位，金甲高崖悬峭壁。

双峰文笔到书空，烟霞泼墨四时浓。

古刹瑞峰最殊伟，青山叠叠挂芙蓉。

松月壑上宜隐幽，陇巍六月凉似秋。

佛图灵异真清景，天然一柱榘不休。

侯林之地接南阳，贪泉之派衍流长。

乔木森森多蕃茂，其中兰蕙芬芳香。

锦谷图书堪记题，路通走马金沙堤。

袖拂天香桂高折，青云足下步丹梯。

濚门瀑布银河泻，飞湍一派从空下。

桃浪翻红雷吼声，春风三月鱼龙化。

温郡佳景无称比，潇洒衡岳未为美。

吴公谏议山阴脉，揭家来兹安基址。

福庇侯仁且先忠，况今胜地壮英雄。

| 宗祠里的先贤像刻壁画

簪笏堂堂衣袍紫，公侯衮衮达先宗。

（白牛坑村人均姓吴，为吴畦公后裔，保存此宗谱的老人叫吴先和，80多岁，依然每天劳作。他说这本家谱是上辈从一个落拓的族人手上买的。他上辈彼时田产颇丰。按世系所续，末几代在清雍正年间，判定此谱修于雍正或康熙年间，谱头为手书老宋，世系则为行书楷书，上好宣纸，虽内页多有破损，却古雅之意满满。）

三友 / 遗腹子 / 家族的依托

相对于父母双全的吴驲和包浍，吴泰和的情况有所不同。

吴泰和尚在母腹中，父亲吴子友已去世，是在家族堂祖父吴国安的资助下，由母亲王氏夫人抚养长大。

彼时库村吴氏家族正处在最"盛旺"的时代：家族有相当的财力和势力，家族中人也彼此团结、互助，所以吴泰和虽然一出生就没有父亲，但是有整个家族作为依托，他不必忍受因父亲过世而带来的贫困与饥饿。重视血脉延续和家族传承的中国人，对于失怙的孩子的照顾，有其悠远的传统，而家族的力量和重要性，在这种时候便显现出来。

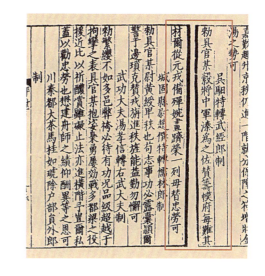

《永乐大典》中"吴驲特转武经郎制"的记载

但这是和平年间的家族，到了元末明初，大儒宋濂笔下"三贞母"的时代，在家族连自身都难保的情况下，孤儿寡母的悲惨就显现出来了。这也是后话。

总之，三位少年渐渐长大，相继考取功名，相继离家赴任。

吴驲：南宋嘉泰壬戌（1202）进士，历官昭州、腾州太守，武经大夫。

包浍：南宋嘉定丙子（1216）举，江南漕举类试科，官永州州学教授。

吴泰和：南宋嘉定癸未（1223）进士，历知扬州牧，宰相贾似道曾师事之。

吴驲的故事，在《时间的记忆·库村口述历史》中多有提及，这里不再赘述，想要补充的是，吴驲是"三友"中官做得最大的，而且他先后任昭州、腾州知府，都是掌实权的地方官。"甲戌（1214），侍郎徐谊备边九江，公上《防御事宜大略》：'以兴国为江右捍蔽，富池为兴国控扼；富池失守，则兴国危；兴国危，则旁郡皆危。'又献甲式。至昭州，上三事。改腾州，陈《安边四要》，皆称旨。"

吴驲50岁时，南宋嘉定九年（1216），朝廷召他担任昭州知府，他带着俩儿子，估计还有家眷，从库村出发，一路舟车，前后花了三个多月（107天）时间才到昭州。沿途勤写日记，详细记载所经之地的名胜，以及都谁招待了他，等等，根本就是游山玩水嘛，这是不是跟他少年时期在库村爱"玩"的天性有关？

有意思的是，和前辈吴梓一样，晚年吴驲也告老还乡，回到了生他养他的库村，在库村度过了闲适的余生。某日乘竹舆经过松下，"月透东山"，心有所悟，数月后安然离世。

古人，如库村肇基者吴驲的先祖吴畦公，又如吴梓，以及这位吴驲，是库村吴氏一脉中，对神秘事物保持着好奇和强烈的探索精神的人物，这或许和人类对于"我从何而来，去往何处"的迷惑和追问有关。

也和他们在与自然环境的相处中，冥冥中与宇宙有着神秘的感应有关。据说吴驲某年途经瑞安五十四都苔湖屿后（今文成境内）的时候正值雪天，一片皑皑，只有眼所望的"南冈之麓"了无积雪，他便将之选作自己的坟址，他去世之后，他的后代按照他的遗愿，将他的尸骨葬于彼处。

或许，吴畦、吴梓和吴驲，兼为神秘主义者和理想主义者。

吴驲去世时为宋淳祐九年（1249），时年81虚岁。长寿，按民间，是白喜事。他的坟保存至今。库村一脉，很多都是他的后代。

包涵的人生脉络，因库村包氏宗谱只记载他科举出仕的相关信息，而无从追索，包涵的后人，宗谱也只简单记叙其名其姓，及至包涵第六代孙包玉松迁往青田潘岭，意味着现今库村并无包涵后裔。

库村吴氏宗谱对吴泰和的人生轨迹有过简单的描述，并收有关于他母亲王氏夫人的事迹，提到王氏夫人19岁时嫁入吴家，几年后吴子友病逝，她安心事舅姑（即公婆），并督促吴泰和读书，以补其父吴子友"负大才不遇早逝"的遗憾（吴子友生前曾遭举类试），而果然吴泰和长大后成才出仕。父亲吴子友虽然早逝，但因为儿子的功绩，而被朝廷追封为朝列大夫，王氏则被封为安人。

吴氏宗谱收录的《泰和公墓志》一文，提及吴泰和中嘉定癸未进士之后，"授宗正寺丞"，并"为诸王教授，时贾似道从之学"，后在淮西扬州路任官，彼时李全兵乱，并于1230年攻打扬州，吴泰和还曾经参与朝廷的平定工作。

晚年吴泰和因为丁忧回到库村，在库村期间，著有《鞠泉集》。

宝祐戊午年（1258），贾似道知枢密院事，邀请吴泰和出仕，吴泰和"以老成受诏入朝，贾君曰吴先生免拜，待以师礼"。

两年后，吴泰和致仕返乡途中，病逝于金华驿馆，因彼时他的两个儿子都先他去世，他的妻子赵氏按照他的遗愿，立堂侄之子，即吴子良季子的儿子为后，延续他的血脉。

此后经过数百年的时光，吴氏一脉延续至今，复旦大学历史地理研究中心教授、博士生导师，哈佛燕京学社访问学者吴松弟教授便是他的后裔。

吴松弟先生是一位成就非凡的学者，主要研究中国经济史和历史经济地理（以宋代和近代为主）、中国人口史和移民史（隋唐五代辽宋金元时期）、东南沿海区域史。曾历任《历史地理研究》主编、《辞海》（第七版）分科主编、《温州通史》主编、《中国近代经济地理》……主持国家自然科学基金项目、国家社科基金项目，并担任国家社科基金重大项目"中国旧海关内部出版物的整理与研究"首席专家。

值得一提的是，承继吴泰和血脉的吴润孙，如前文所写，是吴子良的后裔，而吴子良的父亲，正是当年吴泰和出生之后，因父丧被"以己子抚之"的国安公。

这是一个感人的关于家族凝聚力以及家族传承的故事。

吴泰和在金华驿站去世之后，归葬故里岩下，他的坟保存至今。

吴子良 / 桂芳堂 / 北宋皇陵 / 族人扶柩

"三友"之外，库村另有一位杰出人物，即吴子良。

从辈分而言，吴子良比吴驲、吴泰和这两位堂兄弟长一辈，是他们的叔叔辈。不过不是亲叔叔，而是堂叔叔，吴子良的祖父吴嘉猷和吴泰和的曾祖吴嘉善是亲兄弟，他们都是进士吴亨的后代。

吴子良和吴驲的血缘关系则要更往上推两辈，都是进士吴梓的后代。

而吴子良年纪比吴驲还小。吴驲生于南宋乾道丁亥年（1167），吴子良生于南宋绍熙辛亥年（1191）。

因为吴子良这一脉的祖先是吴梓的小儿子伯琬，吴子良的祖父又是家族中的小儿子，几代下来，叔叔辈比侄子辈年纪小是很正常的了。

但辈分仍在。吴氏宗谱保存了吴子良写的数篇诗，可见吴子良也是喜欢写文章的人。其中一首特别注明《和侄驷咏双星石原韵》：

夜来留想南园石，忽见双星天上同。
疑是届临牛女夕，善观仿佛李台翁。
欢生佳客诗怀壮，醉饮高堂酒不空。
忆昔丰城埋玉剑，光芒遥射斗牛中。

吴子良于南宋绍定己丑（1229）中进士，曾经在丁忧期间回到库村。彼时辛丑年（1241），吴子良 50 周岁。正是那段时间，吴子良在库村创办"桂芳堂"，用以教导族中子弟读书，并赋诗一首：

| 库村村景

前面青山后面塘，于中潇洒作书堂。
儿曹从此通今古，仿佛燕山窦十郎。

并仿"窦十郎"（即窦燕山，原名窦禹钧，五代后周时期大臣、藏书家，家住燕山一带，人称窦燕山。窦燕山生五子，皆聪颖早慧，文行并优，有功名，时人赞为"窦氏五龙"）写下"道学、孝友、睦族、修身、齐家"五条相关格言：

道学
示尔弟子职温恭毋自虚少则安洒扫长大务诗书玉琢方成器不琢无用玙人学始知道不学如豚鱼朝益而暮习期效古人儒吾观先进辈必学登云衢

孝友
示尔奉亲长孝敬与随隅昏定而晨省上堂问起居有命须疾走有肩须并奥出外事必告入内面必舒分形本同气亲友两相须尝闻祖遗言掩户曾自揣

睦族
示尔诸子辈以义敦乡间德业须相劝守望须防虞庆吊礼往来贫乏通有元冠昏丧祭事皆以礼为拘强勿凌乎弱贤勿欺乎愚愚者义当教强者义当锄

修身

示尔年少子当慎亲遗躯勿斗其血气勿贪其醹醑贪醑身必殒斗气法必诛若要身家安国课岁早输尔曹依我训必造礼义区尔等不依者马牛而襟裾

齐家

示尔居家理勤俭两字珠男勤治稼穑女勤事机杼勤织有余布勤耕粟有余若能勤与俭凶岁不贷予懒惰不勤俭仓库必空虚我今垂格言贤者宜鉴诸

丁忧结束，吴子良离开库村，回到自己的原职任所。

淳祐九年（1249）（同年，吴驲去世），一道圣旨，召吴子良去修皇陵。

此皇陵为北宋皇陵，位于郑州市，始建于乾德元年（963），是北宋皇帝及其陪葬宗室的陵寝。共有 300 余座陵墓，占地面积约 156 平方千米，涵盖了北宋除徽钦二宗之外的其余七帝，加上赵匡胤的父亲赵弘殷的陵墓，统称"七帝八陵"。此外还有皇后陵、皇室宗亲墓、名将勋臣墓。

寇准、包拯等大臣的陵墓也在其中。

1234 年，在南宋和蒙古大军的攻击下，金国灭亡，南宋终于可以派遣谒陵使前往金国曾经的占领地参拜北宋的陵寝（曾经被金国立为傀儡皇帝的张邦昌向金国提出不破坏陵寝的要求，100 多年间，陵寝的确未遭破坏）。据说谒陵使回朝后，将绘有历代陵寝简状的《八陵图》献给皇帝理宗阅览，理宗热泪盈眶，伤感叹息。

理宗（1205—1264）为南宋第五代皇帝，他被立为帝的过程颇具传奇色彩，此不赘述，他在大臣史弥远的支持下登上帝位，而于 1234 年终于"亲眼"看到自己的世家仇敌金国灭亡，也终于有机会派谒陵使亲往拜谒自己被"冷落"了 100 多年的先祖，在"热泪盈眶，伤感叹息"之后，自然要派大臣去修陵墓，以告慰先祖了。

修陵墓的时间不长，应该在当年就完成了，因为次年正月，吴子良就被皇帝表彰，并将吴子良从左计议大夫升职为奉议大夫。吴子良的父亲吴国安也因此被朝廷赐为奉顺大夫。

可惜吴子良受封不久，就于当年，淳祐十年（1250）去世，终年 61 虚岁。修皇陵后不到一年即去世，是不是因为吴子良一个长久生活在南方地带之人，乍到北方，水土不服？又野外作业，虽不必亲自动手，却又要为朝廷节省开支，又要时时防备蒙古军进犯（彼时南宋的仇敌金国虽亡，但蒙古军时不时与南宋军交战），所以督修皇陵期间，想必吴子良的心境不是那么安适的。

而且毕竟是年过六十的人了。

吴子良的死讯传到理宗耳里，理宗因之辍朝，又下相关圣旨，关照吴子良的灵柩顺利回到故里。

可见是一个有人情味的皇帝。

圣旨以及库村吴氏老谱（《库村吴氏宗谱》被毁于"文革"，20世纪80年代修谱时，谱头部分参考别地吴氏宗谱，或许因此"漏录"了部分内容）未记录当年扶吴子良枢归故里的吴氏族人的名字，白牛坑库村宗谱则有相关记录："钧任公于淳祐十年入京赴考，时子良公奉旨修理王坟，旋上加进为奉议大夫，乃卒于官。得钧公（即钧任公）考满，授都监。时诣礼部奏，赐敕扶枢还乡，乃谓义人也。"

婚姻的社会价值 / 大地间自由行走

可以说宋朝，是库村吴氏家族女性最荣光的时期，从北宋到南宋，众多嫁入吴家的媳妇，或因儿子，或因丈夫在朝廷任职而被授予各种荣誉称号。

这些媳妇当中，一些平平静静地在夫家相夫教子，度过自己的一生；一些则有机会跟随做官的丈夫，一起到达赴任之地。

这些走出大山的女子，从此积累了相当的阅历，她们的视野相对于从未出过远门的其他女性，要宽广些，她们的见识也相对要高一些。这些女性中包含从罗阳望族董家嫁到吴家，做了吴驲妻子的董氏。

董氏因为其夫吴驲在官场上出色的能力，而被朝廷连续授予儒、安、宜、恭，最后进封夫人，她所生两个女儿分别嫁入好人家，其中小女儿嫁到泰顺泗溪林家，成为进士林梦禾的妻子。

纵观吴氏家谱，里头列出吴家女儿出嫁情况的相当少，吴氏家谱特意记录吴驲女儿的出嫁情况，因为彼时林家在泰顺是一等一的望族。

望族之间彼此联姻，对于重视婚姻的"社会价值"的中国人来说，是一件需要"用心"的事情，吴驲娶妻董氏，林梦禾娶妻吴氏。就是典型的例子。

林鹗在其《分疆录》"冠婚"一章中，写道："婚旧必择门第，近俗有合庚甲（旧俗订婚时男女双方交换的写有姓名、生辰八字、籍贯、祖宗三代等的帖子）者，且多慕势力，媒说合既诺"。文章最后提到新媳妇"七日入厨房操作，平日妇女不见客，虽至戚非长辈不见面"。点出了为人媳妇的"不自由"。

不知彼时库村年轻女性，那些待嫁的未离开家乡，未成为别人家媳妇的年轻女子是不是有自由，比如有机会和兄弟们一起去书院读书，对此，包吴两氏家谱都没有记载相关信息。而按彼时制度，女子没有"工作"机会，所以家族中也不会鼓励女子读书吧，或许有那么几个女孩子，天生对读书感兴趣，而偷着学识字，偷着看书的？或者不用偷着看，可以大方地看？

而且闲暇时还可以跟兄弟们一起出去郊游？所以当年的三友洞，不仅有年轻男子，还有年轻女子？那时候，乡野地区，就算是当地望族，对男女之间的交往应该不是那么严格？对年轻女子的束缚也不会那么多？

我们希望这些疑问，或者说这些"遐想"都有其令人满意的答案，但或许，彼时的现实并非如此。林鹗先生末了补充的一句："惟山野农家则不避。"已经清楚说明，吴家、董家、林家，彼时这些望族家庭的女子，有门第的荣耀，而少了山野农家女子与人接触的自由，以及在大自然间自由行走的快乐。

| 吴宅村中古民居。

另外，彼时，裹脚之风已经盛行。
备受我国文人推崇的、襟怀坦荡的大文豪苏轼先生曾写过一首词：

《菩萨蛮》
涂香莫惜莲承步，长愁罗袜凌波去；只见舞回风，都无行处踪。偷立宫样稳，并立双跌困；纤妙说应难，须从掌上看。

这首《菩萨蛮》被称为中国诗词史上专咏缠足的第一首词。苏轼先生是北宋人士，宋室南渡，裹脚之风也随着刮到了南方，从宫廷到城市到乡村，但彼时主要限于上层社会。并且宋代缠足，把脚裹得纤直但不弓弯，不像后世，越来越"变态"。

我国女子裹脚、欧洲女子束腰、非洲女子割礼……都是男权社会病态审美或展示其男权野蛮专制的极端表现。

关于裹脚，后文再叙。

第四章

艰难朝代　坚贞女子

宋濂作《瑞安吴门三贞母墓版文》

文天祥为《固前吴氏族谱》作序

家虽废，学不可废也

方孝孺作《吴氏二贤母哀辞》

1279 年，南宋灭亡，进入元朝，对于汉人来说，这是被异族统治的屈辱的时代，殉死的汉人很多，清人赵翼在《廿二史札记·宋史》中写道：

历代以来，捐躯殉国者，惟宋末独多。

代表人物就是写下传诵千古的《正气歌》的文天祥。

"天地有正气，杂然赋流形，下则为河岳，上则为日星。"这首诗作是文天祥被囚于元大都的狱中时所作。

这种充满了天地和寰宇间的精神性的正气，就是"浩然之气"。

"有了浩然正气，可以抵抗一切，可以与生死搏斗，可以端正世界。"学者许倬云评价，"文天祥是总结当代思想的人，他忠肝义胆，不是忠于皇帝，他以身殉道，不是殉中国，他捍卫的是中国的道"。

随着时间流逝，屈辱感渐渐褪淡，人们也渐渐习惯在异族统治下生活，实现自我价值的需要、出人头地的需要，使得汉人在元朝朝廷任官的现象又多了起来。

但是自汉武帝时代获得"国教"地位的儒教在元朝不再受到尊敬。唐宋以来形成制度的科举考试，在元朝也被废除。并不是完全废除，元朝朝廷有强硬派和怀柔派，强硬派坚持建朝初期制定的差别歧视政策，即蒙古人为第一等，第二等是色目人，第三等为金国统治下的汉人、契丹人、女真人，之后才是南宋统治下的汉人，被蔑称为"蛮子"。

怀柔派则主张对占大多数人口的汉人采取怀柔政策。怀柔派又被称为汉化派。

汉化派掌握实权的时候，元朝廷恢复科举，但为了与强硬派妥协，尽量减少汉人及第的数量。整个元朝，断断续续举行过八次科举考试，及第的进士总共只有 278 人。

这些人中，没有库村包、吴两族的族人。

查阅包、吴两族宗谱，这时期没有谁中进士的记录，也没有与之相关的父母或妻子因为其子或其夫当官任职，而被加冕的荣誉称号。

两氏宗谱关于元时期族人情况的记录同样简略，除了按惯例记录各自血脉的传袭之外（这也令人感觉宗族血脉力量的强大，不管处于什么动荡的年代，谱系的延续和记录，对于他们来说，都是最重要的。另据库村包其宣所言，库村的包氏宗谱和别地如大安的包氏宗谱相比，少了几代，不知是不是与库村包氏宗谱曾经遭受战乱或其他原因被毁有关），没有其他关于族人的更详细的文字记录了。

宋濂像

所以当我们看到有文章提到发生在元末明初时期"三贞母"的事迹，并提及明朝大儒宋濂和方孝孺都相继为她们写过相关文章，相当吃惊，也很好奇——从我们自身来说，我们希望"三贞母"的故事与库村吴氏一脉相关，因为故事本身感人。故事中的三位女性，如果说她们的经历代表了我国女性的传统美德与牺牲精神，毫不为过。

与本书的主旨非常契合。

我们开始了我们称之为"追查真相"的过程。虚构作品和非虚构作品最大的区别，无疑是对于真实性的不同"态度"，虚构作品当然也追求内在的逻辑的真实，但无须对现实真实负责，而非虚构作品建立在现实真实的基础上。当然，对于已经沉没于时间深处的历史，要追求它的真实性，相当难甚至不可能，但这不是后人如我们就此放弃追索真相的借口，我们应该通过各种可能的渠道如相关文字、资料，去佐证、推测，最终找到我们自认为最接近真实的本相。

如果不能，也应该承认我们的"失败"，而保持事物的可疑之处，留待有心人继续追索。

追索的过程颇有意思。因为我们在库村吴氏宗谱中并未看到相关文章，所以先参读泰顺清朝人士林鹗所著《分疆录》收录的宋濂的文章，对文章中出现的人物以及相关年代进行核查，

《瑞安吴门三贞母墓版文》书影

发现若干疑点，乃至我们怀疑这篇文章是否真为大儒宋濂所写。或者真是宋濂所写，但《分疆录》作者在抄录时，因为疏忽而导致文字上的错抄（错抄现象存在于关于历史的各种文本，不足为奇）。

后来我们查阅收录于《四库全书》的宋濂文集，逐字对照，原文与《分疆录》一致。

宋濂生于1310年，为元末明初著名政治家、文学家、史学家、思想家，学者称其为"太史公"，明初曾为太子朱标讲经。洪武二年（1369）奉命主修《元史》，累官至翰林学士承旨、知制诰，朝廷礼仪多为其制定。

洪武十年（1377），宋濂以年老辞官还乡，居于蒲阳（今浙江金华）。应该就是这段时间，文章所写主人公吴荃"找"上门来。彼时宋濂年近70岁。

年近七十的老人，可能不是很在意细节的准确性，在意的是事情本身的"教育意义"吧？

他在文中提到"一诎一伸，天道之常"（诎：通"屈"，弯曲），似乎也是对自身及家族命运的谶语，几年之后，他因长孙宋慎牵连"胡惟庸案"而被流放茂州，途中病逝于夔州，年七十二。

宋濂作《瑞安吴门三贞母墓版文》

现在我们将宋濂的文章进行分解。为便于读者对照，将宋濂《瑞安吴门三贞母墓版文》全文录之于下：

温之吴荃不远千里，踏赤日而冲黄埃，谒予于浦阳江上。既入，容颜惨沮弗悦。问其故，辄呜咽流泣，而后言曰：

荃之先世，初家鄱阳，再迁会稽。唐谏议大夫畦又自会稽徙温之瑞安。世有宦迹，至宋，兵部侍郎洸，某州教授瀹，兄弟连擢某年进士第，声闻益著。兵部几世孙、连江主簿朝宗无嗣，以兄、通判汀州泰来仲子讳埏君为之后。君元柳州教授，荃之曾大父也，种学织文，名播于迩遐。其配金部郎中张公声道之孙，讳淑真，柔婉静专，奉尊章能尽其礼，曾大父方四十一，不幸蚤

（通"早"）世。张夫人少九龄，誓冰雪自洁，卵翼其子，至于有成，寿七十二，以至正元年辛巳八月辛酉卒，五年乙酉二月癸未葬州之广化乡，其子讳钦，荃之大父也，娶胡夫人讳节，宋琼州安抚使尚贤之孙。大父学行如其先人，念家世之多艰，奋然欲有为，寤寐不忘。生一子讳璟，荃之父也，嗜学如嗜利，固有怠心，及其冠也，择松江府判官林公天麟之孙讳廉为之室。林夫人濒行，父以上腴田三十亩畀之，林夫人曰：儿闻女子之行，父母有命戒之言，不闻其他也，敢辞。暨去，动静具合节文，三族翕然，称其贤。荃父始二十一岁不幸又以疾不起。时，林夫人多二龄，荃在遗腹中，甫九月，荃父临卒，语林夫人曰：吾家宗祀不绝如缕者，在吾一身，今病革若是，奈之何哉，然吾祖父无凉德，生男或可期，尔能保婴悍而养吾二亲，吾死为不死矣。林夫人仰天泣曰：所不如君言者，有如日。言终而卒，卒一月而荃生。生一月而大父继卒，大父年方四十，而胡夫夫少一龄，二孀母相依为命，擦泪治事，昼夜更抱持荃，尝指曰：吴氏三世惟赖此一孙耳。呜呜对泣，不能仰视。

逮荃六岁，天下绎骚大侠聚兵，阴窃生杀之权者甚众，慕吾母丰于财，争欲聘之，不听，更以危言震撼，复不听，因说之曰：当此乱世，有力如虎者尚朝不谋夕，以孱弱之妇，不翅一轻尘，乃欲保三尺孤耶。知者颇窃笑于后矣，为汝之计，莫若托身势家，而心存吴氏，顾不足阴持之耶！林夫人剪发长号曰：吾闻烈妇不再嫁，此义或乖，禽犊不若也，吾但不

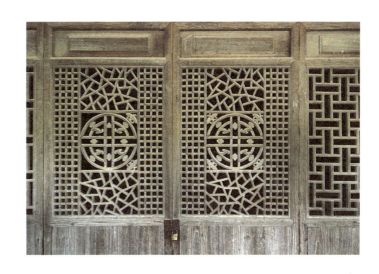

| 吴宅下厝古民居的门扇

知负其天，遗孤之保与否，则天也，吾言止斯，苟或迫之，有死而已。其说既不行，遂谋勒兵而强委禽焉，林夫人闻之，与姑言曰：事急矣，不可以不去。即挟荃夜走平阳，冒险阻，履荆棘，茹苦如茹甘。吴故大家，仆人媵女满庭，颐指得如意，至是皆散尽。林夫人躬操杵臼，以执爨事。食或不充，攻丝枲以贸易之，然犹市书教荃，从名人游，脱簪珥以代束脩，且曰：家虽废，学不可废也。事姑尤孝谨，姑多疾，毕志竭虑以事巫医，忽梦神人谓之曰：炰鳖，饲之即差。已而，果然，人以为孝感。州大夫朱文霆贤之，欲请于朝，旌表其门闾，林夫人固辞，乃止。

林夫人居平阳十二春秋，当至正二十二年壬寅十二月己丑，林夫人不幸殁，寿三十九。胡夫人哭之，恸曰：上天罚我如是之酷耶，老者存而少者先逝耶！荃时二十三矣，胡夫人由是日

夜程督愈勤，唯恐荃之怠也，又七年，为洪武元年戊申，荃始还瑞安故庐，以十二月庚辰葬林夫人，与吾父同穴。又二年，胡夫人亦卒，实三年庚戌九月辛亥也，寿七十三，葬以五年壬子二月甲申，其穴亦与大父同，所葬之地皆祔张夫人。云：惟我吴氏寡佑，祸及三世，几致陨厥宗，其克底于今者，二贞母是赖，前延后引，靡遗余力，志节之著，坚如金玉而不变，屹如丘山而不移，稽诸古史传所载，殆不是过。不肖孤悖，然在疚深，惧不能负荷，而先德之卓绝者又不白于世。一念及兹，涕泗丸澜，而不自知，敢以墓文为请，惟先生畀秩之。言讫，拭涕再拜。

濂因譬晓之曰：荃无以忧为也，一诎一伸，天道之常，荃之家，其困瘁极矣，涵蓄之久，恶知不大发于后耶？栝人有林氏者，当宋之讫篡，家废于兵，妇姑挟三岁儿奔走戎马间，幸而得全，二母鞠之成，儿擢高科而其子孙文墨彬彬，多列腼仕，其事与荃诸母颇类，而酸辛则过之。譬如木焉，收闭华泽于冱寒之日，畅达光荣于和煦之时，理则然也。颇闻荃汲汲好修而能古文辞，荐绅先生咸器重之，爵禄之至，孰能御之哉？荃又有二子昆、昱矣，其胤系之滋亦将自斯焜煌朗烈，上继兵部公之步武似不难致也，荃无以忧为也。

濂故为白其三母之行，树石墓门，以志子孙。他时融显之所自于之读者，当以濂为知微之士云。

铭曰：海东名区，有氏曰吴。世为簪缨，起家则儒。仁渐义摩，上浃下孚。阴教有翼，大义鉴如。卓哉三母！贞德弗渝。一延于前，备涉艰虞。誓竭肝胆，以树门闾。二引其后，丁时毒痛。同扼猛兕，以保孤雏。正如鼎足，损一则敧。代有懿哲，庶亡阽危。荼蓼虽操，冰雪自持。中心所涵，其气吐霓。白石可泐，我志弗移。黄金可销，我节肯隳？卒绍三世，免坠一丝。粤稽于天，厥理匪诬。硕果不食，其发必膜。修干入云，浓阴郁敷。欲构明堂，畴忍舍诸。谁家鬼妻？朝麻为衰。夫骨未寒，背而他之。君子疾视，何翅虫蛆。有人心者，请观铭诗。

——宋濂《文宪集·卷二十四》

吴荃，库村吴氏宗谱中未有记载。不仅他的名字没有出现，他提到的两位中进士的远祖吴瀹、吴沦，以及他的近祖吴朝宗、吴泰来、吴埏、吴钦、吴璟诸人，库村吴氏宗谱也未提及，只提到了吴瀹。

提到吴瀹"于宋景炎元年（1276）与侄迁白岩"。未提吴瀹中进士。

吴瀹和吴沦，以及吴泰来，清编订的《四库全书》有他们中进士的记录。

淳祐四年甲辰留梦炎榜吴瀹，瑞安人，处州教授

淳祐七年丁未张渊微榜吴沆，瑞安人，宗正卿

景定三年壬戌方山京榜吴泰来，瑞安人

注明他们是瑞安人（彼时泰顺未立县，境内区域分属瑞安和平阳）。但到底是不是库村吴

畦的后裔，我们暂时存疑，因为库村吴瀹迁白岩的年份为 1276 年，而瑞安吴瀹中进士的年份为 1244 年。（当然宗谱也可能将年份错写，我们查阅各宗谱，发现抄宗谱人常犯这错误。）

如果为同一人，不管库村吴瀹中进士的年份是否在迁居他处之前，库村吴氏宗谱应该都会收录（我们查库村吴氏宗谱，在他之前和之后的吴氏诸进士，都一一列在宗谱中，却未收录他的名字）。

文天祥为《固前吴氏族谱》作序

继续追索，结果出乎意料，吴瀹的名字出现在南宋朝名将文天祥为好友吴宇济的家族所修家谱写的序文《固前吴氏族谱·序》中，提到"东瓯安固固社吴氏出闽之赤岸"，以允公为始迁之祖，"十一世良骥登戊辰第，仪授大理评事；十二世礼通昆季双荣，十三世幼存相继名于榜，悉为圣朝良佐，其间或以科目取，或以乡校廉能升，屈指难胜数。兹十六世沦复登甲辰第"。

| 文天祥像

（《固前吴氏族谱序》中"吴瀹"写成"吴沦"，推测也是错抄，因"沦"的繁体字"淪"字形结构与"瀹"很像。查宋朝进士榜，只有"吴瀹"，没有"吴淪"。我们在搜索相关资料时，经常看到"瀹""淪"的"错乱"现象。）

文天祥生于 1236 年，宋理宗宝祐四年（1256）中进士第一名，即状元，曾掌理军器监兼权直学士院。他写这篇文章时为宋景定元年，即 1260 年，彼时他 24 岁，官至枢密院正使，是一位有着辉煌前途的青年官员。彼时他定料想不到十几年后，1275 年，元军南下，朝廷的命运和他的命运发生如此重大变化。

按文天祥的文章，吴瀹的祖先为允公，而允公，按吴氏后裔（详见吴义者《寻宗谒祖》、吴中文《瑞安允公支派综述》）相关文章所写，为泰伯公第 66 世孙可博公的次子舜诩的后代，吴畦则是可博公的长子舜咨的后代。

既然吴氏后人特意写此文章，说明吴氏支派在做谱系时的确曾经出现过将允公这一支与吴畦这一支"归同"的现象，而亲自登门造访宋濂的吴荃，因此认为自己既为吴瀹（或吴洸）之后，亦为吴畦之后，便在情理之中，因为彼时他从宗亲或宗谱那里获得的信息，就是这样。

此外，文章提及吴荃的居地为瑞安，但没有具体地址，后来我们查到刻有宋濂所写墓版文的墓碑的所在地，为今之瑞安马屿【注】。

由此基本可以断定，吴荃的近祖及宋濂文章所称"瑞安故庐"，位于瑞安马屿。这也与文中所提吴荃的太祖母"葬州之广化乡"相符，因马屿的地理位置，旧时归广化乡所属。

【注】马屿古未有此名，明嘉靖年间分属来暮乡、安仁乡、广化乡，至民国二十年（1931）始称马屿乡。境内之马屿山，因其有南北二阜，中凹如马鞍，故名。宋濂《宋文宪集》卷五十载："《瑞安吴门三贞母碑》其文在马屿山之麓。"

家虽废，学不可废也

现在我们着眼文中三位女性。虽然三位女性的故事发生地，以我们目前所获得的信息，与库村无关，但她们的故事的确感人，且《分疆录》作者林鹗将吴荃母亲林廉列入泰顺"节妇"（当然，林鹗的信息来源可能也是宋濂所著《三贞母墓版文》），我们不妨来简要"回顾"她们的事迹。

宋濂在文中写到，吴荃的太祖母张氏、祖母胡氏，以及母亲林氏，都出身于官宦世家。

张氏的祖父张声道（1150—1220），瑞安陶峰人，南宋淳熙十一年（1184）进士，历官朝请郎、知永州（军）州事、湖南提刑、莆田知府等职。晚年回到故里，在家乡捐建八卦桥，至今尚存。

胡氏的祖父，为宋名臣胡尚贤，胡尚贤为瑞安南岸人，宋理宗朝进士，由阁门舍人晋武功大夫，官至琼筦安抚使。

林氏的祖父，按文章所写为松江府判官林天麟，目前查不到具体资料，但松江府是元朝时期的一个重要行政单位，辖区包括苏浙交界地带，是江南重要的政治、经济、文化、军事中心之一，宋濂文中写林氏出嫁时，父亲要赠送良田三十亩，可见其家产丰厚。

（宋濂文章只提三位女士的祖父，而未提她们的父亲，可能因为前两位祖父皆为宋朝进士，且官职不小，但到了她们父亲一辈，已经改朝换代，宋亡而元建，如前所写，南宋汉人的地位处于最低等级，估计被迫或主动进入"安养生息"状态，靠祖产过日子了。而到了林氏祖父林天麟，元朝或许正是亲汉派当权，所以有机会出仕？）

这样的家世，而三代单传，如果世道平安，就算吴荃是遗腹子，出生之后即成了孤儿，至少也该衣食无忧。

偏偏天不如人意。

吴荃出生的年代，以文中相关信息推算，应该是元朝最后一位皇帝，顺帝在位的时代。

顺帝在位三十几年。元朝历代皇帝，在位时间最长的，除了他，就是他的祖先，元朝第一位皇帝忽必烈，忽必烈在位也长达三十几年。但一位是具有雄才大略的开国之君，另一位是对政事不感兴趣，而沉迷于虚无的亡国之君，被清人赵翼称为"衰朝荒主"。

"逮荃六岁，天下绎骚，大侠聚兵"，指的是元朝末年的白莲教之乱。白莲教起事于河南，之后很快遍及全国，各地皆出现叛军，浙江一带则有盐商方国珍反元。

在这样的大背景下，掌握着生杀大权之人想通过"聘之"的方式攫取彼时吴家尚丰厚的家产，被林氏严词拒绝之后，"遂谋勒兵而强委禽焉"。

烈妇林氏不得已，连夜与婆婆带着吴荃出逃至平阳。为什么林氏要去往平阳而不是回自己的娘家？因为她的娘家彼时也遭受兵乱，不能自保？未知。

林氏在平阳十二年。这十二年间，她从一个"仆人媵女满庭，颐指得如意"的豪族少夫人，变成一个"躬操杵臼以执爨事"的亲自操持家务的民间妇人，乃至在困窘的时候，要"攻丝枲（纺布织麻）以贸易之"，在这样的情况下，她依然坚持让儿子吴荃"从名人游"，变卖自己的首饰来作为"束脩"（给老师的学费），她的理念是"家虽废，学不可废也"。

可见林氏是一个个性非常坚强，非常刚烈的女子。这点从她出嫁时，拒绝接受自己父亲赠"上腴田三十亩"就可以窥见一斑。

难得的是她还非常孝敬自己的婆婆胡氏。胡氏多病，林氏"毕志竭虑，以事巫医，忽梦神人谓之曰焄鳖，饲之即差，已而果然，人以为孝感"。

"州大夫朱文霆贤之，欲请于朝，旌表其门闾，林夫人固辞，乃止。"

林夫人固辞，再次说明她是个非常有个性的女子。可惜她39岁便离世，抛下她还未建功立业的儿子以及年迈的婆婆。

林氏早逝，是不是因为操劳过度？操劳不仅指身体的劳累，还与内心忧患有关。

她去世之后，她的婆婆胡氏"哭之，恸曰：'上天罚我如是之酷耶，老者存而少者先逝耶'"。彼时胡氏约 64 岁，文章之前着眼于林氏的事迹，林氏去世之后，胡氏的重要性便显现了出来，"荃时二十三矣"（怀疑此处年龄为宋濂误写，按林氏 39 岁过世，如果"荃时二十三矣"，林氏则 16 岁即生吴荃，于常理不合，况该文前面写吴荃父亲吴璟过世时 21 岁，而林氏长 2 岁，所以林氏生吴荃时 23 岁，林氏去世时，吴荃应约 16 岁周岁或 17、18 虚岁）。

"胡夫人由是日夜程督愈勤，唯恐荃之怠也"。（胡夫人日夜监督吴荃读书，如果对象是一个十几岁的少年，合情理。如果彼时吴荃已经 23 岁，祖母还这么日夜监督，不太合情理。）

林氏过世之后，胡夫人和孙子吴荃继续在平阳生活，7 年之后，祖孙二人回到瑞安故庐。那年为明洪武元年（1368）（我们推算"荃时二十三矣"应该是吴荃回瑞安故庐的时间），经历了前后十几年的大乱，终于元朝亡而明朝立。

又过了两年，胡氏离世，享寿 73 岁。与林氏相比，胡氏虽然经历了四十几岁便先后失去丈夫和儿子，被迫和媳妇带着年幼的孙子连夜逃离家乡，避居异地，之后又在 64 岁经历了白发人送黑发人的痛苦，但毕竟晚年能和孙子回到故里，并在故里合眼离世，她的一生，与林氏相比，总归是幸运一些吧。

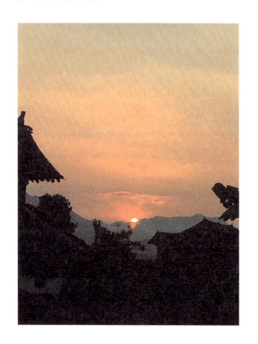

| 吴宅村落夕照

但她的离世，对于吴荃是很大打击，吴荃自出生，家中便无一个可以依持的男性，唯有祖母和母亲给予他无微不至的关怀。

二孀母相依为命，擦泪治事，昼夜更抱持荃，尝指曰："吴氏三世，惟赖此一孙耳"，呜呜对泣，不能仰视。

宋濂文章如此写道。很有现场感地描述了婆媳二人彼时的状况，有对话，有表情，不知是吴荃当时就是这么描述的，还是宋濂这位大儒自己的文学演绎。

如果是吴荃的描述，彼时他尚在襁褓，又何尝得知彼时彼景呢？以及自己的父亲在生命的最后时期与母亲的对话，也如此具体真切：

荃父临卒，语林夫人曰："吾家宗祀不绝如缕者，在吾一身。今病革若是，奈之何哉？然吾祖父无凉德（缺少福分之意），生男或可期，尔能保婴，惇而养吾二亲，吾死为不死矣。"林夫人仰天泣曰："所不如君言者，有如日。"

上述场景更是发生在吴荃未来到这个世界之前。如果不是宋濂的文学演绎，可能吴荃孤儿年少时，照顾他的两位女性，经常在他跟前回忆以前的时光，有意无意地，通过这种方式让他了解他的家族。他的身世，让他刻骨铭心地感受到自己身上的重担，以免这三代单传的孩子长大以后不学好，辱没祖先。

所以吴荃也才能这么清楚地牢记自己近祖的名字，也牢记自己太祖母、祖母、母亲的各自身世，这些信息，如果不是他提供给宋濂，宋濂靠"演绎"是写不出来的。

想见吴荃这位孤儿，在成长过程中，是一个懂事而重心事的人。乃至等他有所出息之后，从瑞安故里出发，长途跋涉到蒲阳，向一代大儒细细地讲述自己的身世和经历。

言讫，拭涕，再拜。

大儒宋濂在文中如此写道。简单六个字，而彼时场景再现，生动，感人。

宋濂文中又写道："颇闻荃汲汲好修而能古文辞，荐绅先生咸器重之，爵禄之至，孰能御之哉？荃又有二子昆昱矣，其胤系之滋，亦将自斯焜煌朗烈，上继兵部公之步武，似不难致也，荃无以忧为也。"

提到吴荃好修而能古文辞（有资料称荃于明初官授监察御史），并且已经成家，有两个儿子吴昆、吴昱，与吴荃三代单传相比，不管吴昆、吴昱这两个儿子最终有没有出息，是不是能光宗耀祖，至少吴荃自己该"无以忧"也。

方孝孺作《吴氏二贤母哀辞》

关于"三贞母"的故事，至此应该告一个段落了。

不过看来宋濂意犹未尽，写了题为《瑞安吴门三贞母墓版文》之后，又写了《二贤母传》，简述了胡氏和林氏的事迹，对林氏的美德进行了总结，称其"具五美"，又不忘胡氏之功，赞婆媳俩"如楚之双璧，光彩交映，见者动容；如越之双剑，光芒闪烁，不可狎玩。诚可谓无愧于彝伦者矣。"

而在文章的最后，宋濂写道：

女妇且尔，则凡受人家国之寄委，弃若土梗者，果何心哉！

我们觉得这是大儒宋濂之所以又写《二贤母传》的大义所在。

他去世之后，他的门生，明朝另一位大儒方孝孺，在朱元璋的儿子燕王朱棣的"反乱"中，坚决站到了建文帝一方。

讨伐燕王的诏书檄文多出自他之手。

1402 年五月，燕王攻占南京，建文帝放火烧毁宫殿。

| 包宅，溪石围墙

宫中火起，帝不知所终。
——《明史·恭闵帝本纪》

大臣们被俘。因为方孝孺是声望极高的人物，朱棣打算重用，命他起草即位诏书，但方孝孺提笔写下这几个字：

燕贼篡位

他招致最惨烈的处置，不仅方孝孺家族，方孝孺的妻子、母亲的家族，甚至连他的门人都未能幸免，被杀者达 873 人。据说就在方孝孺面前杀戮。最后，方孝孺在聚宝门外的广场被处以磔刑（酷刑，把肢体分裂），年方 46 岁。

方孝孺的刚硬，可说是宋濂精神最好的现实映照。

方孝孺生前也曾写下《吴氏二贤母哀辞》，收于文集《逊志斋集·卷二十》，文章以"赋"的形式简述了二贤母的事迹，素材显然取于恩师宋濂之《三贞母墓版文》，此略，仅录其赋结尾：

呜呼哀哉，家有妇兮国有臣。妇死以姑兮臣死以君。胡独二母兮吴祀是存。呜呼，胡独二母兮吴祀是存。

（方孝孺的文章提到林廉的年纪时写"吴君荃母林，年二十二夫亡"，也支持了前文我们所提彼时吴荃并非 23 岁是而 16 岁或 17 岁的推断，此外，宋濂的《二贤母传》中关于吴荃祖母胡节的去世，也与他所写的《三贞母墓版文》有不一致的地方。按《三贞母墓版文》，胡节死于吴荃回故乡的两年之后，《二贤母传》则写到林廉"年三十九卒，节抚棺哭泣，竟欲无生，益督儿事书诗勿怠，又二年节亦卒"。不知是宋濂自己漏写还是抄录者漏抄。)

可能正是这两位大儒的著作，加上这两位大儒的声望及"遭遇"，使得彼时"三贞母"或"二贤母"的故事被广为传颂，乃至她们的故事在不同地方以不同方式出现，如《瑞安吴氏通志》。

《瑞安吴氏通志》相关文章中，吴荃的祖父、父亲以及祖母、母亲的姓名与宋濂所写《三贞母墓版文》一致，事迹也一致。但吴荃的高祖以及吴荃的后人的名字都不同，而在该文章中，吴荃成了平阳县凤林村的吴姓始祖。（该文也很有故事性，此不展开了。)

| 老宅后的蕉花

想必当年林鹗先生便是依据宋濂大作，不仅将吴荃母亲林廉收录于《分疆录·节妇》，也将文中三位进士吴瀹、吴洸、吴泰来列入"进士"名录，且将之归入"库村人"。

淳祐甲辰留梦炎榜，吴瀹，库村人，官处州教授。

淳祐丁未张渊微榜，吴洸，库村人，官宗正卿。《宋濂吴氏三贞墓文》作兵部侍郎瀹兄；《通志》作"洸"，同。府县志作"沅""沆"，误。

吴泰来，库村人，官汀州通判。按《宋濂吴三贞墓版文》："泰来仲子埏，为弟朝宗后，仕元，为柳州教授。"郡、邑志及《吴谱》均失载，附记俟考。

但查《通志》，和前文所录清《四库全书》一样，提及吴瀹、吴洸两位进士，只写"瑞安人"。"库村人"是林鹗先生自己所加。林鹗先生纠正了"吴洸"之被写作"吴沅""吴沆"的错误，却并未确认这两位进士的库村人身份。

（泰顺旧属安固县。唐天复二年，安固县改称瑞安县。明景泰三年，析出瑞安县义翔乡五十六至六十都和平阳县归仁乡三十八至四十都，置泰顺县。)

在"吴泰来"这一条目，因为"郡、邑志及《吴谱》均失载"，他又开始变得谨慎，特意注明"附记俟考"。

蛮有意思。

第五章

[历朝史略·明朝]

坎坷时代　兴衰更替

节妇 / 社学 / 血脉延续

吴子美 / 世英门 / 微妙的变化

广度寺之争 / 一场奇怪的大火

吴一奇 / 长毛反 / 官厅厝

清人林鹗所著《分疆录》，根据他所掌握的资料和信息，将泰顺女子（嫁入泰顺人家的泰顺女子及非泰顺女子）按其事迹，分"孝妇""烈妇"与"节妇"收录。

其中与库村有关的，有五位：吴子友妻王氏（宋），即吴泰和之母；"三贞母"中的林廉（元末明初）；包均璧妻吴氏（明初）；明吴儒妻包氏；生元包文澜继妻夏氏（清）。

包均璧的父亲名鞑靼。

"鞑靼"二字居然作为人名出现，而且是江南山区的汉人名字，实在有点奇怪。该词起源于7至9世纪时贝加尔湖东南地区游牧的蒙古部落。

与元朝时期在中国大地上"走动"的多民族有关系？

| 库村老屋里的门扇雕饰

节妇/社学/血脉延续

按库村包氏宗谱记录，鞑靼为包全公第十七世孙，元末人，性情豪迈。明洪武辛酉（1381）间，山寇叶丁香作乱，罗阳王师前来清寇，准备把那些与山寇有牵连的山民一并杀了，鞑靼公"惧玉石之俱焚"，带领乡民去请愿，结果官府真的因此饶了那些山民性命。"时吴、林、叶、陈、夏诸姓赖以存活者数百家"，鞑靼也因此受到官府赏识，"命为营局主"。

鞑靼对乡民们立下这么大功劳，却不知为什么，他的小儿子均璧年纪轻轻"为仇家所陷，卒于道"。

留下3岁弱子包昆保，以及彼时尚年轻的妻子吴氏。

包昆保在吴氏的抚养下长大，却在弱冠之年，又被仇家所陷，报充吏役，吴氏"不欲其羁公务，诉于邑，邑侯钟沔释之"。

吴氏年纪轻轻就守寡，她守志抚孤，我们愿意认为是出于一个母亲对孩子的爱，却总是有意无意地忽略她自身的情感需要，也有意无意地不去深究她守寡，真的是她内心的意愿，还是在她做女孩子的时候，就已经接受了相关暗示，暗示一个好女人只能嫁一个男人。

好的是，这个女子为了不让自己的弱冠之子充"吏役"，居然"诉于邑"。当然我们不能肯定这件事是她本人所为，还是她委托家族中人代诉，不管怎样，在这件事情上，她体现了她的自主意识。

中国历朝，官与吏之间有很大差别，官，是官家官员；吏，是在当地录用的临时性的地位很低的人，称为属吏、胥吏。

当官是中国读书人的追求，但读书人都羞于为吏。所以吴泰和的母亲和宋濂文中吴荃的母亲都激励幼子读书上进，当官，以告慰英年早逝的父亲。但包昆保的母亲吴氏为了不让儿子服吏役，而"抛头露面"诉于邑，求免除孩子的差使。

当然，这也说明彼时包家家境过得去，虽然包均璧早逝，但他是四个兄弟中最小的，想必他的三个兄长对这个早年丧父的孩子以及年轻守寡的弟媳妇颇关照。

（《库村包氏宗谱》只列了包均璧三位兄长名字，所娶何氏，提到兄弟四人去世后"全穴"，但三位兄长的后人信息均无，如果后人们陆续迁出库村，宗谱会有相关记载，不知是不是当时乱世，宗谱一度毁于兵燹，后人修谱时，出于各种原因，无法补足缺失信息。）

包昆保长大娶亲，先后生了七个儿子，将父亲的血脉很好地延续了下去。其中儿子之一朝珉创办了社学，这是库村包氏宗谱上有记载的第一所也是唯一一所社学。

《库村社学记》

郡邑设义学以训童稚而国家之英才杰士胥借此以进业焉即古之党庠州序是己库村包氏自其

始祖全公辟址以来止有家塾以训宗姓子弟二十世孙朝珉君字君重者家席素封留心学校尝曰父兄与子弟以家业而不知联师儒以开导之是徒知爱而不知善用其爱也君惕焉遂捐己资舍本村花巷口西南畔基一带义建社学俾异姓子弟均沾教养之泽斯役也正以子弟方幼时有小学以为入德之门稍长有大学以作圣修之地故建社学所以端蒙养而基圣修者也非行远自迩登高自卑之一助乎后之子孙登斯堂也当体前人肇造之意笃志为学以希贤希圣自期庶不负为承家之令子云

宏治六年岁次癸丑五月

知陕阳府陕县事姻眷弟岘山林盈拜撰

| 吴宅村中的清代传统木构民居

"俾异姓子弟均沾教养之泽",说明彼时社学所涉及的对象,不仅是家族子弟,而且是惠及邻近乡村。

【注】按社学始于元代。世祖至元七年(1270)颁布立社令文,每五十家立一社,每社设立学校一所,选择通晓经书者为学师,于农闲时令子弟入学,先读《孝经》《小学》,次及《大学》《论语》《孟子》等,以达到"各知孝悌忠信,敦本抑末"的目的。二十五年,全国社学达二万四千余所。世祖以后,社制逐渐破坏,许多地方社学随之废弃。

明初复兴。洪武八年(1375)下令延师以教民间子弟,兼读《大诰》及本朝律令。正统时,许社学学生补州县学生员。弘治十七年(1504),令各府、州、县建立社学,选民间幼童15岁以下者送入读书,讲习冠、婚、丧、祭之礼。后久废不行。清代于每乡置一所,择文行优者充社师,免其差徭,量给廪饩。凡近乡子弟12岁以上者令入学。中叶以后,逐渐成为举办地方团练之所。

朝珉生三子,幼子惟阔生五子,立为柏、松、竹、梅、兰五房。如今库村包宅的村民,基本上就是这五房的后人。

想想真是挺神奇。

而吴氏，即库村女子。

很有可能，她就是彼时在库村乃至温州历史上很有名气的吴子美的本家人。库村包氏宗谱记载其"出延陵巨室（吴畦一脉出自延陵郡）"，相关文章也提到均璧遇害，吴子美写诗"哀之"。

公讳均璧逸其字赋性刚严积学有待不幸为仇家所陷卒于道里人吴子美哀之以诗厥配吴氏妙龄守节子昆保克孝能继父业公于九泉瞑目矣

——《库村包氏宗谱·十八世均璧公传》

吴子美 / 世英门 / 微妙的变化

吴子美是吴畦公第十九世孙，库村吴氏宗谱未记载他的具体生卒年，简要摘录了《温州府志》的相关信息，也按《温州府志》的说法，称吴子美为元朝人。

吴子美，字世英，库村人。博古通今，授徒讲谈理学，尤善吟咏。所著有《怡情集》，多出于性情之正。其咏史诸作，卓有监戒。

但宗谱（及泰顺县志）又提到吴子美所收生徒中，有一位后来官至大理寺少卿的瑞安人蔡鼎。查蔡鼎生平，出生于1430年，而明建朝时为1368年，如果吴子美是元朝人，就算他是元末最后一年出生，就算蔡鼎10岁就被家人从瑞安带到库村从师，彼时吴子美也已经是72岁的老人了。（蔡鼎所居具体地址不详，《东瓯诗存》录其诗《登隆山塔》一首，按语称："蔡鼎，瑞安人，洪武永乐间以明经荐，任大理寺副，疏乞终养，事父敬严，与吴祚、任道逊结'清乐会'，唱和吟咏。寿九十七，著有《西岩集》，已佚。"推测其所居为今瑞安一带。）

吴驲所作《之官纪行》附录中，有一首包涵疑为吴子美所作的《岚璧堂怀古》，诗云："浮岚凝壁旧朱门，五马堂高迹尚存。锦绣好花犹白昼，歌闻啼鸟自黄昏。风流迢递人千古，烟霭霏微树半村。满眼烧痕都补绿，谁将芳草忆王孙？"诗前有注记："先公官昭州归，建一堂成，匾曰'岚壁'，今已墟废，有感而作。"

包涵抄录时作了按语："原草失录作者姓名，疑公族裔明逸士吴子美作。"

| 库村瓷器旧物

　　此处我们先暂定吴子美为元末明初人士。

　　明开国皇帝朱元璋登基不久就对功臣进行大清洗，同时加强独裁体制；朱元璋四子燕王朱棣发动政变登基之后，也对他的侄子，前任皇帝建文帝身边的学者集团进行镇压，同时致力于发展朱元璋时期就建立的特务组织。

　　对文人和大臣的不尊重乃至欺辱，明王朝一直存在，如明大臣上朝，向皇帝汇报工作，皇帝坐着，大臣跪在他前面。

　　宋代是皇帝坐在龙椅上，大臣站着。（宋以前，据说皇帝和大臣相对而坐。）

　　明朝官员的俸禄，与唐、宋相比，也少很多。

　　自古官俸之薄，未有若此。 ——《明史·食货志》

　　令朝臣担惊受怕的还有廷杖制度。如果触怒了皇帝，就要挨打。学者王阳明就曾因为为言官戴铣和薄彦徽入狱辩护，受鞭笞四十。

　　与此同时，朱元璋是贫农孤儿，曾经历过食不果腹的痛苦，所以重视农本，洪武十四年（1381）曾颁令，农家衣服用绸、纱、绢、布制作，商贾衣服只用绢、布制作，还规定农家有一人经商，全家衣服不得用绸、纱，反映了明初政府重农轻商的政策。

（明代以前，民间穿的所谓布衣，都是用麻布制成，到了明代，用棉花纺纱织成的布，成为人们衣着的普遍原料。这一变化，与明初朱元璋强制推广种植桑、麻、棉政策，有着不可分割的关系。《明史·食货志》记载，洪武元年，朱元璋初立国便颁布政令，农民凡有田五亩到十亩，必须种植桑、麻、棉半亩，有田十亩以上，种植面积要成倍递增。）

在这样的大环境下，耕读传家的库村两族应该有颇长时间的平稳安定的生活。

吴子美无心出仕也是可以理解的了。

他做学问，思考哲学问题，设馆授徒，平静但安全地度过一生。

（北宋被异族逐出中原，皇帝被异族所掳、割地输银的残酷现实在中国儒士心理上产生巨大震撼，使其对所信奉的儒家文化作出深刻反省，其结果走向"内向"。而南宋以后的理学家，有亡国之痛，更促进儒学向内转变。北宋张载的"为天地立心，为生民立命，为往圣继绝学，为万世开太平"这四句话，被认为是对中国知识分子的期许，或许吴子美在其他三个理想都无法实现的情况下，走上了"为往圣继绝学"之路。）

世英门左右两侧的上马石、
下马石原物（已失窃）

而按《温州府志》载，吴子美不仅在温州有声名，不仅在他自己的时代有声名，在他身后，还有一位莆田人林建邦为之赞曰："志不慕显，而为塾师。学不今人，古人是师。诗不苟咏，监戒所资。身不徒韫，鸿羽之仪。"

林建邦乃明嘉靖年间人，曾任廉州府学掌教。他所处的时代与吴子美相比，差不多晚了近百年。

这近百年间，吴子美生子仲清，仲清生子伯欣，之后"累""勃""宽"，三代单传，到一奇。

其中吴勃为明弘治岁贡，是库村吴氏自元、明以来，第一位宗谱记录有科举成绩的族人，之后便是吴勃的单传孙子吴一奇，为明嘉靖年间岁贡。

再也没有"一门两进士"那样的盛况了。

这种"衰落"可能与库村吴氏家族自己失去了相关动力和兴趣有关。或者依然保持着兴趣，但像吴梓、吴驲、吴子良那样的栋梁之材再也没有机缘出现。

倒是同村的包氏，如前文所说，孤子包昆保的后人呈现出勃勃生机，尤其到了孙辈和曾孙辈，不仅人丁兴旺，业儒者也甚多。

继包朝珉创建社学之后，包朝珉的孙子元凤又倡建"世英门"。

| 世英门

里门曰闾曰闬闾者侣也闬之为言扞也盖所以萃其族侣而重为之扞卫也予族世居库村有年矣前明舜仪元凤公倡建里门厥名世英意欲世济其美而为门闾之光宠与其制门之上下左右俱以石为之欲其久也门之外有旷地亦砌以石环列坐几长者方者椅子式者皆石殆又聚集族侣之所也比见棋局石下刻捐建先公名字计十七人想见当日殷实之家急公好义不遗余力而缔造及此今双扉已缺垂檐崩摧非一日矣家长老曰闻向之为是门者以避虎患今无是物故外户不闭虽然方兹盗贼蜂起猛于虎矣是岂不急之役哉凡我族人出入是门者宜思所以葺修之即异居者念先人肇造之艰亦当共襄是举无终听其蛊坏易传曰重门击柝以待暴客

盖取诸豫象曰干父用誉承以德也尚其念诸涵闻命为之疏

时咸丰八年戊午五月

——《库村包氏宗谱·议修世英门疏》

吴氏族人至今有"世英门最初为吴子美门人所建，以纪念恩师吴子美（字'世英'）"的说法。

吴氏族人另有一个见解，觉得如今以世英门背后的世英巷划分得界线清楚的包、吴两族的居住地，并非从一开始就是这样。他们认为彼时那一片原来都是吴氏地盘。

试想吴畦公最初落脚库村这个山谷，他的家族在此繁衍生息，村落空间应该相当疏朗，所以南宋时吴子益、吴子良、吴昙、吴驵，分别在村子里相继建了候林书院、中村书院、节轩、岚璧堂、清音亭……

那期间，包氏一脉包宏元从附近迁来这片谷地，与吴家做了更近更"亲密"的邻居，可能需要的地盘和空间都不那么大，所以彼此客客气气。

时光流逝，各自后代子孙多了起来，需要更多（越来越多）的居住空间的时候，两家对地界以及领地开始变得敏感。

所以出现"原来世英门那一带的地都是吴家的，但是吴家渐渐衰落，一些'败家子'把房子卖给了包家"的说法。

乃至到了建世英门的时代，倡建者以及捐建者，都是包氏。包氏宗谱对此有详细记载，但吴氏宗谱则没有一点相关痕迹。

而世英门明明就立在世英巷的巷口。

世英门，从某个意义上说，是村落的象征性建筑，虽然从宗谱记载看，它有自己的实用功能：防虎患。

就算防虎患，也是保护整个村落，而不是只保护包氏族人，是整个村落的大事，不管举事还是实际的操作，都应该是两族人共同参与才对。

但偏偏没有。这件事，从现有的资料来看，只有包氏族人在做。

令人感觉到彼时包、吴两氏的关系，已经出现了微妙的变化。

或许不是微妙，而是相当明显的彼此敌对。

这种敌对，在广度寺（原称瑞峰院。北宋时吴梓上奏请额，改名广度禅院。"广度寺"或为时人俗称）事件中，将两个家族的关系推向了另一个高峰。

那就是关于广度寺的纷争、官司，以及最终的"火烧广度寺"。

广度寺之争 / 一场奇怪的大火

《吴氏族谱》中的广度寺舆地图

广度寺所在的地方，即包全公和吴畦公最初来泰顺时落脚的卓小阳和卓家庄附近。按吴氏宗谱记载，因吴畦公夜听钟鼓声，又有僧人来访，告知此乃佛家之地，凡人不可居，他即东行三里，找到一个山谷，觉得合适，即将家迁至此，此地即今库村古村落。

因包氏宗谱未有相关记载，所以关于夜闻钟鼓声这件事情，我们一直觉得只跟吴畦有关，后来查阅大安包氏宗谱，发现很巧的，原居住于卓小阳的包全公的孙子包瞿也是这一年夜闻钟鼓，而将居处迁到钱仓。彼时为乾宁三年。（本书前文提到包瞿从卓小阳迁往钱仓的年份，库村包氏宗谱和大安包氏宗谱有不同记载。）

大安包氏宗谱并记述了包瞿还划出原址所在田地作为公田，"胡息、胡贤、郑丑、夏寿、苏来等永克本院火仆，鼎居在外，开修耕种，还租赡僧，寅夕焚香，供养三宝……"

而库村吴氏宗谱吴畦公自序中，提到夜闻钟鼓声，且有老僧来访之后，"乃命家人苏来、胡安、鉏贤鼎居其所，守耕其业"。

与包瞿文中提到的诸人有好几位名字是重叠的（库村吴氏宗谱中的"鉏贤"，不知是不是家谱错抄），似乎可以佐证当年的确是两家一起舍公田，供养三宝。

此外，大安包氏宗谱还在《瑞峰院记》一文中记述瑞峰院初创时的情形：同光元年，包瞿和吴畦的儿子吴象"同舍田地，共立基模，诛茅做庵，植松为境，俾其溪谷得兹香火，众请从上人者，始之住也"。

一个不太寻常的现象是，这一年，包氏后裔将原先葬于郭公坳的包全公的坟墓迁至瑞峰院方丈田后，保存至今。

按民间习俗，一旦逝者入葬，除非有很充分的原因，一般不会移动，何况郭公坳也在卓家庄和卓小阳一带，距离包全公现在的坟址不远。

其地八山拱照，四面回环，水口金霜玉印，南有天马山马迹，北有贵人峰，状似莲花，名曰瑞峰，可依子孙，可显后世。　——《卓小洋瑞峰山全公墓志》

在广度寺遗址发现的莲座形制柱础（2005-2008 中美联合考察队拍摄）

为什么会有这样的举动，我们无法追究，因为包、吴两氏宗谱提到所舍山林田产的范围，都提到"北至郭公坳横路（分水）为界"，要么其中一族的记载不是真的，要么这个范围指的是两族共同舍山林田产的范围，只是各自记录各自的。因为这个地界，在卓小阳和卓家庄范围之内。

《库村包氏宗谱·重建大宗祠叙》一文中言及："唐时海内盖无合祀之堂，往往舍田立寺，藉佛教以敦荐其祖先，至宋时例有祠堂之设。"唐时因无设合祀之堂，库村包、吴两大家族皆在村庄附近的广度寺（始建于后唐）内设堂祭祀先祖。宋淳祐年间包集捐田租改建一祠，后毁。

而库村吴氏宗谱的相关记录，提到瑞峰院和广度寺，都是吴氏子弟所为，只字未涉及包氏。而且吴氏宗谱收录有从唐同光年间一直持续到明朝的历代住持的名字，以及这些住持由吴氏一脉中哪位族人所立的详细记录，又的确令人感觉，广度寺在被火烧毁之前，一直是吴氏在管理和操持。

浏览这些住持，有南闽僧人，也有台州法师，还有一个 7 岁小僧人，被彼时的一位住持省法师收为徒。到了元朝，居然出现一位吴氏本族子弟叫宗悟的，担任广度寺住持，这位宗悟是吴畦公第十五世孙，他没有成家，当了住持后，"舍己分田入院供奉，并立三宝香灯"。

库村吴氏宗谱还提到一位来自龙翔寺的洽洞源禅师，在广度寺当了几年住持，后来去江心寺了。可见彼时住持还是有流动的。此外，宗谱记载很多住持都是在广度寺终老，却也记载了其中两位住持"以役烦，辞去"。

"以役烦"，说明虽然广度寺是寺庙，但因为吴家（按包氏宗谱，两家都有舍田产）一开始就舍田，此后又相继有族人如吴文英舍田入院，相应地会产生管理和账务上的事宜，而各朝对于寺院财产以及僧人，又各有不同政策，所以身为"世外之人"的僧人，却因为住持这个身份需要兼任财政上的职务，确实心理上会不情愿。

不过也有住持虽是"世外之人"，却热心公益事业的，库村吴氏宗谱就记载明朝时，住持"智惠有道行，修路桥甚多"。

而广度寺自身，从原来小规模的寺院，到地方知名的寺庙，翻阅库村吴氏宗谱，其在时间之轴上的变化与发展，也可以看到清晰的脉络：

唐同光正月，吴畦去世，吴畦的两个儿子吴象和吴承于四月建"瑞峰院"，并在院西立家祠。

后晋天福丙申，吴畦的第四代孙承端公和承晖公议立卓氏神于院之左。

此后，吴畦的第五代孙文英公舍南亩入院，建方丈并佛殿廊庑。

北宋年间，吴畦的第八世孙吴梓请额诏，改"瑞峰院"为"广度禅院"。

并立卓相公庙于院东，匾曰"兴福"。"人有祷之即应"，因之奏闻，诰封为"兴福善政伯"。

两宋期间，除了重修大殿之外，又塑佛像 7 尊，后来又创僧堂及厨库、山门、钟鼓楼。

嘉祐戊戌年，僧齐玉任住持时，募缘塑罗汉 27 尊，后来又建地藏 1 堂，并诸佛 18 身。

广度寺也因此声名远播。

按《温州府志》，广度寺在元期间曾遭遇兵燹，吴氏宗谱提到明洪武二年请道公长老住持重建大殿梁，请太初禅师庄塑佛像。可以推测彼时广度寺不管出于什么原因，曾经处于损毁严重的状态。

此后宗谱又记载："仲达公舍谷一千秤，重建山门。"

库村吴氏宗谱关于广度寺的记载，停留在最后一条："成化戊戌立宗晓住持，是年，勃公请江西建昌府郭宗惠塑畦公像，并塑子良公、驲公像，四时享祀，以后未详。"

勃公即吴子美的曾孙，吴一奇的祖父。

吴勃为明弘治岁贡，从他请江西建昌府郭宗惠塑先祖畦公像、子良公像及驲公像的举动，可见是一位热心家族荣耀的人士。

"以后未详"，是因为广度寺被烧，从此变成废墟。僧人离散。

｜ 广度寺遗存石水槽，现存放于包氏大宗祠中

广度寺被烧，库村包氏族人私下认定乃吴一奇放火。当然对这样的"指控"，吴氏族人是不承认的，他们认定吴一奇是读书人，不可能做出这种离谱的事情。

但有一点，两族人都同意，那就是广度寺为一场奇怪的大火所毁。那场大火之突如其来，以及其势之大，烧毁了整座广度寺，并累及宗祠，从此再也没有恢复。

（广度寺明嘉靖时毁于火，村民口传大火燃烧持续二日，可见其建筑规模之大。）

按吴畈后人吴兆辉老师的说法，一座寺庙以这种方式被毁，护佑这座寺庙的菩萨也会离开，所以，重建没有什么意义。

那之后，虽然民间一直有寺庙之物不可私拿回家的规矩，但是渐渐地，数百年间，未被大火烧毁的石构件等，也还是以各种方式渐渐消失。

剩下一个大石槽，被库村包氏族人抬到包氏宗祠保存。

另有一个石柱础，如今被保存于库村书院。从石柱础上刻有"施十娘舍"的字迹，可以推断彼时来寺庙上香参拜的信众挺多。而石柱础直径约 50 厘米，可见彼时建筑体量不小，库村包国岳也提到当年他带相关专家去广度寺废墟现场的时候，目测用作寺庙院子的范围。

广度寺被烧毁之前，库村吴氏和包氏先有一场与广度寺有关的官司。这场官司在库村两氏宗谱中都有记载，当然是站在彼此立场，各说各话。

因为各说各话，关于那场官司，我们就不详细分析了。按说旧时民间如果发生纠纷，一般会通过宗族之间的谈判解决（库村包氏宗谱记载曾请"邻居"林、夏二族参与评理，按他们说法，"林、夏"都站在包氏一方，但终归一家之言，不能作为证据），而最终上诉打官司，可见彼时两族人已经闹到彼此不愿（或不能）坐下来心平气和沟通与交流的程度了。

这是颇值得玩味的一件事。

需要提及的是，库村包氏宗谱记载两族打官司，官府经过调查，将广度寺和寺田折合银两，着两族人购买，包氏这边由"包本庆""包任章"照付。按清朝人士包涵分析，这"包本庆""包任章"是彼时包氏家族四人的合名，而其中"章"为包廷章，即惟阔公四子包文焕。

"廷章"是包文焕的"字"，柏、松、兰、梅、竹五兄弟中的梅房。也是前文所提倡建世英门的元凤公（松房）的叔叔，也是世英门前供村人休憩的石凳的捐建者之一。

因为广度寺被烧和世英门的建立，都没有具体年份〔按库村吴氏宗谱记载，打官司的年份为嘉靖十三年（1534），持续到嘉靖十四年〕，所以我们目前无法确知到底是世英门建在前，还是广度寺被烧在前。

如果世英门建在前，我们推测对吴一奇会是一个相当大的冲击。因为库村吴氏自唐而至宋、元、明，在本地的地位一直牢不可破，"如今"建世英门，却没有吴氏什么事，想想都令人气愤。

如果世英门建在后，我们推测对吴一奇也是一个相当大的冲击，因为广度寺被毁，从此无力再建，包氏却在库村立了这么一个有象征性的"门"，对他，岂不是一个挑战？

吴一奇 / 长毛反 / 官厅厝

　　吴一奇，在库村吴氏族人中，的确如他的名字，是一个相当奇特（方言，意为奇怪，不同寻常）的存在。

　　他曾经为了让库村肇基始祖吴畦公成为"瓯越进士第一人"而非"流寓人士"，煞费苦心地"更改"了吴畦公的简历。

　　这件事情，吴氏族人吴鸣皋有详细的描述。这位老先生是吴畦三十六世孙，他之所以把吴一奇"造假"的事情说出来，不是为了揭自己的家族之短，而是为了说明吴一奇只是在三份文献中造假，不能使得宗族族人或其他同宗但不同族之人因此质疑库村吴氏宗谱的其他内容，包括吴畦写的文章的真实性。

　　而吴一奇动过"手脚"的其中一个文献，便是《谏议公墓志铭》。

　　吴畦公去世时，他的两个儿子吴象、吴承请吴畦公的表侄，乡贡进士宏仁写了《谏议公墓志铭》，明朝重修吴畦公墓时，吴一奇在《墓志铭》中加了一句："大父偕又徙大宁安固里"，从而造成吴畦公的祖父辈便已迁居瑞安的伪象。

　　库村包氏宗谱里也收录了吴氏族人吴鸣皋和吴鹏冲的说明，如下：

　　　　文内瑞安"大宁里"没有这个地名，是一奇公为争取瑞安祖籍，畦公是东瓯第一进士而创。畦公是由山阴来青田芝田，再到库村卓家庄。
　　　　畦公三十六世孙文成鸣皋畦公三十七世孙玉溪鹏冲　共识

| 吴宅村景

平心而论，吴一奇此举，并非独一现象，为了自己家族的荣耀，乱认祖宗或篡改宗谱的事情，在历史上频有发生。如前文所写，包拯就被很多包氏宗族追认为自己的祖先，这可以说是虚荣，或者也可以说是人对于荣誉（正价值观）的追求，这种追求总归是好事，具有引领人类向"上"的力量吧。

此外，现在库村村中流淌着的溪流，水源来自村后山脉，两股水流分别流经包宅、吴宅，最后在村前合会，流入村前大溪。据说原来水的流向并不是这样的，也是经吴一奇的提议所改，结果形成了如今"龙虎斗"这样的格局，而据包氏村人所言，包宅这边的水流的力量，大过吴宅那边水流的力量。

所以吴一奇的苦心又是落了空。

但是吴一奇并非生来就跟同村包氏族人过不去，库村包氏宗谱收录有他的文章《吴一奇慰龙桥公书》，对包元会（字龙桥）的失父之痛表示同情和劝慰，言辞恳切；库村包氏宗谱也有记载，提及包元会的堂伯父文家公与"里人吴一奇老峰友"（吴一奇号"老峰"），说明他彼时与同居一村的包氏不仅有来往，而且一度关系很好。

彼时谁也想不到有朝一日双方会反目成仇，乃至打起官司。

广度寺被毁至今已经几百年，但仍旧是库村包、吴两氏族人心中的一个阴影，彼时结下的怨，至今也还未得到真正的消解。虽然那之后，包、吴两氏依然有所来往，也彼此结亲，但提到对方，总还是有着耿耿于怀之感。

在中国民间，寺庙的存在，代表着他们的信仰，寺庙被烧毁，意味着某种不祥。

近年两族人开始试着寻找重建广度寺的机会，或许真正到了那一天，两族人才能真正释怀？

【注】需要说明的是，关于广度寺的"起源""发展"以及纷争，我们只是在现有资料上做简单的梳理并保存疑点，因为关于广度寺，包、吴两氏宗谱所保存的记录内容，有不一致的地方，我们有自己的分析和推测，但不能对此下定论，留待更有说服力的文本资料的出现。

另：上年纪的吴氏族人都提到吴一奇的坟，坟在库村吴宅一处叫狮子头的地方，离现在的吴氏宗祠不远，附近即清阴井和清音亭，对照《库村吴氏宗谱》载录之地图，该处有标示"勃公墓"。"勃公"即吴一奇的祖父，明弘治岁贡，推测那一带是吴一奇一脉的家族墓地。"七尺前七尺后，金银在北斗"，是吴氏族人流传下来的关于这个坟的"风水"，说明彼时对于坟址的选择，是经过慎重考虑的。

可惜，与吴一奇的祖先吴畦公墓至今保存在库村不同，吴一奇的坟墓在"太平天国"运动中被毁。

"被'长毛反'（民间对太平军的称呼，清时男子额角留半个光头，后边的长发梳成长辫子，太平军长发披散，或扎个小辫子，或头顶套一个箍）毁了，构件、石块、石条后来都被拿去建设用了，造水库、用来建氨水池，等等（民间有忌讳，不会'使用'坟墓相关东西）。"库村吴氏族人如此回忆老辈人的口传。

查库村吴氏宗谱，吴一奇的子孙不旺，数代单传，而自他的玄孙大清迁出库村之后，库村再无他的后人。这可能也是他的坟墓被毁了之后，一直没有得到妥善处理的原因。

| 修缮中的吴宅"官厅厝"

按我们今人的观念，死者的居所一定会远离生者的居所，但古人似乎有不同的理解。库村村落不仅外围有诸多老坟，村落"中"有吴一奇家族的坟，到了清朝，还有吴氏族人在其坟坛上建了一座单层挑高的五榴木构房子，村人称这种结构的房子为"官厅厝"。如今库村有类似这种风格的房子，包宅即有食德堂。

村人认为它是库村目前留存的最老的房子之一，将近有200年历史。

"老辈说那个房子的主人是'戴顶'的，有官职的。他家家境也好，药店也有，布店也有，两三家店，后来都败落了。"村人感慨道。

"戴顶"的是清朝道光人士

吴正璋，钦授九品，房子可能是他手上盖的，传到孙辈，其中有后人最终把属于自己的厅堂左侧两榴房产卖掉，卖掉之后迁移至异地。

所卖部分，被本村同姓道士所买。库村包、吴两族在漫长的光阴中，家族内部也会出现某一脉兴、某一脉衰的现象，他们的居地也相应会发生变更。

但卖，有一个原则，即卖给同姓人，而非外姓人。这是族人最基本的"尊严"和原则。所以就算我们推测代表着包、吴两族分界线的世英巷那一带历史上或许有过变动，但各自居住空间的"内部"，绝对不会发生让"异姓""入侵"的情况。

买下房子的道士名叫吴立悟，出生于光绪丁未，是家中独子，不知什么机缘学习当道士，并娶妻生子，积蓄钱财。在自己的家被火烧之后，有余力买下官厅右侧两榴，不仅自己和妻子得以安度晚年，独子恒奏还能有理想的家园。

"这个房子的地是最好的，房子前面是花坛，有门楼，边上有厕所、伙厢，房子后面还有菜园，最前面一片都是大树、柏树、枫树、苦楮……"

现年96岁的恒奏老人悠悠回忆他记忆中的光景——年久失修的官厅厝（近年经政府修葺，大致恢复旧时模样）还在，但花坛、门楼、伙厢、菜园等都已经消失，代之的是六七十年代分建于两侧的各自独立的两栋两榴两层砖混房。

第六章

[历朝史略 · 清朝]

平常时代　礼教犹重

节孝坊 / 年逾三十，格于例，不得旌

割股疗亲 / 调药以进背后的道德压力

团练 / 搜落卷 / 你要找的人在院子里晒太阳

千秋 / 一挂，正正就是那个位置

　　对于拥有几千年帝制历史的中国来说，每一个朝代的更换，都意味着动荡、战争、民间的困苦和灾难，之后，是新朝廷建立初期的"更新"与适应，渐渐，尘埃落定，又开始了新一轮的相对稳定和平静。

　　对于以汉人为主体的中国来说，清朝是异族统治，虽然顺治帝痴迷于汉文化，康熙皇帝则尤其喜欢朱子学，并通过各种方式鼓励贤人名士出仕，也的确有名流人士仕于朝，如郑成功的老师钱谦益、吴伟业，却也有不少作为明朝遗臣终老于野，如黄宗羲、顾炎武……

　　康熙及之后的雍正、乾隆三个时代，在历史上是文化昌盛的时代，《康熙字典》《明史》《四库全书》相继完成。
　　但同时，文字狱事件也时有发生，如顺治末年，评论家金圣叹被捕处死；康熙二年（1663），庄廷鑨编辑的《明史辑略》书中因有毁谤清朝的内容，相关人员74人被处死，其中有编辑家属、校对者、印版刻工等；乾隆时期，又有胡中藻因诗集中有不敬朝廷之语被判死刑……
　　乾隆帝禁书的数量达到2500多种，数万册。

　　凡此种种，历史学家将之归结为清朝历代皇帝对汉文化的了解，知道文字的力量，因此具有特别敏感和"脆弱"心理。元代蒙古皇帝等元人对汉文化无感，反而少有发生相关笔祸事件。

　　不仅清朝皇帝，清满族也"迷恋"汉文化，在乾隆时期，满族在文化上已经完全汉化。乾隆帝虽然告诫自己的族人要学满语，自己一生却创作了42000多首汉诗。
　　满族的基本生活是狩猎，衣服必须紧窄贴身，袖也须窄袖，才能行动自如，却渐渐喜欢上汉族士大夫的服装，穿起了宽衣大袖（此举遭到乾隆帝劝诫，说满族穿汉人的"宽衣大袖"不好），说明他们正逐渐失去本民族的特性。

但满族原则上不参加高等文官考试。在清朝的科举制度中，省的乡试合格者称为"举人"，具有参加三年一次会试的资格，每年的情况有所不同，但大约2万个举人参加会试，其中二三百人及第成为进士。

除了这三年一次会试，清朝也会举行临时会试，称为"恩科"，所以清朝276年中，进士和举人的数量，不少。

但纵观库村包、吴两氏，这时期，进士和举人几无，只寥寥数人中了乡贡。

是那个时代的库村，先祖的耕读传家的传统已经消失了吗？

创立于南宋的泰顺最早的书院侯林书院早已消失，记载于吴氏宗谱的，有中村书院于乾隆年间的重建。

之后到了清光绪年间，中村书院又已倾塌。倾塌，说明族中不再有人热心家族的教育事业。

而且光绪年间的中村书院并非真正意义上的重建，而是在废弃的中村书院的原址，建了一个戏院。

| 吴宅戏台，建于光绪癸未（1883）

而且建戏院的初衷和目的，是因为彼时书院倾塌，族中甚至有人想把基地售予外族。基于保存祖宗产业的目的，才有族中人愤然倡议。他的倡议得到了吴氏宗族中有财力者的支持，标志着宗族力量在库村的延续。

吴嗣音在《戏台记》的最后叹道："惟是世风不古，书院变为戏院，亦足悲矣。然与其为圃而或归外姓，何如建此而长留公地耶。呵呵。"

曾怀疑"呵呵"二字为后人所加，直至看苏轼《与王定国书》："某既缘此弃绝世故，身心俱安。而小儿亦遂超然物外。非此父不生此子也。呵呵。"【注】

才知早有先例。呵呵。

【注】苏轼文中所提"小儿"，为苏轼的幼子苏过，从小跟随苏轼宦游南北各地。苏轼因苏台诗案入狱及谪居黄州时期，苏过8—13岁；苏轼谪居岭海时期，苏过23—30岁，父子始终相伴，苏轼的经历对于苏过是切实而直接的人生经验，使得他形成了比他父亲更纯粹的个人主义人生哲学，著有《斜川集》。

吴宅里巷

记录戏院相关史事的吴嗣音，是同村人包涵的学生。吴氏宗谱保留了吴嗣音考取县试第四名，包涵写的贺文。

无可置疑，在那个时间段，库村包、吴两氏，风头最健的，是包涵。

库村包氏一脉中，自包全公至今1000多年时间，文笔好且勤写的，除了南宋时期的包湉，应该就是这位包涵了。

节孝坊/年逾三十，格于例，不得旌

包涵生于清嘉庆丁丑年（1817）。包涵7岁时，生母翁氏过世，10岁时父亲文澜公去世，但包涵不是严格意义上的孤儿，彼时他的祖父母尚在世，他的继母夏氏，虽过门未满一月即成寡妇，却一直留在包家。

包涵父亲娶妻不久便过世，不知是得急症，还是先前便有疾在身。民间寡妇自杀殉夫在明朝一度被视为崇高行为，清初仍存在这种风气，据说清雍正皇帝为此颁布圣谕，批评这种行为，认为真正的节妇应该继续活下去，并为夫家恪守妇道。

雍正皇帝此举，意在使不幸的寡妇们避免"从夫于地下"的悲惨命运，同时却也"断"了她们回娘家，以及再嫁的"可能性"。

（民国版《库村包氏宗谱·凡例》："若妇人再醮，女子重婚者，不书。"——这几年翻阅各版本宗谱，印象中没有关于女子的"凡例"内容，不知是不是心照不宣而"不必明书"。这本民国版《库村包氏宗谱》，据保管者说"文革"期间，他家长辈将之藏匿于空棺中才得以"幸存"。）

寡妇们"能"做的，就是好好待在夫家，侍奉长辈，抚养幼子，虽然这幼子不是她亲生，却是她这一辈子唯一的指望和倚靠。

想必夏氏在这方面做得很好，推测包涵的祖父母也都是慈良长辈，对于这个年轻守寡的儿媳，各方面都照顾有加。

包涵也发愤向上，于道光十七年（1837）丁酉学使史评科取第四名入学，3年后，于道光二十年（1840）庚子学使季芝昌科考一等第五名补廪，又于咸丰丁巳年（1857）学使周玉麟科试考允丙辰岁贡十一。[注]

【注】清朝考生通过县试、府试、院试，称"秀才"。秀才中的一等是"廪生"，即秀才经过岁考和科考两试成绩优秀者，即可每月获得政府廪食，并有资格被选为"贡生"。贡生即地方政府如县、州、府乃至省向朝廷推举的成绩特别优秀的生员，而成为国子监的学生，肄业后由吏部派任知县、县丞、教谕等官职。

彼时包涵年已四十。已是有四个儿子的父亲。

这四个儿子均为包涵原配夏氏所生，夏氏于道光庚戌年（1850）过世。包涵续娶曾氏，曾氏生育两个儿子，其中幼子生于同治丙寅年（1866），彼时包涵年已五十。

想起包涵祖先，幼年失怙者包昆保也是一气"生"了七个儿子。是不是都与自己的身世有关？因此都有保全血脉乃至发扬光大的家族责任感？

咸丰年间，包涵向政府申请，为继母夏氏立节孝坊。

立牌坊的风潮，明清时最为鼎盛，这或许可以说明为什么包、吴两氏历代都有贞节之妇，宗谱记载却仅有包涵之继母夏氏有这样的殊荣。依林鹗所著《分疆录》，泰顺的节妇也相当多，但最终有资格或者最终能以实体建筑的方式彰显功德的，还是相对比较少。

想必这跟包涵本人有强烈的意愿以及很强的执行力有关。试想包涵的祖先包昆保，弱冠之年就被征为胥吏，还需要他的寡母出面恳求邑官，才得以除役回家过太平日子。

当然包涵的继母夏氏本人情况也相对特殊，首先她过门才不到一个月，丈夫就去世；其次她并非包涵的生母，没有骨肉血缘之间的浓情。

或许也正是这两点，是当年包涵向官府请旌的重要依据。

【延伸阅读】

就结构而言，牌坊的原始雏形名为"衡门"，两根柱子架一根横梁构成的最简单最原始的门。从它的建筑风格以及所处的地理位置来看，并无实际功用，它具备形而上的意义，是人类对于"象征性事物的精神需要"，此外，它不是隐蔽性的，而是公开的，它的存在，是为了彰显，为了荣耀，而不是"自我勉励"，所以它的存在，不管是褒扬功德，还是旌表节烈，都带有一定的社会性和"功利性"。

牌坊分为标志性牌坊、功名牌坊（或仕科坊，专属科举榜样）、节烈牌坊（或贞节坊，专属女性）、仁义牌坊（或忠义坊，专属道德楷模）、功德牌坊（军功或政绩）等。

宋代以前，牌坊多为木构建筑，随着牌坊形制的演变，建造牌坊的建筑材料由木材改为石、砖、琉璃乃至汉白玉等。

从明代开始，由政府负责牌坊的审核批准和统一管理。申请人提出建立牌坊的申请，获得地方官府的批准后，还要由地方官府上报到朝廷，皇帝钦准，才可以兴建。当然所谓皇帝钦准，只是借用皇帝名义，实际上是朝廷礼部具体负责。

包涵在《记母夏氏建节孝坊及守志历年事》一文中提到这节孝牌坊得到钦准后，咸丰壬子年（1852）由地方政府"奉旨给帑建坊"，说明是地方政府出钱，但具体事务比如节孝坊的样式、建造等，就是家族自己的事了，所以又有"是秋七月鸠工治坊石，十一月竣事。卜建，不果，越甲寅正月吉，始建之"这样的记录。

建成的牌坊上有当时各政要的列名，包括兵部尚书浙闽总督季芝昌、兵部侍郎浙江巡抚常太淳、浙江承宣布政使司布政使椿寿、礼部侍郎浙江学政吴钟骏具题；温州府知府事裕禄、泰顺县知县管燮元、泰顺县教谕洪素封、训导陆凤钧汇详；翰林院编修孙锵鸣书及题句……

这一串名字出现在牌坊上，又立在泰顺库村这样的小村庄，可以想象彼时在当地引起足够的震动，整个家族都会为之感到骄傲，也提升了整个家族在当地的社会地位。

你看，翰林院编修孙锵鸣除了在节孝牌坊上具名题书，夏氏50岁时，又赠以"楹帖"："乙卯母年五十，九月廿六是其生辰，章安（瑞安旧称）孙蕖田【注】太史寿以楹帖为'劲节磨笄天锡祜，清风画荻帝褒贞'云。"

夏氏78岁时，五代同堂，太史蕖田又"赠以'五叶春晖'"。

【注】孙蕖田即孙锵鸣（1817—1901），瑞安人。道光二十一年（1841）进士，官翰林院侍读学士，与包涵和林鹗分别于40岁和49岁才考中贡生不同，孙蕖田24岁就中进士，可见他的学识非同一般，而且胆略过人，敢于疏劾权贵，也操练乡团，防御太平军，晚年回到故乡，历任瑞安玉尺、平阳龙湖、永嘉东山等书院讲席。整理瑞安文献，著有《海日楼诗文集》《东瓯大事记》等。

很巧，孙蕖田和包涵同岁，虽然学识比包涵高，官也做得比包涵大，阅历当然也比包涵丰富得多，却不会因此眼高于界。包涵修宗谱，孙蕖田为之写序，自称"愚弟"。

| 食德堂，檐柱、檐枋、斗拱和檐檩的连接关系

夏氏生于嘉庆丙寅年（1806），卒年宗谱未载。78岁时，如本书第一章所写，彼时这个家族已经诞生了第五代新生命。

是生机勃勃的一个大家族，夏氏与他们，虽无血缘关系，彼此相处几十年，已经超越了血缘关系。

或许，这也是会有那么多女子在年纪轻轻丧夫之后，选择留在夫家的原因。

选择留在夫家，不仅如前文所写，避免了娘家人不一定会接纳自己的命运（就算娘家人接纳，也因此可能遭受邻里奚落），也避免了自己可能（再）嫁不出去而成老姑婆的悲惨结果……留在夫家，就算从此青灯孤守，名节上总是清白的，而如果自己的年纪还未到30岁（30岁是一个界线，林鹗所著《分疆录》就记载泰顺两位女士，潘氏和林氏，都在丈夫去世之后，守节，抚养孩子长大，孩子各有出息，但就因为丈夫去世之时，她们均已"年逾三十，格于例，不得旌"），还能被列入节妇名录，为娘家人和夫家获得声誉。

食德堂匾额。在库村诸多带"德"字的堂号中，"食德堂"是唯一有堂号匾额实物传世，并有堂号由来确切记载的

可见彼时的社会风气。

但如果没有孩子可以作为寄托，仍然有女子做出极端的行为，《分疆录》记载，咸丰年间泰顺一位王氏，所嫁之周姓丈夫患病，她割股奉药，无效。丈夫死了第二十九天，她即投井自杀，"一身素服，内外密缝，家人哀其志，原衣履以殓"。如果这是她个人的选择，当然别人得尊重她的意愿，但彼时居然有教谕为之传，并为之请旌，从我们今人的角度，无疑是对女性生命（活生生的一条命）的藐视，体现了男权社会的自私和残忍。

割股疗亲 / 调药以进背后的道德压力

《分疆录》中另有一章，则是关于"孝行"的记载，列举了诸多因家中父母或公婆的疾病，儿子、女儿、媳妇"割肉疗亲"的事例。

割肉的部位，如果是儿子，一般是割股，女子则割臂。
"为什么是割臂？"
"可能股（大腿）那个部位，说起来不雅。"

还讲究部位好不好听!

值得一提的是, 相关资料提到林鹗孝顺父亲(《分疆录》未记载), 曾经在父亲病重时, 悄悄"割股调药以进, 不使家人知"。

林鹗父亲病逝, 林鹗年才 22 岁。我们不能怀疑一个年轻人对于失去亲人的忧惧, 以及他的孝心, 只是不知他这个举动, 是真的相信割股调药有科学道理, 还是只是出于内心的殷切, 希望这样的举动能感动上天。

也不知道林鹗晚年在一字一录的过程中, 是否想到了自己的父亲以及自己年轻时的举动。不知彼时的他, 对于割股疗亲, 是不是有了与年轻时不同的认识和理解。

他记录, 似乎说明他认同这样的行为, 正如他不厌其烦地, 一字一录那些贞节烈妇。当然, 也可能他做这样的记录, 只是出于一个学者对历史的负责和客观的态度。

"割股"一词, 始见于先秦时代的《庄子·盗跖》, 说的是介之推割股为晋文公重耳充饥, "介之推至忠也, 自割其股以食文公"。《韩诗外传》也提到 "重耳无粮, 馁不能行, 子推割股肉以食重耳, 然后能行"。

至隋唐时期, 有割股疗亲、祭祀之用。宋代受程朱理学的影响, 割股之风兴, 文献中也开始出现"割股疗亲"的事例, 据说元朝曾经禁止这种行为, 明清时期, 又日渐兴盛。

据传清代有孔氏圣聪者, "事曾祖承休至孝, 祖常有瘤疾, 聪听医言, 割股调药"。可见连孔圣人的后人也未能免"俗"。

现在我们想象这种行为, 一定觉得不可思议, 但它在民间存在了如此长久的时间, 究其原因, 或许与我国源远流长的"同类互补""血气互补""血气相连"的中医理论有关, 以健康人的肉做药引, 就可以将其身上"健康的特性"传到生病的身体上, 从而达到治病的效果。

加上一些名人的"肯定"。如大儒朱熹: "今人割股救亲, 其事虽不中节, 其心发之甚善, 人皆以为美。"

"吃亲人肉治病"的药理加上中国传统的孝道文化, 在医学不够发达的年代, 对于病重家庭的子女来说, 不仅带来希望(《分疆录》中就有病重父母被治愈的例子, 至于是不是因此被治愈, 不得而知), 也带来一定的道德压力(你如果眼睁睁看着父母病重, 而不割肉, 在当时的风气下,

外翰第板壁上仍留有焕球"光绪六年庚辰学使张云卿岁试第二名入学"的官报旧迹

或许自己内心就会产生奇怪的"内疚"），可能正是这样的双重作用，才有相当多子女做出"自残"的行为，这样，就算最终挽救不了病重父母的生命，但自己在内心是"坦然"的、"无愧"的。

这种行为对身体的伤害，以及在自己心理上造成的影响（毕竟是割肉，在彼时没有任何麻醉的情况下），一定是巨大的吧？

幸亏这种行为，随着医学的发展，以及人类在认知上的提升，后来慢慢地消失了。也很庆幸在包、吴两氏宗谱中，未看到这种行为。

且慢，"未看到"并非意味着没有发生。当我们因为某些历史疑点需要对不同版本的宗谱进行相互印证时，发现明朝时，库村包氏即有此类事件发生，只是它隐在逐篇"行实"中，"躲"过了我们的眼睛。

《庠生龙桥先生行实》

龙桥先生，竹轩公之第三子也。垂髫颖异，弱冠补邑庠生，屡考前列，读书明理学之奥，赋性仁孝。尊甫竹轩翁疾笃，诸医罔效，先生奋不顾身，割股肉以救之，由是见重士林，并称孝子。先生乳名元会，字子一，官名大有，别号龙桥。

团练 / 搜落卷 / 你要找的人在院子里晒太阳

宗谱记载包涵曾于同治元年（1862）担任过严州寿昌县学训导，之后于同治三年（1864）任乡试荐卷。

任严州寿昌（今浙江富阳一带的古县，现已撤销）县学训导是因为同治辛酉年（1861）"奉宪团练乡勇御贼有功"，"邑侯顾详请奖"的结果。

彼时为太平天国（1851—1864）时期，这场在南方兴起并波及了全中国的农民战争同样也影响到了库村。据志书记载，咸丰八年 (1858)，处州府（今浙江丽水）多县沦陷，太平天国将领石达开、杨辅清的部队分别从云和、景宁以及寿宁等地进逼泰顺。

而当时清兵官军的骨干力量"八旗军"因为特权和世袭变得衰弱，被称为"绿营"的汉族部队的士兵，是清政府模仿明朝的军户制，来自被编入军户的家庭，因为地位低下，士兵们素质参差不齐。

八旗和绿营这两支正规军的虚弱在鸦片战争中就已经暴露无遗（军队中就有吸食鸦片者），在太平天国的强悍攻势下，更是不堪一击。

团练招募当地义勇兵，原来是用于讨伐地方性的流匪，也用来防止贫民暴动，保护当地乡民。但也容易成为地方权势者的私兵、打手，所以清政府一直对扶植团练持三心二意的态度，但到了太平天国时期，指望不上八旗和绿营，只好将希望寄托在团练上。

| 外翰第，也称"古柏山房"，为清代包涵所建

著名的湘军便是在这样的历史背景下脱颖而出。

湘军领袖曾国藩批评正规军的缺点之一是官兵之间缺少人情的交流。曾国藩既是高官，又是宋学桐城派的卓越学者，晚辈们慕名而来，他也愿意对这些年轻人讲点学问，这些人加入部队，成了各级军官，军官又带了各自的熟人，上上下下形成了融洽和睦的关系，军队的凝聚力也因此加强。

加上所招募新兵设定的标准是"朴实而有农夫土气"为上，"油头滑面，有市井气者，有衙门气者概不收用"，所以湘军和曾国藩的追随者李鸿章组建的淮军，最后成了镇压太平天国的主要力量。

综上所述，我们揣想包涵练乡勇，虽然规模小，却也可见其才干，因为要管理好这一帮手上有武器的、性格各异的人群，需要学识，还需要威望和公关能力，仅一介书生是不可能胜任的。

从库村包氏宗谱的记录来看，彼时包涵练乡勇，他的二儿子载玮亦"从父团防有功，给赏六品顶戴"，说明这对父子配合不错，工作也卓有成效。

任严州寿昌县学训导之后两年，同治三年（1864），包涵任乡试荐卷。又证明他是一个在学问和专业方面获得认可的人才。

"乡试荐卷"这个工作，相当于现在的试卷评审员。

乡试，不是顾名思义所谓"乡"一级的考试。乡试在京城及各省省会举行，三年考一次，一般在子、卯、午、酉年举行，多在秋季八月，所以又称"秋闱"。在此之前，考生先要通过县试（多在二月举行）、府试（多在四月举行），取得童生资格，才有资格参加正式的科举考试，即院试。院试在府城或直属省的州治所举行，包括岁试和科试两种。童生通过岁试，即成为朝廷的学生，称为生员，俗称秀才、相公。岁试成绩优秀的生员，方可参加科试，科试通过，才可以参加更高一级的乡试，叫"录科"。

当乡试荐卷那年，包涵58虚岁。

【延伸阅读】

【1】清代乡试共分三场。每场考生交卷之后，其试卷需经由受卷、弥封、誊录、对读四所进行相关处理。

"受卷所"需将考生试卷对照考前所编考生座号簿册，排好顺序。受卷官需在卷面加盖戳印，每10卷为一本，用纸包裹严实。"弥封所"接到"受卷所"送来的试卷后，需先由弥封官亲自在卷面加盖戳印，清点无误后，由各夫役"弥封"，即将每本试卷有考生姓名、籍贯等信息的部分密封、装订。"誊录所"接到"弥封所"发来的试卷后，发给各誊录人员，用红色墨水抄写在另外的空白卷上，是为"朱卷"。朱卷上没有考生姓名、籍贯、笔迹等个人信息，但仍需移交"对读所"，由科试中因考列五等而失去乡试资格的青生对读，以检查誊录、抄写是否有误。这一系列准备工作结束之后，试卷送交内收掌。乡试阅卷工作才算正式开始。

乡试阅卷并非等三场考试全部完成才开始，而是在首场试卷弥封、誊录及对读送交内收掌官接收后便可开始。清代乡试阅卷在贡院至公堂中，集体评阅，限期完成。试卷一般按照同考官的数量平均分发。乡试采取掣签分卷的方式。

乡试阅卷主考官与各房共坐一堂共同批阅。同考官得佳卷，应"将诗文优劣暨所以荐与不荐之故在卷内标明"，荐呈主考，由主考决定去取，即所谓"去取权衡，专在主考"。同考官推荐的试卷，如得两位主考官认同、录取，则由副主考官在卷末写"取"字，正主考官写"中"字。中卷卷面上需附推荐房考官的详注批语，并加盖该房考官的印章、官衔。如果在房官未荐之卷中仍有佳文，两位主考官还是能将其取中，称之为"搜落卷"。

【2】乡试发榜在九月，正值桂花开放，所以称乡试榜为"桂榜"。乡试取中的为举人，考中了举人，不仅可以参加全国性的会试，即使会试未能取中，也具备了做官的资格。

会试和殿试是最高一级的考试，会试是决定性的考试，殿试只定名次，会试在京城贡院举行，一般在乡试的第二年，也就是丑、辰、未、戌年，考期多在二三月，所以又称"礼闱""春闱"。参加会试的是全国的举人，录取名额少则几十人，多时达400余人。

会试被录取的人，称为贡士，会试发榜时，往往正值杏花盛放，所以又称"杏榜"。清朝新录取的贡士，在殿试前，还要进行一次复试，复试结果，按成绩分为一、二、三等，这个等级对于以后授予官职有重要的关系。

殿试在四月举行，名义由皇帝亲自主持，此外还要任命阅卷大臣。殿试只考策问，出榜分为三甲，一甲为赐进士及第，只有前三名，为状元、榜眼、探花，合称三鼎甲；二甲为赐进士出身若干名；三甲为赐同进士出身若干名，都泛称"进士"。

包涵也积极参与家族的公益活动，倡建包氏小宗祠，修订包氏宗谱。

想象彼时的包涵，是一位活跃之人，他设馆授徒，学生中有吴氏族人，他也走访吴宅（可以推断包、吴两氏分左右而居的村落格局，有比较清楚的界限，不知道彼时两族人，是不是在广度寺事件后，很长一段时间相互不走动、不来往），并写下了《清音亭书感》：

昔日亭何在，于今井有名。
清音无处觅，流水自成泓。

包涵在库村的产业，食德堂和外翰第，至今保存尚好。

"食德堂"是库村古民居中唯一有堂号匾额实物传世的。
宗谱记载，该匾是村人有感于包涵对于宗族的贡献而送给他的，宗谱中提到包涵在包氏族谱"迭经兵燹，先世图系多舛缺"的情况下，"悉心搜访，正讹订坠，复成完书，因而修葺先茔，增置祠产……"故族中父老对他相当赞赏，加上他的祖父际堂公"狷介自守，长厚古处有隐君子风"，所以众议决定，"颜其堂曰食德，以志不忘"。
秉持他的书生本色，包涵为其所居的外翰第又命名为"古柏山房"，名号或出自门前古柏。

古柏至今仍在，植于元代至大年间，已有700多年高龄，谁种，为何种，如今已不可考了。

包涵有诗集《古柏山房吟草》一卷存世。

现在食德堂和外翰第的所有者，都是包涵的后人（其中食德堂部分产业被包涵后人之一卖给包氏同族人，其余依然保留在包涵后人手中）。

从包涵后人包其宣的叙述中，可以了解到包涵在世时，对这两处产业做了清楚的分割，分属他的五个儿子（包涵原有六个儿子，其中第四个儿子载珏"出远无归"，据村人讲，此子因做了什么事情被父亲包涵责骂，负气之下，离家出走，再无音信）及后代。

外翰第大门前的踏步和溪石拼花地面

光绪丁亥年（1887），包涵去世。时年71虚岁。

关于包涵生前轶闻，流传下来的不多，包涵后人包其宣说曾听族中一个老人讲起一则。彼时包涵年岁已大，应该处于退休状态，某一天，他正躺在院子里，照包其宣的说法就是外翰第的院子，在狼萁（土灶烧火用的柴薪）堆上怡然自得地晒太阳（可见包涵此公是一个很接地气之人），这时进来一个陌生人，该陌生人从这个晒太阳的老头身边走过，直接走进厅堂，打听主人包涵在还是不在，有急事相求。

"什么急事？你要找的人在院子里晒太阳。"

哦，那人颇不好意思，返身回到院子，拿出一张纸请包涵过目，原来他要打官司，写了诉状，听闻包涵笔头好，特意前来请教。

"听那个老人讲，包涵只在上面改了一个字。"包其宣这么讲述，言语间颇有自豪之感。

结果官司赢了。当然那人后来备了礼来致谢了。

千秋 / 一挂，正正就是那个位置

　　节孝牌坊原立于外翰第门外左边空地，"文革"期间被造反派捣毁，20世纪70年代村里建供销社，占用了该地的一部分。重建时，牌坊的大部分老构件还都在，断缺的部分补上新石，大致保持原样，只是牌坊的位置往右挪了一些。

　　所以如果我们站在牌坊的位置举目望去，会发现前下方一座二层木建筑的额枋上所挂的"千秋"二字，并非正对着牌坊，而是偏了一些。

　　就是因为牌坊的位置发生了变动。

　　"千秋"二字，为林鹗所写，青石刻制。题字的落款年代为"甲寅"，正是贞节牌坊落成那年。村人对此的解释是，节孝牌坊上的"圣旨"二字太重，对面人家怕承受不住，所以特意请林鹗写此二字，来个"呼应"或"对冲"，起到类似民间的"泰山石敢当"的作用。

　　这个解释我们觉得合情合理，在《时间的记忆·库村口述历史》一书中，也采用这个说法，因为这几乎是全库村包氏老人的共识，在他们的生活年代，那块牌匾早已经挂在对面人家的额枋上了。

　　但后来我们进一步采访村人，了解到该木结构房子的建筑年份远远晚于节孝牌坊的建筑年份时，我们几乎可以断定，"千秋"牌匾一定不是从一开始就悬挂在现在这个位置。

　　这座木房子，按户主之一包其宣所言，是在他祖父的手上盖的，建造年份为民国年间。

　　但"千秋"二字，可以确定是林鹗所写，村人回忆林鹗的后人前些年还来过库村观摩自己先人的真迹。

　　此外，有相关文章提到牌坊前原有一堵墙，墙上有一块石碑，

　　外翰第大门围墙内外两向原来均披抹白灰，并有彩绘图案

上书"千秋"两字，为清邑人林鹗题。

这是有可能的，虽然目前我们尚未有足够充分的证据支持。因为外翰第建在路边，节孝牌坊在外翰第院外。来往行人走过，既见圣旨，又见"千秋"，心理上有安妥之感。

此后，过了多少年，包涵后人在对面溪边建了房子，以民间朴素的心理，总觉得自己的房子对着牌坊的圣旨牌，有点怪怪的，怕承受不起，就将这块石碑"挪"至房子上，用来"对抗"或"抵消""圣旨"二字在心理上产生的重压？

| 节孝坊局部

"千秋"牌匾也曾消失过几十年。它消失的年代，和节孝牌坊被捣毁的年代相仿。

"千秋"消失的原因，和节孝牌坊不同，节孝牌坊是被破坏，千秋是被"保护"。

有意思的是，"千秋"被"保护"之地，并非与包涵有关的建筑，而是一栋与包涵后人在溪边所建房子同排位置的一座三层木厝。

它的被发现，完全出于偶然。

"2013年，库村被列入县级历史文化村落保护利用重点项目，开始对村里一批老民居进行修缮，我们在收拾这座房子的时候，我在菜橱下看到一块石板，拿出来，翻过来一看，上面写着'千秋'两个字。"

库村前书记包国福如是说。

后来他们就把"千秋"挂在这座房子的额枋上面，那里原来就有两个挂孔。

一挂，正正就是那个位置。

第七章

[历朝史略·民国]

风起云涌　观念更迭

19 世纪 70 年代，清廷重臣曾国藩、李鸿章、左宗棠等倡导发起了"师夷长技以制夷"的洋务运动，希望利用西方的科学文化知识。从 1872 年到 1875 年，清政府先后选派了 120 名 10 岁至 16 岁的幼童赴美留学。这是近代中国历史上的第一批官派留学生。

开启了国人赴外留学的历史。

在这个潮流中，库村的包际春是民国时期包、吴两氏宗谱记载中，唯一一位留学过日本的青年。

回望我国，隋朝开始，邻国日本便开始派遣"遣隋使"前往中国；至唐，日本派遣"遣唐使"更是长达 260 余年，几乎贯穿了整个唐朝历史。

按日本学者藤家礼之助的著作《中日交流两千年》，日本政府正式派遣遣唐使的次数共有12次，此外还有三次送唐客使和一次迎入唐大使。又有相当数量的留学生和留学僧跟随前往中国。

遣唐使团队中，不仅有大使、副使这类外交使节性质的人，还有药师、画师、工匠等各行各业的人才。这些人回到日本后，模仿唐朝制度对日本制度进行系列革新，教育方面也效仿唐朝学制，在中央设立太学，地方设立国学，完善和提高了日本的教育体制。

汉文化也因此远渡日本，唐诗、经文、服饰、绘画、饮食、建筑等在日本受到追捧和学习。

清末，我国则开始有官方派遣或民间青年自发前往日本留学的现象，因为彼时两个国家都曾经历过被西方列强入侵和"欺负"的屈辱，而日本最终通过明治维新运动，走"富国强兵、殖产兴业、文明开化"之路，从而迅速崛起，并逐步废除了与西方列强签订的不平等条约，收回了国家主权，成为当时亚洲唯一能保持民族独立的国家。

也成为亚洲国家完成近代化进程的榜样。

著名学者许倬云在其《九堂中国文化课》中提到日本与中国之间，是一种"又爱又恨"的关系，日本承认跟中国的渊源，却始终不甘心做老二，因日本一直有神武天皇子孙统治是神之国的想法，它在历史上的每一次转变，都快速成功。日本考古史上的弥生时代、水稻的种植、天皇制度的确立、国家的出现……都增长了日本的骄傲感。

| 库村村景

在这样的历史背景下，加上日本离我国近，文字又有共通之处，即使不会说日语，也能大体看得懂，尤其 20 世纪初的日俄战争，日本出乎意料地战胜了俄国，令一向对日本持"蔑视"心理的中国人深感震惊，该战争前后，中国前往日本留学的人数急剧增加，超过了一万。

他们在日本学习先进的文化和军事方面的专业技术，也在日本创办报刊，翻译著作，表达观点，传播思想……在这个过程中，因为政治抱负及激进举动被清政府"索命"的康有为和孙中山也相继亡命日本，又有章炳麟这位国学泰斗在日本给留学生们讲国学，一时之间，日本成为中国有使命感和危机意识的个人或群体的聚汇之所，乃至日本政府在清政府的要求下，颁布《关于清国人入学公私立学校的文件》，规定清国留学生进入日本学校学习，需要驻日清国公使馆出具的介绍信，各学校还有权力取缔学生的校外活动。

留日学生陈天华正是在这样的情况下蹈海自杀，以这种激烈的方式进行抗议，另外一些留学生则选择回国，日后在国内举行起义但失败的秋瑾女士，正是这批留学生之一。

秋瑾被捕处死刑。刑前，她留下了这样几个字：

秋风秋雨愁煞人。

秋瑾的诗友吴芝瑛将秋瑾的遗体葬于西湖边上的西泠，并留有诗作：

大樽放饮尔如何，回首江亭老泪多。
今日西泠拼一恸，不堪重唱宝刀歌。

此后，国内各地又相继举行起义，与千年帝制社会中我国的起义多出自不堪其苦的民间人士不同，清末的各地起义者中，出现很多知识分子留学生，且大部分是留日学生。

在这样风起云涌的大动荡中，清朝的统治终于走到了尽头，1911 年，清朝末帝，5 岁的溥仪发布"罪己诏"（读者或许还记得宋徽宗也干过这事），当然这"罪己诏"不可能是溥仪所写，应该是父亲醇亲王的作文。诏书宣布解除党禁，接着宣布取消皇族内阁，因暗杀摄政王被判处无期徒刑的汪精卫、黄复生获释……

这年年末，民主共和国诞生，命名为中华民国，没有设立年号，称为民国元年。孙中山在南京任临时大总统。之后，宣统帝逊位，清灭亡，袁世凯在北京就任临时大总统。

我国从这一年，1912 年，开始使用阳历，阴历还是前一年的十一月十三日。

之一

负笈东瀛 / 另娶了一个妻子

历史的震荡波及库村包、吴两氏，翻阅宗谱，赫然有生于同治三年（1864）的包焕琪，曾于民国壬子年（1912）被选举为县议员的记录。

是包、吴两氏最早在封建帝制到共和制的转变中，经历社会角色转变的人士。

（按库村包氏宗谱，焕琪的同胞兄长焕琳在宣统三年"举义翔镇自治议长"，宣统三年即

包际春的原配妻子翁菊（包达品供图）

1911年，从历史脉络来看，应是该年年末，清亡而进入民国时代，可见彼时库村包氏"开风化"之早。）

焕琪生育了四个儿子，际春、融春、锦春、蔚春。其中长子际春和幼子蔚春相继走出大山，在接受专业的训练之后从事警政工作；长子际春更是在浙江省警官学校毕业后，远赴日本明治大学继续深造。

义和团之乱平定之后，清朝廷就明令废除八股文，1902年，清廷颁布《钦定高等学校章程》，鼓励高等学堂开设算学、物理、化学、历史、地理、动植物和外文。1906年开始停止所有科举考试。国内开始建立新式学堂培养人才。

库村也紧跟时代，清宣统二年（1910），岁贡生包焕琳在当地热心者的支持下，率先在库村包氏小宗祠创立启文学堂，引入新学教育，增设算术、历史、地理等新式课程，并亲自为学生讲授算术课。"当新学萌芽，公先得风气，潜心研究，尤邃算化诸学，启文之立，独冠诸校，公之力也。"

按库村包氏宗谱，焕琳的两个女儿"皆读书识字"。而且，也都嫁给了彼时的文化人，"长适华洋中学生叶冑，次适横坑优级师范毕业许超"，叶冑即叶公望，许超即许笃仁，均为泰顺籍人士（1946年设文成县，叶公望所在华洋现归文成县），这一对连襟分别毕业于上海劳动大学和南京优级师范学堂。叶公望是对数学有研究的名师，许笃仁则是语言文字、书法大师，民国时期，泰顺创办师范讲习所，他们应县长唐天森邀请，回泰顺任教，成为一段佳话。

包际春和包蔚春都曾经在地方新式学堂接受基础教育。

包际春留学之前，先考入浙江省警官学校，想必是一个热血青年，当然，他的家境也不错，经济上可以支持他的行为。

更难得那样的年代，中国传统的观念还是"父母在，不远游"，可见包际春的父亲焕琪是开明人士，不然也不会当选为县议员。至于母亲，就算不舍，以彼时女性在家庭中的角色，估计也不能硬行拦阻。当然，我们不妨揣想她也是一位开明女士。

包际春在日本留学期间，认识了一位旅日华侨周淑英女士，并娶她为妻，他学成归国，她亦跟随前往，并一直伴随在他身旁，先后生育了三个儿子和两个女儿。

| 包宅村景

　　而彼时，包际春的家乡库村，已有原配翁菊和三个孩子。以包际春出生于 1903 年，长子包超庸出生于 1923 年（包超庸有一个弟弟、一个妹妹，弟弟早逝），推断这三个孩子都是包际春出国前出生。

　　又，按浙江警官学校【注】创办于 1928 年，可以推断包际春是在完成婚姻及"传宗接代"大事之后，成为该学校学生的。

　　【注】浙江警官学校由中华民国开国名将施承志与时任浙江省民政厅厅长朱家骅一同创办，彼时名震一时，打造出了民国时期最专业的警官队伍，使得浙江全省警政面貌为之一变。

　　1937 年，浙江省警官学校与警官高等学校合并，更名为"中央警官学校"。

　　而基本可以肯定，包际春的第一次婚姻，由家中长辈做主。

　　库村，乃至中国广大农村，一直到新中国成立之后，还存在着婚姻由父母之命和媒妁之言的现象，当事人，不管是准新娘，还是准新郎，对自己的婚姻都无法做主。

　　这种婚嫁习俗，不仅是对女性的伤害，对男性也是一种伤害，只是女性由于数千年的传统，很多都已经养成了隐忍的性格，她们将之视为自己的命运，用一辈子的时间去接受、去承担。

　　而男人，还有另外的选择。他们可以选择再娶，他们也可以选择"逃离"。

当然我们不能认为包际春当年的行为是为了逃离，我们认为是他的抱负和强烈的责任感驱使他出国留学。回国之后，包际春一直在外任职，先后担任重庆市、贵阳市缉私处处长、兰州市公安局局长等职，足以说明他的志向和才干。

最终，她没有上船

在他的孙子，库村人包达品老师提及家人的回忆中，爷爷曾回过库村，他送给留守在库村的妻子漂亮的裙子，也曾经要带她离开库村，前往他就职的地方。尚不知那次出行，是夫妻俩商量好了要从此一起生活，还是只是她随他去住一段时间。

包达品老师说奶奶也真的动身了，从库村出发，一直跟随着久别的丈夫到了东湾坑渡口，临上船时，她犹豫了，最终还是止步于水边，返回库村。

我们揣想她彼时内心会多复杂。对于多数传统女子来说，所嫁丈夫是自己一辈子的依托，而以包际春的相貌、品性，应该也是她仰慕之人、愿意与之共度一生之人，但是跟随他从此离开家乡，抛下家中老小，离开自己熟悉的环境，进入一个未知的陌生的环境，真的是正确的选择吗？

更重要的，彼时包际春已经另有了一个女子，那个见过世面的女子。日后自己也得与她相处，就算彼此都识大体，相互谦让，但是万一发生冲突，谁知道丈夫会为谁说话，站在谁的一边呢？

何况自己还是一个小脚女人，还比自己的丈夫大3岁。

在包达品姐姐的回忆中，奶奶是一个小脚女子，"我阿婆包脚的，就这么点大。走远路也去，要走慢点，不然脚会疼"。

中国女子裹脚，据历史学家考证，始于北宋后期，兴起于南宋，经历元朝，盛行于明朝，清朝曾禁止女子缠足，但难以推行，到康熙七年（1668）只好罢禁。彼时汉族男性沾沾自喜，甚至将之提升到"男降女不降"的"政治高度"。（清廷推行"剃发令"，成功；禁止女子缠足，未成。便是所谓"男降女不降"。）

这种超乎寻常的"创意"，来自部分男性的病态审美，却经历几百年的漫长光阴，成为一个"良家女子"和"美女子"的象征。几百年间，中国大地上，但凡有点家底的女子，都要在很小的年纪经历肉体上的折磨，而带来的身体的残缺，将持续一辈子。

现在泰顺民间，相对年纪大的人，如包达品的姐姐包燕月都还能清晰地回忆起自己奶奶辈的女子那双畸形的小脚，以及她们走路时颤颤巍巍的模样。

我们不妨也可以推想，出生于清末，但受过近代教育洗礼的包际春，面对这样的一双小脚，内心可能也会有强烈的排斥。

这样的排斥，不是针对人，或许他也是爱着这个贤良的山里女子的。但是，作为"当事人"，内心却是自卑的吧。她的幼年时期，中国民间依然保持缠足风俗，她四五岁时被缠足的时候，或许也曾因为疼痛而激烈反抗过，但或许她听到的或安慰或鼓励乃至"威胁"的话语是：只有缠足的女子，长大了才能嫁到一个好人家。

在山区，也只有家里有条件的女子，才能缠足吧。缠足，意味着她不用下地劳作干粗活，未来嫁到婆家，也是一个能"享福"的媳妇。

却哪里想到，当她成年后，这个世界发生了变化。

| 包宅村景

【延伸阅读】清朝末期，太平天国领导人洪秀全主张男女平权，提倡妇女天足，他下令妇女不准缠足，违者斩首。当时在太平军控制的地方也确实厉行禁缠。

康有为和梁启超相继在广州和上海创立不缠足会。康有为同时写下《戒缠足会檄》，并拒绝为幼女缠足，成为近代反缠足运动中的一段佳话。女儿成年后，曾陪他到西方游历考察。

民国时，孙中山正式下令禁止缠足。到了五四时期，缠足被各派革命运动和激进分子"讨伐"，陈独秀、李大钊等人都曾撰文痛斥缠足对妇女的摧残和压迫。

之后，山东省让"各县小学

校学生，皆系臂章，不娶小脚女子为妻"。绥远（中国原省级行政区）也"风示各学生，誓不娶小脚女子为妻"……在社会上形成"娶小脚女子为耻、娶天足女子为荣"的风潮。女性不再需要忍受缠足带来的痛苦，能够自由行走，参与到社会活动中。

| 包燕月祖母亲手织造的拦腰布和织带

对于这个从未出过远门的深山女子来说，出门前或许也怀着对都市的好奇和憧憬，但一路行过山路（按彼时情况，她应该是坐轿子），到达水边的时候，她突然有了对山的依恋和对水以及对遥远的水那边的都市的恐惧。

在遥远的都市，因为时代的变化，很多年轻的女子已经不裹脚了。包际春的第二个妻子，旅日华侨，肯定也是天足女子，她们可以行走如风，而自己则因为小脚，连出个门都难，这对于她的自尊，会是多大的打击和煎熬。

而库村，她所嫁的夫家，虽然"少"了丈夫，但是她的家，那个家里有她的孩子、她熟悉的环境，这个环境容纳她的小脚，是可以令她感觉安全的地方。

最终，她没有上船。她目送自己久别的丈夫上船，自己回到了"没有丈夫"的夫家。那样的时刻，如果我们穿越时空，是不是会看见一个默默啜泣的女子？这个女子旁边，还有着小小的行李箱，箱子里除了她常用的衣物之外，还有丈夫送给她的漂亮的裙子。

那件裙子，包燕月说，奶奶一辈子都舍不得穿，一直好好地保留着，跟着她终老。

那是一个女子的深情，也是她对自己丈夫的纪念。

因为她的丈夫，此后再也没有回到库村。

1951 年，包际春被镇压，他库村的儿子包超庸老师因此受牵连，被打成右派，很长一段时间失去教职工作，在家务农。

133

包达品老师说在他的记忆里，包超庸老师从未提及自己的父亲，在很长一段时间，"包际春"这个名字，在家族是忌讳，也是伤痛。曾经的家族荣耀变成家族的"屈辱"，纵然是时代的原因，身处其中的人，恐怕内心也是不能释然的吧。

但生活还得继续，不管出于个人还是时代或自然的原因，所有因此产生的不幸，作为承受者，都必须背负。

桃红色的绢被面 / 相遇与团聚

20世纪60年代，我国曾经历"三年困难时期"，库村人同样不能幸免，包燕月提到自己年幼时，曾经饿到"脱壳"，坐着话也不会说了，她妈妈赶紧去借了一个蛋，炖起来吃了，才"转过气来"。

而家里养的一只猪被牵走"充公"之后，则是"阿婆"（库村人对奶奶的称呼）迈着小脚，端着碗，守在杀猪现场，好歹杀猪人给她一些猪血，颤巍巍端回家，和着一些番薯叶烧了，一家人算是过了一个年。

包燕月收藏的祖母亲手抽茧加工织造的绢质被面，是当年送给她的结婚礼物。绢面有着细致的立体菱形花纹

在那样的时代，个人的情感，以及个人的理想，都远远退到了最隐秘的黑暗中，所有的人，只要能活下来，就是最大的幸事了吧。

所幸那样的日子终于有结束的时候，生活终于有回到正轨的时候，在那样的过程中，人渐渐老去，孙辈们也渐渐长大。

包超庸老师与妻子共育有七个孩子，其中一个女儿去世早，其余孩子都健康成长，相继成家。包超庸老师的三女儿包燕月至今还保留着她出嫁的时候，奶奶为她织的绢被面。

桃红色的绢被面有着细致的立体菱形花纹，在20世纪七八十年代，是一件相当高级的物品，代表着奶奶对孙女的爱，也代表着一个在长期孤独的婚姻中的女子，内心所依然保持着的爱和深情。这份爱和深情，她在婚姻中不能获得，也没办法将之付出给婚姻中的另一半，她便将之付出给她的家人、她的儿辈和她的孙辈，同时，她也从自己的付出中获得力量，因为她是被需要的。她虽然只是一个小脚女子，当初在自己的娘家，或许也是一个被父母宠爱的少女，怀着对爱和未来美好的愿望，离别家乡，来到库村，但在遭遇那样的不幸的命运的过程中，她没有被击倒，没有成为一个怨妇，乃至成为家人的累赘，而是成为一个家庭的重要的经济支柱和精神支柱。

"我阿婆当年就是织布，还有养蚕、抽丝，那时节家里都有养蚕，蚕丝都是我阿婆自己抽的。当地也有很多养蚕的把蚕茧挑过来，请我阿婆帮忙抽丝，这个是算工钱的。丝抽好了，晾干，就用单条丝来织，织绢，什么花纹图案我阿婆都织得出来的。我阿婆了不得聪明，这些她都是自己就会的。当时都是别人请她织，她就算工钱。"

翁菊的孙女包燕月回忆道。

可以想见，在重要的家庭之主长期空缺的岁月中，翁菊，这位裹小脚的老人，在某一个意义上成了这个家庭的主心骨，一个全身心付出的人。

"我阿婆那双手啊，什么都会做，交剪（方言，剪刀）拿来，什么都会剪得出来，做鞋什么的，那是寻常事。小孩子的鞋，当年她做了很多，小孩还未出生就给他们准备好。还有拦腰带，她都织，那时候，女儿出嫁都要准备很多这个，还有背小孩的背巾，我阿婆也织了很多。"

包燕月的回忆中满满都是对奶奶的思念，至今她也还保存着奶奶当年织的拦腰带、几双小孩的鞋，这些东西，现代人是用不上了，留着，是对逝去的时光和亲人最好的纪念吧。

包际春离世时，他第二次婚姻的长子才14岁，幼子才5岁，彼时在杭州生活的一家子，跟随母亲周淑英去了新疆。想必那些年，他们的日子也都不好过，但想象周淑英，也和翁菊一样，在丈夫离世之后，坚强而忍耐地活了下去，将孩子们抚养成人。

只是两家出于复杂的历史原因，一直未通音信。

1991年，库村终于迎来了包际春的大儿子包海青一家人。

包海青在无意中翻阅自己母亲笔记本的时候（未知彼时周淑英女士是否已经过世），看到里面有包融春这个名字（包融春为包际春二弟，业医，彼时已过世），了解到原来自己的祖籍地在浙江泰顺，他和妻子、儿子及儿媳在事先并未有任何联系（也无法联系）的情况下，千里迢迢从新疆到温州，再从温州坐中巴车，一路颠簸到泰顺。
从温州到泰顺途中，一个同车人的行李从行李架上跌落，碰到了他，行李的主人向他致歉并好奇地问他从哪里来，为何而来，二人就此攀谈起来。
而那个泰顺人又刚好学医，知道库村有包融春这个人。

这个戏剧性的相遇，促成了两家人的顺利团聚。

包海青一家人来到库村祖地，彼时翁菊还在世，想必她也是怀着温情接待自己丈夫的骨肉的吧。
否则他们也不可能在库村待了一个多月。
那一个多月的时间，翁菊的儿子包超庸老师和自己的同父异母兄弟朝夕相处，不知他们的言谈是不是涉及自己的共同的父亲，以及他们彼此的命运和遭际，可以肯定的是，这一趟寻亲之旅，使得他们之间的血缘关系得以联结。从那之后，先后又有包际春的晚辈来库村，他们的到来，意味着他们并不因为父亲当年的选择而彼此有嫌隙，虽然他们不是同母所生，但都是库村包氏后人，所以他们的名字，以及他们的母亲的名字、他们的相关信息，都列在了近年修订过的库村包氏宗谱。

翁菊于1996年过世，时年97岁，是一位高寿的老人。2012年，包超庸老师过世，他和比他早两年过世的妻子的坟墓，和母亲的坟墓在一起。
包际春的尸骨，葬在他乡。

之二

理想主义之光 / 编草鞋

无独有偶，差不多同一个时期，库村吴氏一脉，也有一位热血青年走出大山，接受现代军政方面的训练，民国时期在军政界有过杰出作为的人物——吴惟直。

吴惟直即清光绪年间在原中村书院的遗址上倡建戏院的首事之一吴家笔的侄子，他和包际春一样，都是在警官学校毕业。库村吴氏宗谱记载吴惟直是在警官高等学校【注】毕业，不过他的族人说他是浙江警官学校的学生。他强调他是听自己奶奶说的，是在"杭州"的学校。库村吴氏宗谱未记载他的生卒年，库村族人通过推算，得出吴惟直出生于1899年（或1898年）的结论。按此，吴惟直应为浙江警官学校而非警官高等学校学生。

【注】警官高等学校于民国六年（1917）由北洋政府创办，校址设在北京。国民党政府成立后接办，属内政部，是培养高等警政人才的全国警察最高教育机关，学制三年。

民国二十三年（1934）春，学校从北平迁到南京。民国二十六年（1937）浙江省警官学校与警官高等学校合并，更名为"中央警官学校"，设置本科和特科，由蒋介石兼任校长。抗日战争时期，学校曾随内政部迁到重庆。1949年，该校随国民党政权迁台。

可见当时，虽然（或许正是）政局混乱，但一代青年内心澎湃着热血，并且在理想主义之光的照耀下，如飞蛾扑火般朝着那束光飞去。

就如库村邻村包垟的林秉权（生于1902年，苏联中山大学学生，泰顺县第一位共产党员，1934年牺牲）和林超（浙江省警官学校毕业，曾任职于福州市警察局，1949年去往台湾），说明彼时的泰顺青年，心怀天下者多。

也或许，他们的行为，正是受了彼此相互的感召。

库村所处山区，虽然交通不便，但是相关信息依然会在大山中传扬，形成一股强劲的风潮，激励着这些有志青年前赴后继投身于革命，暂且不论这革命的性质以及结果。

（林超去台湾后，与亦去台的包际春四弟包蔚春一直保持来往，并在20世纪两岸关系解冻后，与库村包氏后人有信件往来，提到自己当年与包际春熟识。包蔚春去台之后不久即遭车祸过世，他的福建籍妻子辛苦养育三个孩子长大。）

吴惟直先后任杭州市公安局局长、诸暨县副县长（他的族人说他是"第三把手"）。

与包际春的刚烈不同，吴惟直或许更具有个性上的柔韧和圆通。抗战结束之后，他带着自己另娶的妻子，一个吴氏村人口中的"资本家的女儿"，和年幼的儿子回到了库村。

彼时库村生活着吴惟直的原配，以及原配所生的四个儿子。

与包际春一直远离家乡，另娶的日本华侨之女也从未到过库村不同，吴惟直中晚年在库村度过，另娶的杭州籍妻子也因此远离自己的故乡，并从此以异乡为"故乡"，度过了她人生的余年。

吴惟直原配和其中两个儿子在吴宅下厝居住。另两个儿子在吴宅上厝居住。

吴惟直和杭籍妻子及其所生的儿子则先是在上厝居住，后来在"大跃进"中，家里被办食堂，搬到附近一个房子住了一段时间，

| 吴宅村景

后来又搬到下厝居住（彼时吴惟直的原配已经过世）。吴惟直也在下厝过世。

那是一个很大的家庭，但和传统农村一样，儿子们一旦娶妻分家，就各过各的，虽然在同一个院子、同一个屋檐下，但伙食分开，经济独立。

（彼时上厝和下厝除了他们，另有吴惟直的兄弟以及吴惟直的堂兄弟及后代居住。算起来总共有几十口人。）

想象吴惟直是一个在大家庭中有威望、令儿子们和孙辈们敬畏的一个人，这么大一家子，在库村，不管是吴家和包家，都是一个不能令人忽视的存在。至今，库村人回忆起他们，都没有什么不好听的或者引为笑谈的话题，他的侄孙辈，说起他，总是带着敬畏的口吻。

"听我爷爷说，当年国民党抓壮丁，就有人'警告'那些人，来库村，不要惹那个人，那是个大官。"吴姓村人如是说。他口中"那个人"就是吴惟直。

但其实，这个当年威风凛凛的警官，回到库村后，就脱下制服，穿上了土布衣服，过起了地道农人的日子，晒晒太阳，编编草鞋。他当年卸甲归田，应该是手上有积蓄，他又生活清简，所以可以无忧。

吴惟直于1962年前后去世，不知他如果更长寿一些，活到"文革"时期，会遭遇什么。

我们愿意往好的一面想。听库村村人回忆，当年学校也停课，也闹革命，村里的建筑如节孝牌坊被毁，家里一些带着比较明显的"封建色彩"的匾额被破坏，也发生过游行斗走资派的事件，但是村中失去教职的长辈们没有被斗。

山里人还是有着纯朴的观念，对于知识和知识分子的尊崇。
这是骨子里的东西，几千年的传统。

草鞋编制传统技艺演示（包国福供图）

命运之不可测 / 再嫁

但是吴惟直去世之后，他的杭籍妻子就很难继续在库村生活。

吴惟直的堂侄孙，库村人吴立苏小时候喜欢听自己的爷爷讲故事，在爷爷的故事里，这个资本家的女儿写得一手好字，可见是受过良好教育的女子。

20 世纪 50 年代农村土改，是吴立苏的爷爷，和她负责抄写相关契约的。

但可惜的是，她所生的孩子，不知什么原因，脑子出了点问题。据族人吴立华回忆，这个孩子在库村会订阅大量杂志，早早预言了高科技智能电器的出现，但显然他不是一个可以下地干活养家的人. 在 20 世纪六七十年代，只能靠着劳力勉强生存下来的农村，一个已经上了年纪的寡母，一个已经长大但是没有劳作能力的儿子，虽然依然在同一个院子、同一个屋檐下，但早就各管各的大家庭中生活，其窘迫和艰难，可想而知。

就算吴惟直的后人及同族人内心保存着对他们的善意，想必他们也无能为力。

在那样的情境下，为了活下去，这位来自杭州的良好家庭的有知识的外乡女子，选择了再嫁。

她的再嫁，对于一个几千年来讲"贞节"的民族来说，是一个什么样的观念上的冲击，很难说。因为一方面，中国汉族对女子的贞节要求之高，达到了相当严苛的标准；但另一方面，在经济贫苦的地区，同时存在着"典妻"的现象。

这也是民间或世俗世界的荒诞。是现在的所谓文明世界的人们很难理解乃至很难想象的事情。

但追究至根本，也可以理解或者可以解释，那就是男权社会对于女性的物化。女性在他们的观念里，是有别于他们自身的另一个存在，是延续种族血脉的"工具"，同时也是彰显他们荣耀的"工具"，而在他们的能力不足以生存的时候，女性又成为他们得以苟活的工具。"典妻"在某种意义上，是女性被物化的最典型的方式。而这种行为，不仅发生于文化人（据我们了解，泰顺的名士，民国时期的文化名流也典过妻），还存在至今仍健在的库村人的记忆中，九旬老人陈美玉的母亲，就是一位从库村被典到邻村的妻子，而她，是她母亲在被典期间生育的孩子。

她的故事，将在另章讲述，如今我们回到这位改嫁到泰顺县城的异乡女子，她改嫁，是为了她自己和自己孩子的生存。农村的现实是，没有劳动力就意味着挨饿。

作为一个嫁出去的女子，在那样的情境下，曾经养育她的娘家，也成了回不去的地方。

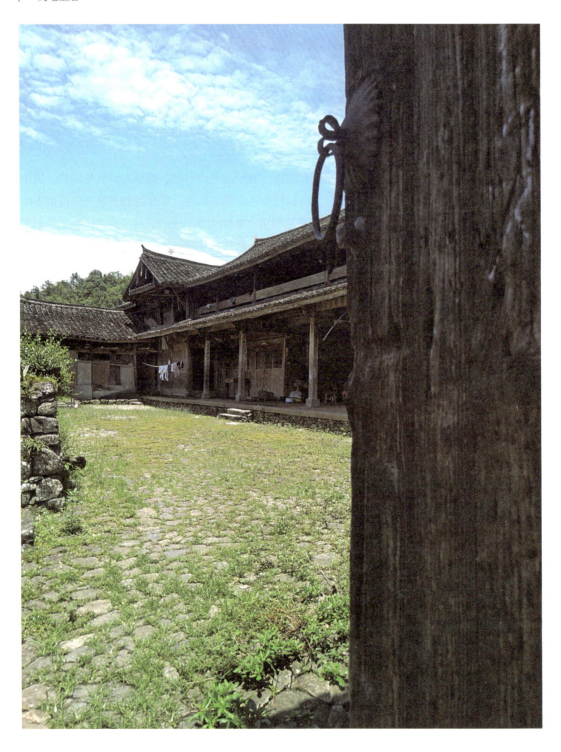

这也是女子的命运，像"三贞母"故事中的林廉，她也出自富庶人家，在艰难的时刻，她也没有选择"回头"。我们总是推测这些女子的娘家是不是也正处于自顾不暇的境地，自顾不暇到连容身之地都无法提供给他们的血缘的女儿，那是因为不忍心，也是不敢去揭开最痛的疤吧，因为假设遭难的是儿子，当他伤痕累累回归故乡时，他的父母，是不是没有任何理由和借口将他拒之门外呢？

但嫁出去的女儿，泼出去的水，这个观念，其实已经牢牢扎根在中国传统女子的意识里，也扎根在近代多子女的中国女子的意识里。

这是一个外乡女子嫁到库村的故事，故事中充满了命运的不可测：彼时她与吴惟直相识相遇，与那个年代的开明的风气有关，如果不是在民国，她也该是一个被父母包办婚姻的传统的女子，嫁给一个她不认识的男人，好也罢歹也罢，安天顺命地过完她的一生。

但偏偏造化弄人，她和他相识相遇，应该是因着爱吧，她，一个库村人口中资本家的女儿，当所嫁之人选择退隐之时，毅然选择了跟随，跟随他来到一个偏僻的陌生的山村，过起了简淡的日子，却又在对方去世之后，为了继续生存，嫁给了另一个人。

这是一个有点悲伤的故事。

好在这个悲伤的故事，总的来说，有比较好的结局。那天我们在保管库村吴氏宗谱的吴立华家中，向他请教一些宗谱中的"疑难"问题时，恰巧他家里聚了几个邻居，这几个邻居又正好都是吴惟直的同族后辈，大家你一言我一语插话，带着感慨：

"杭州奶奶"（库村吴氏家族后辈对吴惟直第二个妻子的称呼）比三爷爷（吴惟直）小16岁，三爷爷过世后，她一个人带着儿子在库村很难生活（"那时候多苦，我们自己都没饭吃，想帮她也帮不了。"其中一人说，其余人点头），过了几年，不知道谁牵线，嫁给莒江一个"独自人"。但是不到一个月，就被打发回库村了，因为杭州奶奶属虎，"独自人"听信一个算命先生的鬼话，说她命硬，会被"吃掉"。

杭州奶奶在库村待了一段时间，又去县城罗阳给一个人当保姆（"杭州奶奶的行李还是我挑的，一路挑到百丈那儿的金坑，杭州奶奶再从那儿坐车到罗阳。"其中一人说），那个人是建筑公司的会计，妻子去世了，家里有一个领养的儿子，10岁左右，一个亲生的小女孩三四岁，杭州奶奶在他家当了两年保姆，那个人觉得她人好，两个人就结婚了。

（"那个人比她小五六岁。"其中一人强调。）

后来杭州奶奶把留在库村的儿子也接到了罗阳，关于这个儿子，宗谱没有记载任何信息，但库村后辈族人记得他，都说这个"五叔叔"人聪明，人也好，就是不知怎么的，脑筋出了问题。

他们一致认定这个五叔叔是在父亲吴惟直过世之后脑筋才出问题的。（"他那样一个人，在我们农村是没有条件娶亲的，想想就脑筋想坏了。"其中一人说。）

"你看，泰一中的名册上有他的名字。"其中一人回了一趟家，找到了《浙江省泰顺中学校志》（1929—2009），其中一位名叫吴浦英的学生，先后出现在1949届（1941—1949年称"泰顺县立简易师范学校"）和1953届（1951—1956年称"泰顺初级中学"）的名录上。

说明彼时他正经完成了中学学业。但后来"脑筋出了问题"，一个人在库村无法生存，被母亲接到罗阳照顾，最后因病去世，早于母亲离开人世，葬到公墓。

杭州奶奶则一直活到20世纪80年代。

| 吴宅上厝。屋顶上的悬鱼

人的记忆很有意思，吴立华根据自己建立的逻辑，笃定说杭州奶奶是在毛主席去世的第二年，即1977年过世，但遭到在场其余人的反驳，他们经过回忆和推理，认定杭州奶奶嫁到罗阳后，"活"了十几年才走（去世）。他们的证据比吴立华的"毛主席去世"这个时间节点更有力，因为他们清楚记得，杭州奶奶不仅把那个三四岁的女孩子抚养成人，当了"外婆"后还帮忙带外孙，这么一算，可不得起码十几年光阴。

杭州奶奶再嫁到罗阳的那些年，再也没有回过库村。但在场者中一位库村媳妇（即回家拿《浙江省泰顺中学校志》的吴氏村人吴时达的妻子吴夏绿，她原来在家，得知有人想了解关于杭州奶奶的事情，特意过来，加入了回忆的队伍）说自己曾经去罗阳看望过她，知道她在罗阳过得不错，家里人对她也好。

吴夏绿所嫁的是吴惟直同族堂侄，她和杭州奶奶一样，都是21岁为人妻，她嫁入库村吴宅上厝时，吴惟直已经过世，杭州奶奶也年过50，却依然有着城市女子的风韵。"我那个杭州奶奶，人白白的，胖胖的，高高的。"吴夏绿说。

现年过七旬的她回忆彼时杭州奶奶还给她看过一张老照片，照片中的杭州奶奶21岁，三爷爷37岁，他们刚结婚。三爷爷穿着军装，杭州奶奶穿着彼时时兴的衣服，站在他旁边。

那张照片，和库村族人记忆中一张吴惟直穿军装的独照，如今均下落不明。不知杭州奶奶有没有带到罗阳。

杭州奶奶在罗阳去世。与罗阳的丈夫葬在一起。

"原来库村这里，我们三爷爷有给她准备了一个墓穴，三爷爷、三爷爷的第一个妻子，和她，但是三爷爷有一个儿子不同意她归葬，说再嫁的女人不能葬在家族的坟里。"

| 竹林掩映

杭州奶奶姓汪，这是后来吴氏族人告诉我们的。叫什么名字，谁都说不上来。

她依然存在于库村族人的记忆里。但随着这些族人的老去，离去，她和她儿子的痕迹，将永久湮灭在时间的长河里。

因为库村吴氏宗谱也没有记录她任何信息。

145

第
八
章

[历朝史略·近现代]

世事变迁　乡风尚朴

门口垟 / 不同的居住思维方式

三层木厝 / 如果我们站在时间之外

七榴大屋 / 一个老母亲的痴心

宝龄堂 / 世代从医的家族

库村古村落所在，是一个凹形小山谷，三面环山，前面一条汩汩流动的大溪。据老村人回忆，以前沿溪一带很多古树，树的"背后"错落散布着青瓦翘檐；溪的另一侧则是大片田垟，就算我们不能穿越时空，也可以在脑海中描绘出一幅恬静和美的家园图景。

却也不是与世隔绝的，溪边古树与村落的屋宇之间，有一条与溪流平行的路，这条路从村落的这头直直通往村落的那头，而两头都各自向着远方无尽延伸，一头连接着莒江，一头通往文成，这样的道路，不知什么时候形成，但最迟不会超过宋朝吧。

宋初制定的按户等轮差，规定上四等户根据其户高下承担各种职役（又称差役），其中就有负责运送上供官物、管理府库、兼理官厨、馆驿、河渡等事，可见彼时整个国家的社会活动是在一个有体系的网络中进行，而这个网络也包含了库村在内的僻远山区。

尤其到了南宋，库村人频频中进士，外出做官者多，交通虽不像现在这么便捷，但连接外界的步行道路，想必不可或缺。

这条路面为不规则块石砌筑而成的步行通道，村人称之为"官道"。

库村人包其宣说："这条官道是历史上就有了，不知道始于什么时候，我们知道的就是走这条路的。就是一米多宽的老路，往包坑，往联云，往文成，筱村，南峤。"

一直到20世纪七八十年代，它还是唯一一条交通要道，直到后来公路建成，它的重要性才渐渐隐没。

而这条道路，与库村相关的部分，村人称之为"门口垟"。顾名思义，村落门前，大片田垟。

门口垟/不同的居住思维方式

按明朝才建成"世英门"，而彼时之所以建造世英门的其中一个原因是为避虎患，推测库村古村落的民居，都在世英门之内，世英门之外，应该没有民居。以此推测门口垟一带的民居，最早也是在明后期或清朝年间渐渐形成。

库村前书记包国岳如今居住的房子，即在门口垟，他说原来的老屋是第五世祖包天韩【注】在世时造的，一栋七榴的房子，两退，中堂很大。

【注】"天韩公生道光己丑年（1829），咸丰戊午年（1858）援例入监。"

明代进入国子监的士人都称为"监生"，又称为太学生、国子生或国学生等。分为举监、贡监、荫监。举监指在会试中下第的举人，可以申请进入国子监学习，以待此后的会试；贡监指府、州、县定期选送的贡生；荫监则是官员的子弟，一定品秩的官员，可以通过"请荫"或是朝廷"特恩"的方式让他们的子弟进入国子监。

至明景帝元年，政府为了解决财政危机，推行"援例入监"，即民间人士通过纳粟、纳马、纳银的方式，进入国学。刚开始的时候，

| 门口垟民居一角

"援例入监"的身份限于生员，后来平民亦可纳赀为监生，此制一直沿用到清代。

天韩公既然能援例入监，说明他的父辈有家底。天韩公的父亲包兆洪在同治壬戌年曾"以军功赏六品顶戴"，兆洪公六十大寿，库村人包涵曾起草一篇寿序，由名士林瑛提笔。寿序共四幅，用金粉书写，留存至今。

援例入监，意味着天韩公有做官的可能，《库村包氏宗谱》未记录他的官职，但从他在门口垟所建房子的规模，显见他在世时，颇有财势。而"中堂"的存在，则说明在那个时代，他的财势来自他的社会地位，社会地位也意味着田产的丰厚，同时也可以推测，在他那个时代，他的家虽然处在官道一侧，但并没有进行经商活动。

中国民间，传统民居择址，一般都会有意识地与（公共）道路保持一定距离，讲究"隐"与独立性，像天韩公的祖父辈的居所，就在库村古村落靠近山根的地方（"原厝旁山当脚"），而到了他那一辈，或许是因为库村古村落"内部"可供建造大面积房屋的空地不多，或许是彼时人们对居所的选址，与前人相比，已经有了不同的思维方式。

更具备开放性，以及更在意交通的便利。

库村古村落的巷弄与官道相比，显得狭窄而曲折，小石头铺就的路面也不那么平整，单纯走走路还行，但对于有轮子的交通或运输工具来说，就不那么便利。20世纪为了解决人力板车或三轮车上下坡的问题，库村人就把吴氏宗祠那一带的步行台阶改用水泥浇筑的斜坡。

| 门口垟商铺

此后，中国农村的住房，渐渐都往公路"靠近"，不再讲究"座字"以及与周围环境的和谐，以及居所的安静和清宁。自唐包全公以来，泰顺是中原"看破世事"的人士追求"世外之境"的理想居所，他们的居所也是他们子孙后裔的家园，而所谓家园，通常都具备一定的完整性、独立性，以及与外界的"疏离感"。这几乎是泰顺所有古村落的共同特点，而一旦公路开通，古村落在几十年的时间里迅速遭到遗弃，只要

经济条件许可，村人便陆续搬离，而将家沿着公路"一字排开"，来往的车辆发出的噪声，完全背离了他们的祖宗所追求的清静与安宁。

这也是时代的必然，正如库村这个千年村落，从原来单纯的家园，渐渐地开始有了商住两用之房。

这些商住两用的房屋就集中在门口垟一带。

如"聚德堂"，是库村人包慕恢所建，一楼经营南北杂货，楼上住人。

聚德堂斜对面，则是一栋三层木厝，木厝建在大溪边，是当年这一带起建最早的建筑。

"当时我爷爷是开店做生意的，就在这里，他当时开的是药店，我爷爷会医药。也卖布、锅这些百货之类的东西。"

库村人包达登如是说。

三层木厝 / 如果我们站在时间之外

溪边这座三层木厝的建筑样式，与传统泰顺民居有所不同，四周回廊，又是三层，我们在泰顺境内，只在司前叶山和碑排见过类似的三层木结构建筑。

包达登说是他爷爷在外头有样式仿来的。"那个时候建房子也没有打图纸的，反正他看到了，然后自己记下来，回来跟建房子的师傅说他要怎么样。用什么木料，用多大的，都是我爷爷主持。"

包达登的祖父包幹，行名国超，当年是例贡生，习武，这位武贡生头脑活络，他开店做生意，意味着经常要出门采办货物，温州、瑞安，走得多了，见识也广，他"有样式仿来的"这座三层厝共五榴，与库村的房子普遍面溪（朝东）不同，它正面朝里，有院子，有花坛，这样的格局，正有利于开门做生意，因为"朝里"，即朝着官道。

今人称它三层木厝，现在眼所见，也的确是三层，但包达登说，其实它应该算是四层，因为它的尾榴底下还有一层，里头有水碓、磨。磨盘都有稻桶那么大。磨麦，碓米，也榨油。

"水从大溪里的石坝引到涵洞这里，水冲下去带动水轮，靠水力推动石磨，旁边马上来罗（筛），出来就是面粉了。用来手工做面，当年粮管所的都在我家磨的。那时没机器，必须这样。"

这条流经库村古村落村前的大溪，前后曾经共有五座水碓，在没有电动设备的年代，这一带的村民磨麦、碓米、榨油，都需要靠水碓，所以相当长时间，经营水碓也是一种经济收入。

水碓生意由包达登的父母经营。

库村新仓的吴振模祖上则有好几代人专门从事这个行业，20世纪90年代初，一场大水，冲毁了他家在库尾漈头上方的磨坊，所有装备也都灭失，他们才停止了经营。

那场山洪还冲毁了附近潘垟村的"漈下桥【注】"，建于光绪六年的泰顺唯一一座三层编木拱廊桥。

【注】据《分疆录·建置·津梁》记载："漈下桥旧桥已毁，道光二十八年里人吴族倡建，上架屋十余间又坏于水。"其后，该桥于光绪六年重建，桥屋十六间，七十二柱，中央三间矗起为三层楼阁。惜毁于1990年8月特大台风洪灾。

同样在那场大水中，三层木厝也经历了危机："那次很危险，政府还拿高音喇叭呼救，请求大家一起来救救我这个房子。

因为房子外面靠溪的墙坎是空的，水进出跟外面相通，时间久了，木头柱子就有点烂掉，房子就有点底盘不扎实了。

那年，水都漫到膝盖这里了。

我们把一楼的木头地板都给撬掉，不然水再涨上来，会把整个房子给浮起来。

下面水碓隔墙的板壁也都拆掉，不然水冲过来，整个房子都会给推倒。

经过了这次的危险，后来也考虑到安全的问题，就把整个水碓的位置塞死了。"

彼时包达登的父母已经过世。包达登三兄弟，各有各的营生，加上20世纪中后期，碾米磨面的电力机器已经在农村普遍运用，所以水碓也就失去了其存在的价值，库村"门前坑"这一带的5座水碓，也相继退出了历史舞台。

而那大石磨和一些相关器具，包括包达登祖父包干例贡生时所立的旗杆石，也一并被碎石埋在了里面。

真正成了被封住的历史。

不知道未来会不会因某种契机而重见天日？

贴着房子右侧尾榴外面的这条水流就是包宅和吴宅"龙虎斗"汇合出来的水。

房子左侧原来墙外有一条老路，宽度就差不多能挑担稻草过来这样子，后来溪面上造了桥，把路改宽，包达登支持政府行为，把原来老的门楼拆掉变路基。"老门楼高大很多，左右前后都是三把柱，出飞的椽【注】，位置也在那边一点。现在这个是后来改小了，重新建的门楼。"包达登如是说。

【注】即飞檐椽：传统木构建筑营造时，为了增加屋檐挑出的深度，在原有圆形断面的檐椽的末端，并附着于檐椽之上，加钉一截方形断面的椽子，这段椽子称作"飞椽"。

三层木厝的故事还未完。

包达登的父亲包秉衡是包幹所生大儿子，包幹另有一个小儿子包秉钧。

和库村吴家吴先箴（大儿子吴时颂在家务农，小儿子吴植赓则离家去温州读书，后进入浙江陆军测绘局工作，曾在黎元洪任总统期间升补陆军二等测量长实官），以及包家包圣宙（包圣宙的大儿子包立德在家务农，小儿子包立瑞就读师范，民国期间是泰顺教育界相当有名气的人士）一样，包幹的大儿子包长衡在家务农，小儿子包秉钧外出求学。学成之后先后在温州永强、泰顺司前等地任教。

是这几家的大儿子不是读书的料，才在家务农吗？未必。或许与我国历史悠久的农耕传统有关。土地和种植，是人类安身立命的根本，这种古老的观念牢牢根植在人类，尤其是我国汉民族的脑海中，所以"耕读传家"，一定是"耕"在前，"读"在后。物质基础决定精神。有了物质基础，才能谈及精神层面的提升，才能考虑让子孙学有成，行有为，乃至行有大为，光宗耀祖。

至于这对于务农的大儿子来说，是不是一种"奉献"和"牺牲"，不好说。或许他们安然接受，将之视为"命运"，或许他们内心也有过委屈和不平，但在他们成长的年代，不劳动就挨饿，是现实问题。库村人吴时通在世的时候，就在口述中提及自己少年时，家里田多，也请了一个人帮忙，但9岁的时候，作为家里长子，他还是应父亲要求，辍学而去放牛。

他13岁时，他家族中一个堂叔回到库村，为他力争，他才有机会和他弟弟轮流"辍学"，轮流放牛。

包达登回忆往事，他这么说："我爷爷当时就是留大的儿子在家里，要种田，小的儿子就让他出去读书。房子是我爷爷手盖的，我爸出力。那时我爸还是当后生。"

而按民间规矩，这栋三层木厝，就算包达登的叔叔包秉钧当年没有出力，还是和他的大哥一样，各占这房子的一半。

包秉钧的儿子包达利，就在这个房子出生。那是1942年。

包达利如今在罗阳居住，我们拜访他，他回忆自己的过往，谈及自己6岁时跟着去温州永强当教师的父亲离开库村，不久又回到库村，20世纪50年代初期考进泰顺中学【注】，彼时他父亲在司前叶山任教，后来也在司前上地当老师。

【注】包达利所说泰顺中学，创建于1929年，前身为泰顺师范讲习所，历经泰顺瓯南公学和战时补习中学、泰顺县立简易师范学校、泰顺县初级中学、泰顺县第一中学等沿革。2009年12月由泰顺县第一中学更名为泰顺中学。

| 包达利的父母（受访者供图）

所以包达利和姐姐都有条件读书，而且他姐姐先顺利考入了瑞安高中。

"她比我早一年去，是1956年考上的，当时温州地区除了温州市区内有高中，周边县唯独瑞安有一所高中。我是1957年考上的，考试那天是我们的班主任，也是我们老家吴宅的吴立迥老师带队。他带队，带我们走路走到文成县城大峃考高中。当时甲、乙两个毕业班，好像有五六十人，结果考上高中的唯独是我一个人。"

| 包达利夫妇（受访者供图）

吴立迥老师即上文所提吴植赓老先生的儿子，吴植赓老先生在新中国成立前回到故乡库村，彼时五十几岁，在库村安然度过晚年，于1972年过世。吴立迥老师毕业于上海交通大学，毕业后分配到大连外轮公司，为三管轮。朝鲜战争爆发后，吴立迥牵挂在家乡的父母，辞职回到库村，曾在新仓小学当小学老师，后来被当地人举荐到泰顺一中任职，教数学，退休回到库村后，因彼时当地学校英语老师缺乏，曾义务代课数年。

"吴立炯老师住在学校，我也住校，我们有来往，不过那个时候我年纪也小，吴老师这个人也比较斯文，不太善于交际。私人来往比较少。"

吴立迥老师带队的几十名学生中，唯有这个小同乡包达利考上了瑞安高中，虽然他不善交际，内心也当为这个小同乡感到骄傲吧。

包达利老人的回忆中，还涉及故乡另一个人，梁祥丰老先生。

"为什么我俩有缘分？因为 1957 年我考高中，梁祥丰考大学，当时有一个邮递员住在我家楼上，那年暑假，梁祥丰经常会来看看有没有录取通知书，这样就认识了。"

梁祥丰是南浦溪潘山人，1938 年出生，少年时代在南浦溪就读，1952 年从泰顺初级中学（即前文提到的包达利所读泰顺中学，彼时校名"泰顺初级中学"）转学至温州中学，1957 年考入清华大学无线电电子学系，是新中国成立后考入著名学府的第一位泰顺学子，1963 年学成后分配到科委 824 部队（后为信息产业部 12 所）任技术员。1978 年，近 40 岁时又考取研究生，攻读激光技术，1981 年获工学硕士学位。1982 年至 1999 年，梁祥丰在电子工业出版社工作，历任副总编辑、副社长、社长等职，是一位有成就的泰顺人士。

相比而言，包达利的人生经历则要曲折些。因他的父亲曾经是国民党党员，回到库村之后，曾挂名担任过国民党伪区分部的委员，1958 年的"肃反"整风运动中，因为这个经历，被判定为"历史反革命"。

"那时任过伪区分部委员、三青团书记的都划属'历史反革命'，我父亲也就被戴上去这个帽子了。当时还是做最轻处理，开除教籍，就是回家劳动改造。他就回了。但是他种田也不会是吧？怪可怜的了，到生产队又吃亏。那个时候他也是靠工分吃饭的，所以遭了一点苦的，家务事都是依靠较灵光的母亲料理。"

当年，包达利的父亲被"处理"后，包达利的姐姐就休学了。

"我姐姐休学以后，找了一份工作，在当时的罗阳东门的一个棉综厂当会计，棉综厂后来改名为泰顺县日用制品厂。她说要支持我读书。

当时，就是我现在的姐夫，在银行工作，他一直追我姐姐，因为我姐姐人也比较漂亮，擅长音乐文娱，他一直追，后来给他追上了，他也答应要支持我读书。

所以我就没有休学，靠姐姐跟姐夫两个人经济上的支持，我继续去读瑞安的高中。

1961 年，正当国家困难时期，那年春假，我们到农家去劳动了以后，回到学校，学校就开一个上山下乡动员大会，说学校也要整顿，要下放一批学生。

我因为父亲的身份关系，也被下放了。我是 1961 年 4 月 9 日被下放的，本来应该是准备考大学的。我在瑞安中学读书成绩也不错，在班里是数一数二的。

结果就被下放了，失去了参加高考的机会。不用说，人生的道路就是这样子的急转弯了。"

　　从包达利老人的叙述中，我们了解到在他的人生经历中，在他的父亲遭难没办法支持他的学业的时候，是他的姐姐和姐夫义无反顾地支持他，当然我们不能断定她之所以答应了彼时那位追求她的男子，其中一个原因是他提出愿意在经济上支持他未来的小舅子（包达利说当年追求他姐姐的有好几位男士，可见她是一个很招人喜欢的、品貌俱佳的年轻女子，而他的姐夫董家宽在晚年写的回忆录《忆昔抚今话人生》中，回忆当年他在银行工作，有一年去新山乡，"看到一群女孩子在一起，说说笑笑，唱唱跳跳，其中一位身材高挑的姑娘，特别引人注目，我只觉得她是那样的美丽动人，天真活泼又稳重可爱，于是在我心中留下难以忘怀的印象"。那是1953年。文中的女孩子就是包达利的姐姐包美兰，彼时她才14岁，那以后，长达6年的时间，董家宽一直通过写信的方式表达自己的爱慕之情，而最终于1959年二人结为连理，夫妻同心，共同度过了55年的风雨人生。包美兰于2014年因病去世，董家宽先生仍健在，现年91岁），如果真是如此，在我们的这个社会，姐妹为兄弟做出"牺牲"，也是很普遍很正常的，女子们从出生开始，就从各方面接收到相关信息，即家中的男子是这个家最重要的成员，因为他们代表着家族的希望和未来。

| 包达利的姐姐和她的未婚夫（受访者供图）

温州江心屿影

但是她和她愿意与之结婚的男士的支持，抵抗不过大时代的风暴。3年后，离高考不到数月时间，包达利又"被迫"回到故乡库村。

　　为了生计，他后来跟随朋友去了福建学手艺，当篾匠，编箩筐，也曾经当过罗阳小学的代课老师。

　　他后悔自己当时没想到当老师以后的好处，就只想眼前。"梁祥丰曾经一直鼓励我参加高考，后来他也跟我说过，他说国家要发展的，需要人才的，你要争取机会当老师。"

　　但是彼时当老师工资不高（小学代课老师每个月27元），生活过不去，那么巧，当年曾经在新山乡当过书记，彼时也租住在包达利库村家的这三层木厝的林渊佐，彼时调任到二轻局工作，在他的介绍下，包达利去了司前竹编厂，从事工艺美术外贸出口工作。

竹编厂的工资为每个月 37 元，为了每个月多挣 10 元，放弃了教职，也等于放弃了日后转公办教师的机会。

如果我们站在时间之外评判，的确如他所说，他没有如曾经给他提出"忠告"的梁祥丰先生看得远。但彼时他已经成家（他的妻子，也是他的姐姐为他介绍的，泰顺算盘厂职工，一位朴实的女子），当了父亲，如何让这个家维持下去是当务之急，更何况在那样的环境下，真正能透过时间的迷雾，看到久远的微妙之光的人，少之又少。

梁祥丰先生是其中一个，所以他日后会有那样的成就。

包达利一家和母亲（受访者供图）

而包达利，走上了一条对于他来说比较务实的道路，他也还是幸运的，因为他实在是一个有知识、脑子灵活且实干的人，所以最终他也调到了二轻局，在二轻局退休。

他的父亲，1958 年之后就一直在库村，在三层木厝居住，"除了那几年当老师之外。他后半辈子过得不好，因为一直劳动。他晚年的时候，生产队也解散了，国家也没有给他生活费，因为他是'历史反革命'。我们子女当然要养他们的。"

20 世纪 70 年代末，国家出台了相关"平反"政策，包达利也向泰顺县委反映，1979 年他的父亲平反摘帽。

"真正平反的时候，他已经亡故了。他晚年患高血压，当时药物紧缺，他后来又中风，

1982 年 11 月去世，当时我正好出差去了上海，匆忙赶回家送葬，只能在坟前痛哭一场。"

"人生就像做戏一样。"这是他讲述完他的经历之后下的结论。在讲述的过程中，老人偶尔会有一点情绪上的波动，但看得出他是一个心境豁达之人，他的言辞，有着读书人特有的讲究，比如他提到父亲过世，他会说"亡故"，而不是泰顺老人惯常的"走"或"回去"这样的俗语。

好的是，包达利和妻子（后来也调到了泰顺县二轻局）退休后，各有自己稳定的退休保障，他的儿子和女儿也都各有自己的工作、自己的家庭。

"人生就像做戏"，祝愿包达利老人此后的人生，皆是好戏。

三层木厝的故事，也暂且告一段落，我们且把目光转到它右边的房子，那是一座七榴的大屋。

库村人包其宣是其中户主之一。

| 门口垟商铺的雕花柱头

七榴大屋 / 一个老母亲的痴心

包其宣是肇基始祖包全公第三十八代孙，也是清人包涵的长房第六代后人，因外翰第的房产分属包涵的长子和第五个儿子，所以包其宣的曾祖父国寄和他的弟弟国练就一起继承了外翰第的部分房产。当他们各自成家之后，外翰第不够居住，俩兄弟就合力在外翰第附近，靠着门口垟官道路边，新造了一栋三榴的房子（包其宣推测也有可能是俩兄弟的父亲，即包涵长子所建，包涵长子载璋，"同治丁卯授例入监"，也有功名，手上应该有积累）。现在分属国纪和国练的后人。

又过了多少年，后代又陆续出生，房子又不够住，包其宣的曾祖父国纪便独自在房子的对面，

159

即官道的另一侧，三层木厝旁边，又盖了一栋七榴的房子。

这七榴房子，分属于包其宣的祖父辈三兄弟。

包其宣推测也有可能是他爷爷辈三兄弟合盖。

这七榴房子的建筑风格，和库村建于清朝的多栋老民居大不相同。建于清朝的民居如食德堂、外翰第、恒德堂、澍德堂、衣德堂、武德堂、山根厝、上厝、下厝、五榴厝等，都有自己的院子、门楼，而官道旁这栋房子，因为直面官道而建，不仅没有院子和门楼，民居特有的敞开式大厅，也变成了封闭式。但大厅两侧沿街的门，又是活动的、开放式的，拿掉之后，屋内和屋外就是相通的。

原因很简单，房子在官道旁边，建的时候就考虑到商住两用。

也正是这座房子，门楣上挂着"千秋"二字。牌匾所在的位置比它所对着的外翰第门口的节孝牌坊的"圣旨"要低，而且自从节孝牌坊的原址在 20 世纪被新建的供销社"占用"了部分之后，重建的节孝坊位置发生了偏移，所以它俩现在不再正对，而是相应发生了偏移。

正是那天与包其宣站在这千秋匾额下，听他讲述他的祖先以及他祖先们在不同年代所盖的这些房子的过程中，我们发现这"千秋"的最初所处的位置，不应该是这栋楼的这个位置。

因为"千秋"的"出世"是在包涵的年代，而这栋房子的建造时间则迟了起码数十年。

所以在长长的不为现世人知的时光中，它一定是有过变动的。至于它是怎么被移动的，它最初是被安放于何处，我们曾在本书前章中有过推测，但也仅是推测，不能下定论。

也是在那天的采访中，我们了解到，"文革"时，"积极分子"把节孝坊拆掉，却因为各种忌讳，无人将拆下的石条拿回家，所以那些构件就一直散乱地放在地上，包括那块圣旨牌。

"那块圣旨就被放到（外翰第）门口，有一天有人给我报了，他说有个人在上面打听这块石头。我听了后，意识到这东西被人盯上了，马上过去，把它抬到里面一个房间放起来。

后来又抬到我自己的新房子的楼梯下面藏起来。

万一被偷的话：这个就没法再造的，不管它是几千几万，这个东西要重新搞，搞不起来。搞起来也是没有价值的。"

包其宣如是说。后来，也正是有这块被"藏起来"的圣旨牌，节孝牌坊也才有重建的可能和意义。

而世英门左右两侧的上马石、下马石原物于 2014 年失窃，石凳也在 2016 年时被盗，成了永远的遗憾。

这七榴房子，除了更换过一些腐朽木条之外，基本保持原样，但原来住在里面的人，包括包其宣，都陆续搬了出去，如今只剩下一个老奶奶。

她是与包其宣同辈分的老人家，年轻的时候嫁给包其宣的堂兄弟包其斌（他俩爷爷辈为亲兄弟），这六榴房子的其中一榴，就是她的新家，她嫁来库村之后，一直住在这儿，总有半个多世纪了。这半个多世纪中，她经历了自己丈夫的亡故，她的儿子和库村大多数村民一样，出于交通及卫生等各方面便利的考虑，在外面分别盖了统一风格的砖混榴房，陆续迁居。

她大儿子的新房子装修得很好，想把老人接去住，也方便照顾。"但是她觉得她还有个小儿子，在外面工作，她觉得她住这里，小儿子回来过年的时候，还有这房子住。这老房子等于他自己的房子，是他自己的家，而不是哥哥的家。

如果她住大儿子那边，她小儿子回来就得去他兄弟家住。

她有她的想法的。"

包其宣这么解释她执意留在这空荡荡的老房子的原因。

那天正巧老人不在，按农村习惯，门虚掩着，并未上锁，包其宣很自然地推开门，带我们进屋绕了一圈。大厅的屋梁上有当年新做的燕窝，可见燕子还是年年来。

里面属于老人的那间与大厅相通，相当整洁，还有个卫生间，还装了一个水龙头，方便老人独居。

临溪一个小小观景台，原来有个台阶可以下到溪里，现在为了安全起见，围着木栅栏。木栅栏内放着一把椅子，包其宣说老人喜欢看溪里的红鲤鱼。

看溪流中的红鲤鱼，或者更远一些的山景，以及溪对面走动的人、行过的

| 门口垟民居内景

车……

一日日，旧年将尽，她那个在外面工作的儿子，即将回到库村，即将在自己出生长大的老屋，和自己的母亲一起迎接新年。

这是一个老母亲的痴心。

宝龄堂 / 世代从医的家族

门口垟顺着溪边向西，有一座醒目的三层建筑，四围均为夯土墙，屋顶为悬山顶，建于20世纪30年代。

现在虽也无人居住，却时常有老人回来，开门通风，给屋前的花草浇水，剪枝，所以状况良好。

这座夯土结构的"泥墙屋"的底楼曾经开过药店，至今屋子里面仍留存有"宝龄堂"字号的家具和器物。"宝龄堂"和上文的"聚德堂"一样，都是商铺的堂号，而非库村"食德堂""衣德堂"等，与房子有关。

"宝龄堂"堂号，我们推测清末就已存在，因房屋的原主人包长泗的父亲包宗训就经营药店，《库村包氏宗谱》有相关记载：

公出身书香门第，同窗多库生，但弱冠弃儒经营药业，继承胸怀治病救人之父志。

包宗训的父亲包焕林是名医，据《库村包氏宗谱》所记，焕琳"读书之暇，留心岐黄"。"宣统间，省札饬查名医，当事以公对，非过誉也"，可见其时他的医技已有盛名。

宗谱同时还记录了焕琳的行医事迹，"病家求医，无远退，必趋诊视。所最难者，丁未戊申，乡中瘟疫流行，病者十七八，粪液淋漓，公不避臭秽，冒险诊治，活人无算。然节操廉，虽起死回生，从不索谢。"

这位老先生不仅"博通经史，能文章，弱冠知名"，而且"襟怀磊落，有才干"，曾在"本镇自治成立，被选为议事会议长"，同时还热心公共事务，平匪党，修宗谱，办学……

| 包融春的手抄验方（包晓阳供图）

162

至于名医焕林的儿子包宗训为何不跟父亲学习如何治病救人，而只经营药业，不得而知。不过他和他的父亲一样，都心怀仁慈，宗谱记载有村人欠钱无力偿还，欲卖牛，他反而劝其"缓偿，一年之计在于春，免违农时"。

彼时库村一带，除了焕琳，先后还有包幹等行医者，虽非科班出身，却各怀"绝技"，此外，宗训的同族堂兄弟包融春后来也加入了行医行列。

| 宝龄堂使用过的中药捣臼

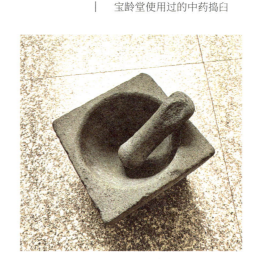

包融春生于 1906 年，1990 年过世，享年 85 岁，是四兄弟（哥哥包际春的故事，参看本书前章）中唯一度过相对平顺人生且享高寿之人。他的孙子包晓阳回忆自己的祖父当年是自学中医，擅长治麻疹，当年麻疹流行的时候，救了很多人，也记录了很多有关医药的笔记，泰顺县卫生局曾经出过一本《泰顺老中医临床经验汇编》，就有收入他的中医治疗经验资料。

或许正因彼时库村不缺医，所以宗训将精力放在了经营药业上？

| 包文修妻子吴碎娟在宝龄堂屋前（受访者供图）

宝龄堂最早开在门口垟七板桥附近。现年 79 岁的包文修回忆当年祖父包宗训也住在那里，并在那里过世。

（门口垟包氏小宗祠的旁边，有一段数十米长的石街，两侧房屋沿街而建，风格相近，是商住两用的设计。直街与世英门前的横街交会，结合处便是"七板桥"，包文修老人所说门口垟的房子，就在七板桥的另一端，一株古柏树下。房子和其他房子相接。）

包宗训的长子包长泗继承了父亲的"医药事业"，幼子包长沛则从事教育，后来分家，门口垟的房子归包长沛老师。溪边的"泥墙屋"

归包长泗，所以宝龄堂也跟着移到了这座房子。

"造泥墙屋的时候，我妈妈已经嫁过来了，她说她还养猪攒钱，帮忙把泥墙屋盖起来。后来分家，就把泥墙屋分给我们。"

所以这座泥墙屋虽然有三榴，但是它的底层，和普通民居不同，没有隔墙，当年就是为了方便当店铺使用。

包文修在这溪边的泥墙屋出生，也在那里结婚。

"我小时候有印象，药店开在一楼，当时都是中药，没有西药。我父亲和我爷爷一样，只管药，不管医。他不给人看病。别人拿医生开的处方去我们那边抓药，我父亲就是负责抓药。"

就算不给人看病，药抓多了，药理肯定都懂。

包文修回忆那些药要去"进"。

"我小的时候也跟过我爸爸去进药，去温州，要先走路，走到东湾坑，坐船到瑞安，再坐车去温州。要去好几天才回得来。东西还要挑，那时候都是挑的。"

新中国成立后，根据相关政策，公私合营，宝龄堂药店停开，包长泗在政府安排下去了筱村卫生院工作。他的堂叔包融春也去了同一所卫生院，两人成了同事。后来也都在那儿退休了。

少年包文修则和妈妈留在库村。包文修在库村念完小学，去筱村念初中。初中毕业，没考上高中，就回到库村，下地干活当农民。

当农民之余，包文修也镶牙。

"我跟师傅学镶牙，还有补牙，初中毕业就去学了，也在生产队劳动，农活也要干，没干就分不到粮食的。

周围的人知道我会镶牙，会到我家里来，有时候我也出去。农闲的时候，我就挑着担子，一个个村走过，一个村住几天，人家知道有师傅要来镶牙了，他们会过来。

那时候镶牙，最贵的要一块钱，也有收几毛钱的。"

镶牙的材料是自己买，那时候泥墙屋的一楼不开药店了，但镶牙是可以的，所以那儿就做了镶牙的场所。

到了1979年，包长泗退休，包文修顶替父亲进了医院。他的两个哥哥包文谟和包文烈，一个是温州医学院的毕业生，在雅阳当医生；一个则和父亲包长泗一起在筱村当医生。

所以说起来，包文修一家，都是医生。

外一章

[乡风里俗 · 乡医与药草]

生活秩序的修复者

它们本是野物

墙根、水边乃至石头路的缝隙

都有它们勃勃的身姿

那是造物的奇迹

大自然的馈赠——

中国农村向来是一个自给自足的、带有一定封闭性的小社会，吃的、穿的、用的，一般都通过自己的劳作解决，自己搞不定的，比如建造房屋，制作家具、日用器物等，则通过"邀请"相关匠人"上门服务"的方式解决。但唯有生病这件事情，因为它的突发性和日常性，需要就近有相关懂医的人士以及相关的常备及易得的药物，以供不时之需。

　　在我们做田野调查的过程中，发现库村有很多从事医疗职业的人士，他们有的在县内县外异地工作，也有长时间在当地从医的如包融春、他的孙子包晓阳等。还有许多都懂点医术，业余为人医治的，如包达利说自己的父亲包秉钧从小跟着祖父学医，擅长针灸，在司前、百丈这一带很有名气，治疗过好多人。

　　"后来他还把这些，譬如防感冒这些知识也传授给我。但是针灸我就没学。"

　　包达利提到库村包超庸老师，也懂医药，擅长医治跌打损伤。包超庸老师的儿子包达品老师提到包超庸老师曾在87岁的时候编写过一本健康小册子《祝您健康长寿》，收录了自己数十年积累的草药验方，主要治疗鼻炎、外伤出血、烫伤、抽筋等日常病症，自费打印了200本送给当地村民和退休教师协会。小册子的后记中，包超庸老师提及自己50多年来替人

| 檵木花

接骨疗伤不下百人，但因各人情况不同，所施手法也不同，所以无法介绍。

除了相对专业的民间医生，库村普通人也多多少少具备一些医学上的常识，我们走访吴宅一位老人时，她正在煮柴火饭，木头做的饭锅盖上放着一把绿色的植物，她说这叫"地圆"，孙子感冒了，她去采了一把，放锅盖上蒸一下，用来擦（额头），发散风寒。

有一天我们路过门口垟，看到一户人家门口晒着各种植物，一问，说都是有各种医疗作用的草药。主人颇自豪地颇娴熟地介绍它们各自的名字以及用途，他并非专业医生，却对草药颇有"研究"，邻近的村人，日常小病，都还愿意找他来"取"点相关草药。

库村人吴振辉则开有自己的草药店。他说他的父亲以前在门口垟那儿也有一家草药店，后来老房子拆掉了。他父亲也已经过世。

我们进他的草药店时，他正在喝自己采自己煎的草药，黑乎乎的，说是治咳嗽的。

"现在一般找草药的，都是一些风湿、头痛、腹泻之类。你看这个就是我自己吃的草药，有很多种草药，主要是桑叶。

桑叶一般来说八九月采的比较好，现在还是嫩的，药效比较小。

草药一般都是用晒干的，比较有效，如果用生的就要加大分量。"

见我们感兴趣，多问，他也愿意多说一些：

"治偏头痛，太阳穴这里痛，我一般用菊花根和铁扫帚，主要是祛风、清凉、解毒。偏头痛主要是风，风热。

如果夏天天气热，'日头气'（中暑）、痧气之类的，单方可以用六月雪，如果还食欲不好，全身无力，就要好几种药配伍合起来用。

| 百合

如果热天感冒，那就要用墙络藤，红的圆叶的那种，还有牛毛草、紫苏、苏花。

我们农村平常吃鸡、鸭、兔子之类的，都喜欢放一些散风利湿的药，比如说白墙络，是祛湿的。还有牛奶珠，要小号的，像爬藤一样的，骨比较软，药效会好一点。
也有人会用马兰头，是去水湿的。
水边的遍地锦、地儿娘、坑仙。番苋的根，红番苋……"

吴振辉边说边开抽屉翻找，说他有一些笔记存起来的，自己年纪大，记忆力也变差了。他又说现在附近村里的民间医生，年纪较大的老一辈都没有了，新仓的吴振模会懂一些。
"他也老了，70多岁了。草药和中药都会。"

吴振模家住在库村新仓的公路边，前文提到漈头的水碓，就是他家几代人的"传承"。

"在漈头水口那边原来有座水碓，有个油坊，是我祖先的，后来我父亲（吴惟鹊）在做，我自己也做，我也做了二十几年了。
榨油这些事情工艺我都懂的。
1990年的那次大洪水冲掉，设备器具全部都没有了，后来也没有恢复起来。那个时候，这些土的老的东西也没什么人用，后来茶籽也没什么人采了。加工也都用机器了。"

| 80年代吴维鹊药店的证照

吴振模说自己的父亲当年也会医药，是草药医，主要治肝肾。他自己年轻的时候，曾经跟一个表叔学习做道士，15岁时，一个手指头受伤了，不能掐指捏诀了，就做不了道士。
"我就想，我这个情况靠劳动是混不到饭吃的。想想就拿了一些药书来看，包宅有一个叫达干的，他的父亲（包慕融，大霞后人）中医技术蛮好的，跟我爸也是挺要好的，我叫他阿哥，把脉这些，我是跟他学的。
医学这个东西，它也要讲天干地支，很深奥，我也是靠自己硬钻出来的，医书我是真的看了挺多，也挺艰难。我文化也不高，就小学毕业，那个时候正好'文化大革命'，就辍学没得读了。
后来慢慢地，我就去山上采集一些草药，学着在农村开方治病。1998年的时候开了药店。

1999年冬天，一个相识的平阳人介绍村里一个亲戚，肾病，很严重了，被温州医学院退回家。后来我就去了，一看，确实，整个人肿胀，像四大金刚一样。我去待了一个星期，那个老人吃了两个月左右的药，被我治好了，后来有人鼓动我搬到那边去，前后住了十几年，在平阳晓坑。

　　在当地是很红的。

　　后来我又去温州待了几年，温州治安比较乱，配药进货又得去苍南，觉得不踏实。再一次搬到平阳水头，待了几年。

　　回到库村，是十多年前。一直都有一些业务的。现在基本用中药。

　　中药其实也是从草药里出来的，以前我治肝肾病、外科疮毒这些一定要用草药，现在不行了，自己没法上山采药，太荒芜了。

　　草药在民间老百姓也还有遗传的，会市或者平时菜市场门口都有卖草药的。

　　其实我们汉族人对传统的草药利用不如少数民族，他们大多住在山里，比如我们黄山那里，偏僻，医疗不便，很多毛病都得自己想办法，所以他们比我们更了解草药的特性。"

　　吴振模很有谈兴，思路也相当清晰，提到各种草药的名称及其相对应的疗效，如数家珍，这里我们根据录音摘录部分吴振模提到的中草药，以供感兴趣者阅读及参考：

|　库村会市草药摊位上的各种草药

如果勤快，感冒这些小毛病很容易的，你去拔点墙络藤，尖叶或圆叶的，咳嗽的加葡叶桃根，或者山毛风，煎好汤，放点手工面（本地的"索面"）煮一下，吃了，发散一下就好。

手工面带有补气作用。

肾是先天之本，不管治风湿什么的，都要护肾，要加些杜仲、牛膝。

草药你要懂它的特性，也要对症，用得好就很有效的。

比如白胭脂治冷瘼（一种皮肤病），冷瘼发白色的，用白胭脂，红色的用红色的。

益母草大多是红花的。白花的偏凉性，活血；红花的燥一点，热性。很多草药都有红白的不同，比如夏枯草、紫茉莉等。白色的温和一点。

一般叶子馋刀嘴的比较尖的药性都比较凶。要小心使用，少用。比如白的金交剪。

"是药三分毒。"

《黄帝内经》说"大毒治病，十去其六；常毒治病，十去其七；小毒治病，十去其八；无毒治病，十去其九"，有毒性的、性烈的，比如细辛大风寒，大水肿才用。

中药用的细辛是北细辛；我们南方的是南细辛，土名马蹄香。药物的地方差异也是很不同的，所以有"道地药材"的说法。北细辛一钱值三钱，这就是区别。

民间进补要防止风寒风湿被补药蒙蔽住，草药加点白苏博、山鸡椒。中药就只要防风、牛膝，别的都不要。

暑天祛水湿的就很多了，草药中药都可以。中药是藿香正气散，藿香、佩兰、香薷，等等，或者加六一散，就是滑石和甘草。

草药就是地圆、老鸦碗、遍地锦，还有坑仙（溪涧间的菖蒲）。坑仙是味好药，可以醒脑，开窍。比如摔伤了昏厥，一定缺不了这个，可以全草用。比坑仙大号的且相似的叫荜拨，

| 库村会市药摊上的生鲜草药

如果胃寒胃痛咯酸的，也很有疗效。

值得一提的是，我们为库村孩子举办的研学活动中，有一期主题为"认识药草"，当我们展示所采集的药草，或者带领它们"漫游"库村巷弄时，发现很多孩子不仅能说出其中一些药草的名字，还知道他们的功能，因为他们的祖父母或父母，会在不同的季节泡一些相应的药草当茶饮，用以家常解暑、清凉、散热、发汗……他们也会有意无意地指点孩子认识这些药草，因为它们本是野物，墙根、水边乃至石头路的缝隙，都有它们勃勃的身姿，那是大自然的馈赠、造物的奇迹。在人类还没办法通过科技手段生产合成药品的年代，数千年来，是它们的存在，治愈了人类各种病痛。

所以吴振模虽然在谈话中提到自己的后代没有人学中医，他自己摸索几十年所获得以及所总结的一些临床经验和验方秘方"传之无人"，但毕竟是传统中医药文化浸淫了几千年的国人，或许有一天，会有有缘者血脉觉醒，找上门来，拜师学"艺"，将他的临床经验和验方秘方传诸后世，也未可知。

外一章

［乡风里俗·方言之美］

秋谷裕幸与库村乡音

秋谷裕幸在 E—mail 最后写道

新山方言是一个很特殊的吴语方言

跟周围的方言都不太一样

具有很高的研究价值

但至今还没有较详细的调查报告

偶然的机会看到这位名秋谷裕幸先生所写文章《浙江泰顺县新山【注】方言的音韵特点及其归属》，他在文前写道：

　　浙江省泰顺县除了通行"蛮讲"（一种闽东方言）和吴语处衢方言以外，还通行归属还不太清楚的一种吴语方言。《泰顺县志·方言》管它称作"莒江话"，分布于泰顺县东北部的莒江、新浦、包蝉等地，使用人口5万左右。《泰顺县志·方言》认为属于温州片（瓯江片）。除了《泰顺县志·方言》中很简单的介绍以外，到目前为止还没有这一吴语方言的材料。

　　2002年8—9月笔者曾有机会较为详细地调查泰顺县新山方言。新山方言也是一种"莒江话"。

　　主要发音人是：

　　包国整，男，1931年生（2002年第一次调查时70岁），世代居住在新浦乡（原新山乡的范围）。小学文化水平。一直在本地务农。说地道的新山方言，不会说别的方言。

　　包国新，男，1944年生（2002年第一次调查时58岁），世代居住在新浦乡（原新山乡的范围），初中文化水平。一直在本地务农。说地道的新山方

| 2003年秋谷裕幸第二次来库村时拍摄（秋谷裕幸供图）

言，还会说文成话（属吴语瓯江片）和普通话。

【注】现南浦溪镇所辖的库村村（包宅、蒲垟、黄山、陈山、吴宅）、新仓村（新仓、潘垟新村）、双坑村（桥头溪、白牛坑）和新兴村（乌石、后坪）一带，1952 年至 1958 年属新山乡，后新山乡行政区划及名称历经新山生产大队（百丈公社）、新山管理区（筱村公社）、新山公社等变化。1984 年 5 月复改为新山乡。1992 年 5 月改为新浦乡。

一位日本学者研究中国方言，这件事情本身引起了我们的极大兴趣，这几年我们在库村做田野调查的时候，遇到当地年岁大的老人，需要通过方言沟通的，就由搭档，泰顺籍人士翁彧先生出马，而他在整理录音的时候，经常会比较这里（俗称"莒江话"）和他的老家翁山一带方言在语调和发音上的细微不同。这些不同令我们这些对泰顺方言不敏感的外地人感受到泰顺方言的复杂性和丰富性，但是在这位日本学者的文章出来之前，就我们所知，我国并未有相关语言专家注意到并且专文论述莒江话的独特性和音韵特点。

我们"追查"秋谷裕幸的经历，发现他是一位汉语方言学专家，长期从事闽语和吴语的调查研究。研究领域包括闽语音韵史和词汇史、吴语音韵史和词汇史、音韵史研究方法论，能说流利的汉语，能熟练地用中文撰写研究论文和专著。这些，都为当年，即 2002 年他来泰顺调查和研究当地方言提供了有利的条件。

我们打听他文章中提到的两位发音人包国整和包国新，了解到包国整已过世，包国新则健康情况不佳，他们的家人对二十几年前的事情也不甚清楚。其时在岗，现已退休的几位乡干部，也都表示"有听说这样一件事，但不是很清楚"。正当事情陷入僵局时，时任新仓村书记，现已退休的吴惟国提供了一个线索，他通过走访，打听到彼时另有一个人参与这件事情。

这个人便是吴振才。在库村包国岳书记的帮助下，我们与吴振才见面，从他那儿了解到彼时情况：
"他是先到乡政府，政府电话打来（彼时吴振才任新仓村副书记），我就去他住的招待所。他问我家在哪里，我就把他带到我的家，以后的工作就在我家里进行。"

吴振才说秋谷裕幸来新山乡之前，先去了莒江，但是彼时莒江一带因为建水库，村落淹没于水底，村人也都已经移居，所以才"问"到这里。

"当时我 40 来岁，他 38 岁左右。（吴振才记忆很好，秋谷裕幸先生出生于 1963 年，算

177

时间的确是 38 岁。）

那时他也还年轻的，他是一个人来的。

他对我们的莒江话，有一点懂，但是讲不来，他就是根据我们说的方言，把音标出来。"

吴振才说秋谷裕幸第一次来大约待了二十几天，那二十几天，他们四个人：秋谷裕幸、包国整、包国新、吴振才，是全部到场，工作地点即吴振才家，工作时间为每天早上 8 点到 11 点，下午 1 点到 4 点半，四个人围着一张桌子坐着，秋谷裕幸先用普通话说出一个词或一个句子，

包国整和包国新就各自用方言发音（秋谷裕幸之所以找包国整和包国新，不是随意的选择，按彼时包国整 70 岁，世代居住于新浦乡，他自己本人在新浦乡务农，意味着他能说地道的方言；包国新彼时 58 岁，同时还会说属吴语瓯江片的文成话和普通话，意味着他的方言有可能会受到其他语言的"影响"而产生发音上的细微变化），在这个过程中，因为包国整和包国新的普通话不是很好，有时会出现沟通不流畅的情况，就需要吴振才担当双边翻译这个角色，这也是秋谷裕幸的文章中，方言发音人未提及

包宅路旁的断残石条。不知"虋毛"二字库村方言怎么表述？

吴振才的原因。而这，是我们通过 E—mail 与秋谷裕幸建立联系之后，秋谷裕幸告知我们的："包国整和包国新两位都是非常优秀的发音合作人，但他们普通话说得不一定很好，此时吴振才先生当翻译。"并提到他第一次去莒江，是一位温州师范学院的老师帮忙联系。

秋谷裕幸所涉及的新山方言涵盖了方方面面，有日常用品，日常用语，农耕劳作器具、流程等；有名词，有动词，"连男女交往他都问，那是叫到楼上去，单独问的。"可见这位语言学家的严谨。在他们工作期间，平常爱串门的邻居们也都少来，因为秋谷裕幸有要求，工作期间不能被打扰。

我们猜测彼时他一定会录音，吴振才确认了我们的猜测，他说秋谷裕幸晚上在招待所会重复听录音，一些复杂的或他觉得有疑惑的发音，次日会要求发音人再发一次或数次。

当然，这二十几天的工作，这三位当地人不是"无偿提供服务"的，他们的"工资"是每天 50 元，

178

按 2006 年一个泥水工师傅一天的工资才 30 元，他们（2002 年）的收入相当高了，乃至陪同吴振才接受我们采访的包国岳书记表示不相信。不过吴振才坚持 50 元这个说法。

而彼时秋谷裕幸所住招待所的费用，吴振才和包国岳的说法是，大约每天 5 元（据秋谷裕幸回忆，当时所住的旅社一天房费 20 块钱）。

这样过了二十几天，秋谷裕幸的第一次调查告一个段落，过了两三个月，他又来到新山乡，这次待的时间不长，十来天。是在他第一次调查的基础上，对他所获得的新山方言的补充、修正或确认。

第二次调查，据吴振才回忆，秋谷裕幸就没有通过政府相关人员，而是直接找到他家。说到这儿，吴振才又回忆起秋谷裕幸第一次来期间，大约十几天之后，筱村镇（彼时新山乡属于筱村镇）来了派出所的工作人员，对秋谷裕幸提了几个问题，查看了他的证件（据秋谷裕幸回忆，警察来找他的时间是 2002 年 9 月 3 日）。可见消息还是慢慢传开了，毕竟当时一个外国人来中国农村，不是那么寻常的事，不过在当地算没有引起巨大的反应，因为一个跟中国人肤色相同、样貌相似的日本人，又会说流利的普通话，不像白皮肤蓝眼睛的西方人那么惹人注目。

| 吴振才等人为秋谷裕幸饯行（秋谷裕幸供图）

第二次调查完成，意味着工作的结束。吴振才说秋谷裕幸临行前那个晚上，他还备了些菜，为秋谷裕幸饯行，其中一道羊肉（加草药炖）获得秋谷裕幸先生的大力称赞，说他以前从来没有吃过这种烧法的羊肉。

"我还准备了白酒、红酒、啤酒，他选择了红酒。"吴振才说。红酒即泰顺传统家酿红曲米酒，酒体芳醇。按泰顺民间饮用习惯，红酒通常是热了喝，吴振才也是这么操作的，他回忆秋谷裕幸酒量不是很好，但那天喝得挺开心。工作的时候，他也抽烟，也喝茶，喝泰顺绿茶。

"那以后就再也没有见面了。"吴振才又补充了一句："我还问过能不能介绍我去日本打工，他说日本工作不好找。"

他这么一说，我们都觉得有意思，感觉吴振才不过随口一说，"开个玩笑"，但秋谷裕幸当真了，也认真回答，真的是一个实实在在的日本学者，按吴振才的说法，是一个"斯文"的日本学者。

和吴振才交谈之后，我们找到秋谷裕幸的E—mail，尝试与他联系，当天就收到他的回复，信中他回忆自己当时住在旅社四楼，"饭好像主要是在外面吃的。馒头、面包或面条之类的东西。一碗面只需要三块钱。

馒头四个一块钱。肉包两个一块钱。每天早上一般吃馒头或肉包。

偶尔跟别的旅客一起在旅馆内吃。"

彼时，2002年，来新山乡的旅客多为政府或单位办事人员，也有做小生意的，游客几乎没有，秋谷裕幸这位对中国方言感兴趣的日本学者，数十年来间断性在中国福建农村和关中、吕梁一带做了无数次田野调查，彼时农村交通条件差，农村的卫生条件差，吃、住条件亦差，但他似乎并不以此为苦，他自有他作为一个中国方言研究学者的乐趣和收获："当时新山常停电，旅馆的房间里喜子（蜘蛛的一种），一停电会出来很多。"

秋谷裕幸在信中还提到"泰顺城关至新山沿路的风景很美，至今印象还很深刻"。

并回忆起他调查期间，木偶戏团来新山演出两三天，"发音人也去看了。规模还很大，而且整天演戏，傍晚演员的嗓子有点哑了。"

木偶戏来新山演出这件事，吴振才并未提及，因为这件事情对本地人来说，并不是什么太"奇特"的事情，但对于秋谷裕幸，木偶戏团这个"异国"的传统民间活动的独特和意趣，想必给他带来一定的心理和视觉冲击。而以他一个语言学者的敏感，他会注意到"傍晚演员的嗓子有点哑了。"并且在二十几年之后，还在记忆中留存着这么鲜明的印象。

秋谷裕幸的相关文章《浙江泰顺县新山方言的音韵特点及其归属》发表在《吴语研究——第三届国际吴语方言学术研讨会论文集》（上海市语文学会、香港中国语文文学会合编，上海教育出版社2005年4月）

此外，商务印书馆出版的曹志耘主编2008年《汉语方言地图集》中，泰顺方言由秋谷裕幸负责调查，该书中的泰顺吴语即新山方言。

因本书并非语言学论著，作者也非语言学专家，关于新山方言所涉及的专业知识，这里就不展开了，感兴趣的专家或民间人士可以参阅秋谷裕幸所提及的这两本书。

秋谷裕幸在 E—mail 最后写道："新山方言是一个很特殊的吴语方言，跟周围的方言都不太一样，具有很高的研究价值，但至今为止还没有较为详细的调查报告。我主要研究闽语，所以这20 年间几乎没有机会去浙江调查了。"

新山方言这个研究领域的空白，留待相关专业人士或民间感兴趣的人士去填写。

据村民说吴宅戏台原是仿莒江的一个戏台造的，但是规格比莒江的戏台要正，台上演员迈方步，恰恰好。现在也时常表演提线木偶戏（包国福供图）

又：我们向秋谷裕幸先生确认他在新山的调查时间，他回复说他来新山并非两次，而是三次（人的记忆很有意思，会自动进行"篡改"和删除，才有了吴振才的"两次"之误），并发来了具体时间：

第一次调查，2002 年 8 月 31 日—2002 年 9 月 11 日（12 日间）

第二次调查，2003 年 3 月 18 日—2003 年 3 月 22 日（5 日间）

第三次调查，2003 年 9 月 6 日—2003 年 9 月 7 日（2 日间）

调查时间上午 8 点至 11 点，下午 2 点半至 4 点半。

包国整是基督教徒，周日要去礼拜，所以，周日不能调查，休息一天。

【注】秋谷裕幸（日语：秋谷 裕幸 / あきたに ひろゆき Akitani Hiroyuki，1963 年出生），日本神奈川县人，早稻田大学文学硕士，神户市外国语大学文学博士，是汉语方言学专家，现任爱媛大学法文学部人文社会学科教授。

秋谷裕幸主要著作有《吴语处衢方言研究》（2000 年，合著）、《吴语江山广丰方言研究》（2001 年）、《吴语处衢方言（西北片）古音构拟》（2003 年）、《浙南的闽东区方言》（2005 年）、《闽北区三县市方言研究》（2008 年）、《闽东区福宁片四县市方言音韵研究》（2010 年）、《闽东区古田方言音韵研究》（2012 年，合著）、《吴语婺州方言研究》（2016 年，合著）等。

第九章

[口述实录·陈美玉]

乐天知命，陶陶自洽

时代与身世

嫁为人妇

忙里忙外的日子

用自己的方式享受"独居"生活

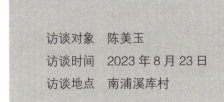

访谈对象　陈美玉
访谈时间　2023 年 8 月 23 日
访谈地点　南浦溪库村

口述者简介：陈美玉，生于 1931 年，桥头溪人，19 岁嫁到库村包宅，丈夫包国忠，恒德堂户主之一。

本口述由采访者与陈美玉老人的谈话录音整理而得。文本以口述者自述的形式呈现，基本保留老人使用莒江话方言讲述的口语习惯，必要时通过括号内文字、加注、插叙以及附图的文字说明等方式作补充描述。

写在前面

库村古村落通往新仓（南浦溪新仓村）的浅坡上，有一栋二层五榴砖混房，房前摆放着的各种花盆，盆里种着各种花，有时候我们从门前经过，会看到一个老人家拿着扫帚打扫房前落叶，或摘除开蔫了的花。每逢遇见，她总是笑眯眯的，一脸慈爱，是一个让人从心底里喜欢的老人。

有时候经过，房门却又紧锁着。

老人身体硬朗，但年岁总归大了，有时候在，有时候不在，这种情况令人好奇，直到我们联系她的家人，有过交谈，才知道原来她已 93 岁高龄，喜欢独自生活，每年 2 月到 10 月要自己来这儿煮饭吃。上午来，晚饭后再回到不远处的儿子家过夜。

每年 10 月到次年 2 月，山区天冷，她就不来了，安心在儿子家过冬。

儿子是她所生的第三个儿子。老人共生育了七个儿子，每个月每人孝敬她 200 块钱，加上政府所发的生活费，老人手头是"宽裕"的，可以买自己喜欢的吃食，集市上看到中意的新衣服，也会买几件。

她住在三儿子家时也坚持要付"生活费"，家里小辈有喜事，她也要送红包……

这个阿太，年轻时还是村里的"十英雄"之一，而她的妈妈，当年曾以"十年嫁"的方式，从新仓去往桥头溪，做了一个杀猪老司十年限期的妻子，她就是她妈妈在那种情况下所生的长女。10 岁时，妈妈离开她，回到自己的"前夫"家，她就开始学煮饭，操持家务。

她说自己"命好"。

我娘家姓陈的，在桥头溪【注】。我叫陈美玉，今年93岁。

【注】桥头溪村现属南浦溪镇。高山小峡谷地貌，村落房屋沿溪流两侧依山而建。村中有建于民国年间的木平廊桥——包坑桥。

时代与身世

我桥头溪的阿爸三兄弟，阿公（方言，即祖父）死得早，大家一起过的。伯爷（即伯父）和三叔在家里种地，他俩都成家了，我爸东走西走的，年纪也大了，就把成家的事耽搁了，40多岁还未讨亲。

我爸是个活头（善交际，有能力）的人，买（贩运）羊，做生意，杭州、兰溪这些地方都去的。在家就杀猪，在门口垟这里。

我妈原来是在新仓的。我外婆家在陈庄，下革那边，百丈口。我们这里去三铺多路，太阳垄出去，村头下去，再苕江出去，仁石、斜坑、青石岭亭……

我妈不知道几个月大，端（领养）到老厝（包氏宗祠边上的包氏老宅）那里，养起养起（方言，重复运用，以表示"养育"的时间长久）……后来做事业（指操办结婚）了，生了我哥（陈美玉的同母异父兄弟，下同）。

我哥5岁，他爸就死了。我妈包脚（裹脚）的，又包得短（南宋时，妇女裹脚还没有追求其小，其"弓弯"，至明清，谁家女子的脚越"短"，其人越"美"），才那么点长。那家就维持不下去的嘛，以前的人，不比现在。这里的琬如伯爷的妈（即包宅包圣宙妻子，与陈美玉的妈妈同为陈庄人）就做介绍，想叫我爸去上门（入赘）。我爸说去是不愿意去，说叫她来我家过几年可以，以前叫作"做年份"，他觉得自己年纪也大了，还没有下辈，姆（音，男孩）养几个来也好。

老人的妈妈，查宗谱得知为"庠士赖增墉女"。而包脚，说明领养并所嫁也该不是普通务农人家，家境应该不错。很巧，采访老人数天之后，我们在南浦溪旁山垟一带采访一位包姓族人包忠信的时候，从他的话语中得知他的奶奶，就是陈美玉老人的母亲。

包忠信的祖父包长楣（包全三十六世孙），近祖为大霞公（包全三十三世孙），大霞公派下几代人都有"科取"，祖宅即现在包氏宗祠附近的大宅院。可见的确是有家底的大家族。

可惜包长楣早亡，为了维持生计，"琬如伯父的妈妈"帮忙介绍了一个因为东走西走忙生计而耽搁了成家的杀猪老司。彼时赖氏（陈美玉母亲，宗谱未记录其名，此以"赖氏"相称）

|　陈美玉老人在自家屋前

已经为包家生育了一个儿子，而包长楯兄弟四人，除了兄长娶妻生独子之外，其余两个弟弟都未成家（宗谱未记载二人的娶妻信息），所以包长楯这个独子成了家族中三个兄弟的"兼嗣"之人，推测包家（包括赖氏），不愿这个孩子成为孤儿，所以最后达成协议，以"十年"为期，赖氏去往桥头溪，做一个"有时间期限"的妻子。

这样的事情，对于现今的人来说，是不可思议和不能接受的，但我国"典妻"行为的有关文字记录最早可以追溯到汉元帝初元年间，政治家贾捐之（著有《过秦论》《论积贮疏》《陈政事疏》等著名文章的贾谊的曾孙）在回应皇帝特使问题时论述道："人情莫亲父母，莫乐夫妇；至嫁妻卖子，法不能禁，义不能止，此社稷之忧也。"

| 桥头溪村里的包坑桥旧影（钟晓波供图）

元朝是我国历史上第一个明确在法律条文中体现"典妻"行为的朝代，《元典章》载："吴越之风，典妻雇子成俗久矣，前代未尝禁止。" 也首次在刑法条文中明令禁止"典雇"行为，《元史·刑法志》载："诸以女子典雇于人，及典雇人之子女者，并禁止之。"

政府，包括明清时期，都禁止"典妻"行为。如明律规定："凡将妻妾受财典雇与人为妻妾者，杖八十；典雇女者，杖六十；妇女不坐。"

但"不孝有三，无后为大"这根深蒂固的传统观念，使得典妻陋俗在民间无法禁绝，而且形式多样，适用于不同当事人情形的租妻；本夫身体贫弱无法操持生计而妻子主导的"招夫养夫"等类型均有出现。

我妈在桥头溪待了10年，生了三个囝，一个早死。

我哥在里面（桥头溪）也待了好几年，七八岁的时候，也在里面读书。

听别人说，我爸这个人脾气是不怎么好。不过我哥在里面的时节，也会风痛，我爸也会去山上把那些"刺端"（音，药用野果）摘来煎起来给他喝。

包忠信也提到他的父亲包达夫年幼时跟随母亲在桥头溪生活，后来他的叔父也出资供他上学，所以包达夫虽然幼年丧父，却也念完了高等小学，后来自学，并从教，"大跃进"期间进了医院当医生，退休之后，又留用了几年。

10 年期限满了，我妈就回去了。
我妈又回到新仓这里。我 10 岁就要煮饭了。

邻居叫我爸，两个女儿，你一定要叫一个（入赘）来，我爸说不要，两个女儿都受苦了，还要把别人的儿子叫过来苦。我父亲觉得桥头溪这个地方小，也没什么田，不要叫人家的儿子过来受苦。

我当大。我妹 73 岁走（去世）了，在这里（活着的话）也 91 岁了。
我父亲把两个女儿都给（嫁）出去了。后来我把第二个儿子顶（出绍）给他做后代，养都是我自己养的，就是名义上顶给他。

后来，我哥也书读出来了（高等小学毕业），就教书，回来的时节也有快 20 岁了。

| 库村包宅恒德堂，七榴二层木结构民居，建于清代

我哥的人是好人，是忠心的人，人也立事（懂事）。
他 29 岁那年结婚，我嫂 19 岁来，20 岁开肚（首次怀孕生育）养其信（长子）。现在其信、忠信这些阿侄侄女都很好，都叫我阿娘阿娘的，亲近的。

我妈回到新仓，他们就没让她再去（桥头溪）。里面的（指陈美玉父亲）也没出来，我爸的性情也骄。

我来库村之后，我妈、我哥，我们都是有走动来去的。
我妈她 78 岁走的。我哥也 78 岁回去。（走、回去，均指去世。）
［按库村包氏宗谱，赖氏生于光绪丁酉年（1897），1974 年过世，享年 78 岁，因为是"典"，

189

而不是再嫁，所以过世后得以与丈夫同穴。］

我在娘家的时候命很好的。

（老人年少时母亲即离开，小小年纪就要操持家务，她却说自己"命好"，想必她的父亲真的很疼她和她的妹妹。从她出嫁时她的父亲为她置办的嫁妆，也可见一斑。）

嫁为人妇

我17岁嫁到库村这里来，那个时候嫁过来还坐轿的，有唢呐吹打，嫁妆也是整队这样子抬过来的。我来库村，是一个表兄介绍的，就是包长彩的阿公。我的一个阿娘（姑姑）放他们那里。（即"圣博，配桥头溪陈钦田公女"。其子包立惜与陈美玉表兄妹相称。）

九月十九（结婚的日子，老人记得清清楚楚），"六日"（指新婚后六天）过去，就开始煮饭（泛指，做家务）了。

没（嫁）来之前没来过这里的。

我嫁过来的时候还是住在老厝那边。阿公、阿婆（夫家的爷爷、奶奶）、阿爸、阿妈（公公、婆婆）都在的。酒席也办了十几桌，算比较少（规模小）了。在恒德堂老厝。

老厝的有些柴料听上代说盖的时候是从联云那边拆了买来的。

（老人的长子包长族说房子本来是联云一户人家的，因为朝向不对，影响了风水，想卖掉，包长族的祖先看房子设计很好，就买下来，整栋拆掉，移到库村，再按原来的样式搭建。）

老厝另外一头是包超庸一家人住，那边厝原来是圣怡公的。圣怡公是我们房份的，阿太辈是兄弟[注]。

【注】"房份"指的是彼此的近祖为同一个人，按《库村包氏宗谱》，圣怡公和圣快公为堂兄弟，圣快即包长族口中的阿太，也即包长族的曾祖，民间老人在提及长辈时，会将自己"降辈"，"等同"于晚辈，所以她也称圣快为"阿太"。

此外，按包长族所说，该房子是圣怡和圣快的祖父天禄公手中所盖。天禄生于嘉庆己卯年（1819），清咸丰戊午年（1858）援例入监，卒于光绪乙未年（1895）。

他两个有点不合，圣怡公把他的那头卖给包超庸他们家了，包超庸祖父手上买的[注]。

【注】"圣怡公的房子"指的是恒德堂大厅左侧部分即三榴二层。圣怡生于同治己巳年（1869），包超庸老师的祖父包焕琪，生于同治三年（1864），民国壬子（1912）被选为县议员，民国

十九年（1930）过世，包超庸的父亲包际春为焕琪公长子，以包超庸生于1923年，推测彼时包际春成家，需要自立门户，恰好圣怡公要卖房，商谈之下，顺利成交。

后来土改时他父亲（指包超庸的父亲包际春，参见本书前章）因为官僚地主成分，横楼和正厝都分了一点给另一户也姓包的贫苦农，另外一个外地在这里做长年的，也分了一点给他。

我这边是三兄弟（老人所嫁之人叫包国忠，生于1924年，为三兄弟中老大）。国恩，后来搬到福建去了。国志，在罗阳工作，后来房子盖在前面的泥仓边上，就是老厝拆掉的那榴。

当时这是七榴的厝。

老二的外面闲基和国志那榴拆掉，这头就空掉了，不好看了。

我19岁时解放，21岁时土改。后来，老厝被政府征用作仓库，我家也搬过两三个地方，最后住在达洪（外翰第）那边，过了两三个年了。58年过去，61年回来（老人叙述年份，习惯将"19"省略，文本中不擅自"硬加"，下同）。

我的阿公正月初十回去（指回到恒德堂），十六就走（去世）了。

| 2020 年春节陈美玉老人九十大寿全家福（受访者供图）

忙里忙外的日子

我大的儿子 1951 年生，第二个 1954 年生，第三个 1957 年，第四个 1962 年生的，1965 年生一个，1968 年生一个，1970 年第七个。（93 岁的老人对年份和数字有惊人的记忆）

我 7 个孩子（都是儿子）。31 岁养个囡，掉了（夭折）。就没有女儿。

大的儿子今年 73（岁）了，我 21 岁生的。20 岁开肚生，生掉了一个。

养儿（生孩子）也养了 20 年。

辛苦哦，还要"做息"（音，泛指体力劳作），肩头挑的，我也能担百来斤。23 岁的时节土改，就"互助组"，就开始做息了。

70 岁的时节，老头已经走了，上面垄上自己种的番薯担下来，还能担大秤 70 来斤哦（大秤十六两制，相当于 112 市斤）。

孩子出生，衣裳那时节也没得买，都得自己织布，自己缝起来着（穿着）。鞋也都要自己做。我这里的阿婆（指老人的祖母）会织布的，她织白布一天织三丈，像打"纸钱"【注】一样。织布，纺棉花，拔苎麻……赚了钱，她也买了一亩五田，说留给三个孙子。

【注】"纸钱"为本地民间祭祀用纸品，以竹子为原材料所造，传烧化后可供神灵、鬼魂享用。

焚烧前需用木槌和铁制模具在数张一叠的纸上依序敲出铜钱状印痕。手熟者操作神速，横平竖直，力道恰到好处。

　　那时棉花也要自己种，自己纺。洋纱（进口的纱线）也有买的，一捆一捆这样的。

　　米粉磨好，煮汤，洋纱放进去，浆【注】（上浆）起来。就不会有毛，好织。

　　织好了再洗掉，不然是硬邦邦的。

　　【注】传统木织机上的"经纱"要承受较大的张力以及"梭子"经过时的反复摩擦，会引起表面毛羽增加、起球，甚至剥裂断头，所以使用前必须上浆，以增加纱线的强韧度和耐磨性。

　　织布大多织白布，织好再染。

　　也有织"拦腰"【注】，叫"三眼青"，三眼一眼白纱，（穿）插起来织。染布有专门的染布的人，本地都有店，靛青（由植物发酵的染料）从外面运来，多染蓝色的。

　　土的靛青（植物）下漈源那边也多人种的。桥头溪还有人做塘房，我们小时候知道的。靛青塘打起来很大的，靛青买来放进去浸，还有放别的什么药，可能是"白玉"（白玉灰，即石灰）。

　　那时，我们一般就是织白布、拦腰这些，旁头（指同座房屋以明间为界的另一侧）的阿嫂就是超庸的母亲，她是翁山娶的，她是什么台湾花、百子花……都织得起来，她人聪明。

　　【注】本地家庭女性做家务时，用来遮挡污物的围布，围布顶部两端有长带，因系扎在腰间，故名"拦腰"。

　　养蚕，我们养得少，就是几背箕（竹篾籔箕）。旁头嫂她们养得多，十几背箕。蚕茧抽丝都能抽好几斤。她全年都是织布、织绢。

　　（老人的回忆再次印证了包燕月关于奶奶的回忆，翁菊，这位裹小脚的老人，和陈美玉的母亲，各有各的不幸的命运，却都以自己的方式，顽强地度过自己的一生，并将爱延续到自己的孩子。）

　　也有种苎麻。上午砍了剥下来放水里浸，下午就刮去苦皮，摊开晒干，撕开细条，再浸，浸湿了再撕。细细的两条绞起来，上织布机。

　　苎麻多用来做布袋。也做衣服用，热天穿凉快，用靛青染。

　　织苎布600个扣，织绢要七八个百扣。

　　苎布就不要用浆。

　　织鞋底的线以前也是用苎麻搓的绳子。做草鞋也用到苎麻。

　　抗美援朝的时候，都做草鞋支援，我们妇女都很积极，都会自己认去（认领任务），做好了一捆一捆绑起来上交。

　　猛然听老人提到"抗美援朝"这四个字，感觉很新鲜，没想到泰顺山区的普通人家还曾以这样的方式支援过前方战士。也可见彼时前方战士条件有多艰苦。

　　草鞋我们也穿的，去做息的时候。
　　做草鞋主要用稻秆（稻草），络麻，当力（受力）的地方还要插些布碎。

　　以前生产队做工分，都要去的，有工分就有粮食分（生产队集体劳动按天计工分，工分可作分配作物收成的交换）。
　　种稻、麦、番薯、豆……都要做的。

　　以前积极的，也是"十英雄"【注】。五几年。当年我们新山（即今南浦溪）叫"十英雄"，有林丹、丁咪、黄英、夏莲、金花、阿兰、金玉、爱梅、彩英。
　　田片划来给我们种，比赛。大垟，旁山垟也种过。种了三四年。

陈美玉老人在栽种苋菜（受访者供图）

翁山的叫"穆桂英"。我们都有去开会，去过坑源底、和平。
【注】"大跃进"运动期间，包宅、吴宅两村妇女联合会组织以妇女为主的"十英雄"小队，参加一线农业生产，开展种田能手劳动竞赛。老人的"亲家母"夏李插话说："当年我在这里公社，这个标兵队是我们组织的。"

办食堂的时间，和吴宅合起来的，几十桌。我也在食堂做，有四五个人。
"种菜组"，我也去过。
还有做水库、做路，那些年我们都去。

我就是未读书，硬学硬学（方言的有意思之处，通过重复的方式表达该事情的难度）学几个字，解放的时节，家里大小（指孩子们）多，也没时间（指参加当时的扫盲班识字学习）。别的又做不来，全靠勤很（方言，勤快）。
我三十几岁的时节，家里也六七个阵（人口）了。

公家也有托儿所办起来，去做息，孩子放在那里。

（当年托儿所就办在恒德堂隔壁的澍德堂。澍德堂当年还曾经当过医院。）

养猪，养到70岁，我老头（指老人的丈夫）走了才没养了。

我70岁的时候，我老（亦指丈夫）走了，他77岁。

我是劳动一生世。现在我也还金瓜种一株，四季豆也种些，"苦马"（音，蔬菜名）也种四五株，茄子没种，那些孩子们送来都吃不完。

六十几七十岁的时节我还自己把棉花种起来，也自己收，那些小辈的14个——5个孙、7个孙女、2个外孙，各人都给他们12斤棉花，可以弹一床棉花被。

生日宴上开心的陈美玉老人（受访者供图）

用自己的方式享受"独居"生活

礼拜堂那边的新厝盖起来也有40多年了。盖了四榴，连闲基五榴，后来孩子多了，不够住。当年我家的老头都去罗阳岭北那边去买材料。

（老人称之为新厝，就是她素日在那儿做饭吃的房子，那房子与她家的祖产恒德堂相比，无论建筑材料，还是样式，都显得简朴，但那是老人自己盖的，她的孩子们也都是在那儿相继成家，之后陆续搬出，渐渐剩下她一个人。她对它有着深厚的感情，不仅屋前种植各种花，屋后也三三两两放置着小植物。）

现在天冷住在我儿子他们这边，10月到2月，天气暖了我又要回到那边去自己煮。老人也很啰唆（给人添麻烦之意）的，现在自己还会动，这样自由一点。

（老人说到"自由"，我们有体会，那天我们路过，屋里飘来海带炖排骨的香味，那是老人柴火灶烧的，她用自己的方式享受自己的"独居"生活，在那里，她是自己的主人。照例，她要拿橘子给我们。那是老辈人待客的习俗。）

现在每个月政府有发生活费的，390（元），70 多岁就开始有了，（从）几十几十这样加起来。90 岁开始就每个月加 100（元）。

七个儿子，现在都在南浦溪，每个人一个月给 200（元）（赡养费），由我自己安排，我也有些人情来去的，比如玄孙女出生那要红包，在谁家吃也要给几百的……

我 5 个孙 7 个孙女，我第六个儿子在福建做工的时候认了一个姐妹，说给我当女儿，也叫我"亲娘"，有两个外孙。一共 14 个。

（老人的干女儿是联云人，20 世纪七八十年代，老人七个儿子中，五个在福建三明做工，老大、老五、老六是木匠，老四和老二是篾匠。这位联云女子也在福建三明，老六认她当姐姐，后来大家回到故乡，这位干姐姐也认老六的妈妈当干娘，她两个儿子，所以老人说还要加上这两个外孙，因为他们相处至今，几十年，就像亲人一样，"我们做什么喜事她都来，她有什么我们也去。"老人的三儿子如是说。）

现在孙和孙女下一辈，又有 12 个了。四代了。

也会买点自己喜欢吃的，穿的孙女孙子们都送，会市【注】的时节我也去看看，喜欢的衣服也会买。

【注】泰顺农村各处集市的时间不同，库村为每月农历逢五。那一天，库村村口一带早早就有各路人摆摊，"远道而来"的海鲜，附近山上人家采摘的时令果蔬、草药，也有专门卖衣服鞋子、各种农具、家用器什的……很是热闹。

平时生活也没有什么特别，吃的也没什么忌。就是要劳动，前天还去种豆。

（老人还会拉面，她孙女给她拍过一段视频，视频中老人的动作相当熟练，彼时她已经 80 岁了。）

71 岁的时候，孙女带我去了上海旅游，第二个孩子全家在上海。嬉了半个月。

（这是老人唯一一次出远门，想必她印象深刻，特意说起。）

| 库村会市的红柿

后记

陈美玉老人自从17岁嫁到库村包家,听乡亲们说,77年间,和邻里、村人和谐共处,不计得失,从未与人争执红脸过。

她是家族兄嫂中的老大,因为老二和老三都不生活在库村,在这个家里,陈美玉老人任劳任怨,辛勤付出,先后悉心照料服侍过包括包家的爷爷、奶奶和公公婆婆以及她本人的父亲、丈夫等6位老人终老,这位普通的农家妇女,用自己的善良和贤惠践行孝老爱亲的传统美德。

而这个乐天知命的老人,也被家里人"团团"爱着,每年她生日,家里人都到齐,为她祝寿。

她的曾孙女,三四岁的小女孩,手上有好吃的,除了自己的父母,唯一愿意给的就是这位阿太。

第十章

[口述实录·夏李]
农村女性从政先例

我性格比较外向，也有工作能力
政府要培养我
但是我没文化，不识字……
一位新中国基层女干部的人生轨迹

访谈对象　夏李
访谈时间　2023 年 9 月 1 日
访谈地点　南浦溪库村

口述者简介：夏李，1935 年出生，潘垟村人，新中国成立后被政府培养为女干部，历任筱村区妇联主任，新山乡书记。

　　本口述由采访者与夏李老人的谈话录音整理而得。文本以口述者自述的形式呈现，基本保留受访者的讲述风格和口语习惯，必要时通过括号内文字、加注、插叙以及附图的文字说明等方式作补充描述。

　　夏李老人因为之前不慎摔伤，身体状况不是很好，记忆力也减退，本口述根据她的回忆片段，依时间和逻辑顺序进行整理。采访过程中她的女儿翁慧玲和女婿包长丰在旁做相应补充。

　　作为新中国成立后的早期妇女干部，夏李的经历映照着彼时的新政策和新举措，曾在泰顺妇联工作的陈蔡玉女士在查阅大量资料的基础上，写作了《那些年代，她们如何顶起泰顺那片"半边天"》，征得她同意，本口述涉及泰顺妇女的相关资料，摘录自该文，以【补充资料】标注。

写在前面

"发现"夏李这位妇女老干部的过程颇有意思。我们联系陈美玉老人采访,前往她三儿子的住家时,街边站着一位老人,倚着助行椅,我们向她问询,她指点说陈美玉老人就住在对面,随后她也跟着我们进了屋,在陈美玉老人身边坐下。

在和陈美玉老人交谈的过程中,这位热心的老人有时会插一两句话,只言片语中我们了解到原来她和陈美玉老人是亲家,陈美玉老人的三儿媳妇就是她的女儿。

当陈美玉老人提到政府每个月给她几百元生活费的时候,这位老人很自豪地说她是有退休金的,有好几千。

她这句话引起了我们的注意,因为农村普通老人是不可能拿到几千元退休金的,除非她曾经是国家干部。

而女性国家干部,以她这样的年纪,在泰顺农村很少。我猛然想起在写作《时间的记忆·库村口述历史》时,其中一位口述人包长彩提到他年轻时去莒江社办企业当领导,库村这边的公社(彼时称为新山)派书记带两个干部去莒江交涉,把他"拉"回库村。

"那个书记现在还健在,是个女书记,叫夏李。"包长彩如是说。

莫非他口中的夏李,就是这位有好几千元退休金的老人?
我们向库村前书记包国岳求证,他确认了我们的"怀疑"。

我姓夏，88 岁了。娘家是潘垟[注]的。那个村都是姓夏的。

【注】原新山乡潘垟村，现为珊溪水库库区。1990 年潘垟村庄遭山洪冲毁，在新仓村易地重建为"潘垟新村"，2004 年原新仓行政村、潘垟新村合并组建新的新仓村。

原潦下桥即位于潘垟村。惜毁于 1990 年 8 月特大台风洪灾。

我是 5 月 18 日生的，"夏李"名字可能和李子有关系吧。

我是 1935 年出生。17 岁就离开家，嫁人了。嫁到了包坑一个小地方，叫枫树坪，那个村都姓翁。

我小时候没有念书，参加工作以后才念书。

家里两个弟弟。小的念过几年。

我 20 岁参加工作。

第一年是在联云[注]，当时包坑村属于联云，我就参加公社的工作。

【注】包坑位于库村与联云之间，近邻库村，该地小溪边曾是包姓聚居，得名"包坑"，村以坑名。2011 年，泰顺县实行乡镇撤并，联云乡撤销，并入泰顺县筱村镇，改为联云社区。2016 年，原联云社区所属的箬垟、山后坑、银坑、黄山背、石柱等 5 个村和包坑行政村均归为

| 图中潦水上方即为潘垟村易地重建后的"潘垟新村"

南浦溪镇。

箬垟原名"桂阳"，宋代即为毛姓族居地，因山垄多白箬，辟成田垟后得名"箬垟"。

我性格比较外向，比较喜欢讲话，也能讲，有工作能力，政府要培养我。但是我没文化，不识字，政府就组织我去县城罗阳参加扫盲班。一个班30多个学生，各个农村抽过去的。

当时扫盲班男的多，女的就四个，筱村的一个、百丈的一个、罗阳的一个、我一个。我们四个同一个房间睡觉。

她们年纪比我大一些。

我们学了三个月，认识了2000多个字。

我去的时候是一个字也不认识的，三个月之后就认识2000多字，就回来了。

有些学不快的就要四个月。我是三个月，认字，也会写字。

夏李老人的旧照（受访者供图）

【补充资料】扫盲运动开始于解放初，彼时文盲在全国人口中的比例占到70%左右，农村人口中的文盲率高达80%以上，妇女文盲率超过90%，"识字"是扫盲的第一步。20世纪50年代初，中国人民解放军西南军区模范文化教员祁建华创造了"速成识字法"，先在部队进行推广，之后在全国迅速展开，先后在工人、农民中掀起学习的热潮。彼时扫盲标准为：干部和工人，可认识2000个常用字，能阅读通俗书报，能写200—300字的应用短文；农民一般能认识1000个常用字，基本能阅读书报，能写常用的便条、收据。可见夏李参加的扫盲班为干部标准。

民间方面，泰顺在新中国成立初（1949年冬）就在各地相继开办农民夜校和妇女识字班，小学教师义务担任教员，农民、妇女、民兵分别使用由县委宣传部编印的三种不同教材：成人课本分甲、乙两种，入学者根据文化程度选读，民兵主要学习"三大纪律"和"八项注意"。此外，教师还自选党报党刊文章、《庄户字》（介绍山、田、地、河流等名称以及农村常用字的小册子）等作为补充教材。学员利用晚上时间学习记账和"打路条"等农村应用文，以应急用。这年，全县有识字夜校113所、民校教师113人，6626人参加夜校学习，其中成年男子3196人、妇女2110人、儿童1320人。

1952年11月，成立由县政府、文教科、农协、团委、总工会、妇联、人武部等单位负责人组成的扫盲工作委员会。这年冬，全县共开办冬学场所985所。

冬学指利用冬季农闲时间举办农民夜校，进行识字教育的群众性运动。举办时间一般自11月中旬开始，至次年2月底结束。入学对象以农会干部和参加各类群众团体的农民为主，通常以20岁至35岁的农村男、女青年居多，对全县农民进行以识字为主的文化基础教育和农业技术知识培训。

之后，大部分冬学场所转为农民业余民校，成为较正规的农民业余文化学校。据统计，1952 年共有学员 20763 人，男的 14636 人，女的 6127 人。

妇女参加冬学与扫盲运动（陈蔡玉供图）

我在联云公社待了 10 个月，就调到筱村去了。开始在筱村区妇联，做妇女方面的工作，那时候全区女干部有三个。

【补充资料】1949 年 3 月 24 日至 4 月 3 日，中国妇女第一次全国代表大会在北平中南海怀仁堂召开。这次大会是中国妇女有史以来第一次全国规模的盛大会议，毛泽东为大会题词："为增加生产，为争取民主权利而奋斗。"在大

国营泰顺县农场秋收时结合互助组正进行选种（陈蔡玉供图）

会上，邓颖超作了《中国妇女运动当前的方针任务报告》，报告指出建设新中国的任务已落到妇女的肩上，妇女积极参与恢复与发展生产成为妇女运动头等重要的中心任务。因此，一方面要教育妇女树立"劳动光荣"的新观念，动员妇女投身生产建设，同时要在建设新社会过程中推进妇女事业并保障妇女权益。

大会决定成立中华全国民主妇女联合会（简称"全国民主妇联"）作为全国妇女运动总的领导机构以及联合和团结全中国各阶层各界民主妇女的群众性组织。《中华全国民主妇女联合会章程》规定民主妇联组织的宗旨为废除对妇女的一切封建传统习俗，保护妇女权益及儿童福利，积极组织妇女参加各种建设事业，实现男女平等和妇女解放。

1950年12月3日，泰顺县成立妇联筹备会，开始筹备成立县民主妇女联合会。之后，妇女组织蓬勃发展。1952年4月，全县参加妇女组织的会员达25394人，其中新入会的会员18215人。至此，成立全县性妇联组织的条件基本成熟。10月3日，全县第一次妇女代表大会在县城召开，出席代表147人，选出执行委员15人，县民主妇女联合会正式成立，选举林凤为县妇联主任。到1955年10月，罗阳、百丈、筱村、大安、仕阳、泗溪、松东7个区和108个乡先后建立妇女代表大会。

我老老（指丈夫）、我就带筱村去了。他到筱村是种田，他就是种田的，干农活。

包长丰（夏李女婿）插述：

那时候是我岳母带着岳父走。

我岳父是农民，岳父的母亲有点怕她要离婚，觉得媳妇这么能干，我儿子是农民，就有这种想法。

枫树坪村还有一个女干部，比我岳母年轻点，是二爷爷的媳妇。二爷爷的儿子也是一个老实人。

他们都怕离婚，都怕两个媳妇提离婚。

女干部，南浦溪很少。当时女性基本上在家里干活，做家务。那个年代，整个观念还有点老。

夏李继续讲述：

那时全县有多个人离婚了，但是我没有离。

我说你们放心。

我工作的筱村也没有一个离婚的，领导还表扬了。

泰顺妇女参加拦溪造田劳动（陈蔡玉供图，萧若驹摄）

【补充资料】1950年5月1日，《中华人民共和国婚姻法》开始施行。这是新中国成立后颁布的第一部具有基本法律性质的法律，颁布时间比1954年宪法还要早4年。

1950年《婚姻法》共8章27条，第一章第一条便开宗明义："废除包办强迫、男尊女卑、漠视子女利益的封建主义婚姻制度。实行男女婚姻自由、一夫一妻、男女权利平等、保护妇女和子女合法权益的新民主主义婚姻制度。"此外，1950年《婚姻法》还让妇女有了姓名权，并规定婚后实行夫妻共同财产制。

1953年2月，中央人民政府政务院发布《关于贯彻〈婚姻法〉的指示》，明确1953年3月作为宣传贯彻《婚姻法》的运动月，充分发动男女群众，特别是妇女群众，展开一场声势浩大、规模壮阔的群众运动。

有意思的是，运动月后我国出现了第一次离婚高潮。有数据显示，1953年法院受理的离婚案件高达117万件。对此，有专家指出："20世纪50年代初形成的第一次离婚高潮，标志着我国封建主义婚姻家庭制度的崩溃，是我国妇女解放的重要步骤之一，符合当时历史要解放生产力的要求，推动了社会主义革命和建设的发展。"

据1952年至1953年的统计，泰顺县经申请登记，结婚1869对，复婚14对，准予离婚1817对。

筱村的人我都很熟悉，那时候的干部，群众认识多一点的，有时候下村，要住几个月，"大跃进"的时候，上面有任务布置下来，贯彻会议精神，组织农民种田搞生产，我们要去动员。

三年困难时期，因为我是干部，有工资，我老老还有种田，苦是苦的，但是没有很挨饿。

当时在筱村，工资很低，30多块钱。以后慢慢加起来。

【补充资料】1949年，泰顺县国家干部总数156人，其中女干部10人。1951年，泰顺县国家干部总数419人，其中女干部40人。1954年，泰顺县国家干部总数535人，其中女干部59人。

1950年，泰顺县党员总数1333人，其中女党员61人。1951年，泰顺县党员总数1218人，其中女党员57人。1954年，泰顺县党员总数1149人，其中女党员54人。

我在筱村一共待了18年。我女儿也是在筱村出生的。

我是 27 岁生小孩。先生了一个女儿，以后就生四个男的。

后来，1974 年，我被调到南浦溪这里，当时叫新山公社。

当时公社设在（吴氏）宗祠那里。宿舍就一间。我们就在附近农户租了一间泥墙屋，在那里烧饭，在公社睡觉。

这样过了 7 年，后来公社盖了厨房，我们就在公社烧饭。吃住都在公社。

我们一共八个人。两个大人、五个孩子，还有我的妈妈。我的妈妈一直在我身边，跟了我 30 来年。

【注】夏李的母亲在丈夫去世之后就跟随女儿过活，老人也帮忙女儿做家务，带孩子，92 岁过世。彼时 20 世纪 90 年代，她们在库村古村落附近盖了房子，那是她们的第一个真正属于自己的家。

| 夏李与家人合影（受访者供图）

翁慧玲（夏李女儿）插述：

那时候这一片还都是农田，我们向政府申请了宅基地盖了房子。这是自己的第一个家，以前都是搬来搬去。

妈妈对工作是很热情的。很有干劲的那种。

还记得她还去省里开会了，开党代会，发了一支水笔，给我带到筱村去，结果在学校被偷了。那是妈妈去开会的时候的纪念品。

夏李继续讲述：

我后来又去党校学习，在温州。

【补充资料】中共温州市委党校创建于1949年9月，前身是浙江省第五区干部学校。校址在应道观巷（原永嘉简易师范学校）。1952年，干校办学规模不断扩大，校舍扩展到丁字桥、白塔巷、蛟翔巷、应道观巷等8处。"文革"时期，党校被撤销。1973年5月18日，温州地委决定恢复温州地委党校。1981年11月3日，温州地市合并，温州地委党校改名为温州市委党校。

我在新山公社是做妇女工作兼党委成员，后来当书记，书记任上退休的，最后一任书记，在这里也工作了16年。

【注】南浦溪镇，解放初属莒江乡，1950年属南浦乡，1952年至1958年属新山乡。1958年属百丈公社新山生产大队；1959年2月起归筱村公社新山管理区；1961年9月起为包宅、蒲垟、黄山、陈山、吴宅生产大队，属新建的新山公社。1984年5月改属新山乡。1992年5月属新浦乡。2004年原包宅、吴宅、陈山、蒲垟、黄山等6个村和潘山村3个村民小组合并组建为库村村。

2016年9月调整筱村镇行政区划，增设南浦溪镇，辖14个行政村（库村、新仓、新兴、双坑、周新、孙坪、南峤、龙前、新厂、箬垟、新源、朝头垟、包坑、培坑），沿袭至今。

包长丰插述：

我岳母是55岁的时候，1990年退休。退休金，现在大概将近有7000了。

泰顺农村，很多自然村落都是宗族村落，如夏李娘家潘垟，都是姓夏的，她所嫁包坑枫树坪，村人都姓翁，而民间又有朴素的共识，即婚嫁会回避血缘近亲，同时因为交通不便，人口流动也不是很频繁，所以嫁女也不会嫁远，一般都是近邻村落，方便走动。

而像夏李和陈美玉这两个老人家，因缘巧合做了亲家，并且对门而居，在泰顺农村还是很少，所以特意向他们的后人，夏李的大女儿翁慧玲多了解些相关情况。

翁慧玲：

我妈生了 5 个孩子。我 7 岁时，我妈生大的弟弟，后面都是隔两三年生一个。

最后一个是 1974 年生的，在库村这里出生，在这里长大，也是在这边读书。初中去筱村读。

我初中在这里读，高中去筱村读，高一读一年，就没读下去了。

那时候多苦，米没有，我们吃地瓜丝，我爸没把地瓜丝晒干，发霉了，我的胃吃坏掉了，就读不下去。

我妈妈是没有叫我别读书。我自己胃不行，读到高一就回来。那个时候去筱村读书，一个星期要交三毛钱。那不是买菜的钱，是蒸饭的钱。

菜就得自己带。咸菜，我们是豇豆，没有油，连油水也没有。

我回到南浦溪，在家待了一年多。后来参加工作，在包垟岩上乡，也是做妇女工作。

我们两个是自己认识的。我们差 4 岁，都是在一个村里，差不多都了解，但是

田间稻熟。早年泰顺一带最主要的粮食作物还是番薯

没有什么来往，同一个村就面熟。

那时谁家都没钱。没什么财产。

我们没有对生辰八字，也没有提亲。

当时嫁给他，妈妈同意的。

我出嫁是嫁到下面的老房子。恒德堂。

那时候他们家的房子（即前文所指五榴砖混房）已经建起来了。我们去那边吃饭，晚上住在我妈妈这边新房子。

他那里没地方睡。他们大家庭，兄弟好多。

我是1986年结婚，1987年生孩子。1987年我生了个女儿。

后来，孩子四五岁了，我们就自己盖新房子。

这个地基是（包家）大哥的，他买了两榴，他大多在福建打工（包长族，小木匠人），所以一直没有盖，我们去村里要求地基，他说你哥哥的两栋房子都没盖起来，你们又要地基，不理我们。

后来大哥就给我们盖了，我们是老三，隔壁是老六的。

我和我妈就对面。

"我们又是亲家，又是邻居，经常会走来走去，我妈妈跟她两个人之间也很好的。"包长丰说。包长丰高中毕业后，曾经在供销社工作过一段时间，负责收茶，供销社工作结束，他去当兵，在安徽服役了4年。当兵回来，人武部面向农村招聘，彼时每个乡推荐一个，他战友的父亲是当时村书记，俩人条件一样，问能不能多推荐一个，后来省里文件下来，一定要通过考试择优录取，全区31个人，包长丰考了第一。

"当时录取了6个。我的战友第二批招聘，进去了。挺好的。"包长丰说，可以看出他有着当兵之人的义气。

包长丰后来一直在筱村工作，先后任筱村镇党委委员、人武部部长、人大副主席等。现已退休。

"我女儿现在也在筱村当老师。"翁慧玲最后补充。

后记

从夏李的叙述中可以看到一个新中国妇女干部简单的人生轨迹，她的女儿，随着时代的变化，人生、职业、婚嫁等也相应产生了变化：女性和男性一样，走入学校，有了受正规教育的机会，也拥有独立工作从而获得经济独立的机会．女性和男性的婚姻可以自己做主，女性出嫁之后，娘家依然可以提供温暖而安全的住处……

而回观夏李自己，她虽然热爱工作，从她及儿女女婿的言谈中，也可见她是"一家之主"，但她谈及彼时泰顺多个人离婚，她没有离婚时自豪的语气及神情，可以看出她骨子里还是一个传统的女性，"传统"二字在这里并非意味着"保守"和"落后"，而是一种朴素的自然的情感。

这种情感，是传统文化和习俗的力量在一个女子身上的体现，时代改变了很多，但时代并没有改变一切。

| 库村古村落即景

211

第十一章

[口述实录·夏彩英]

安身为乐，无忧乃福

嫁入库村包家

家长里短

繁衍生息

晚景里有花

访谈对象　夏彩英
访谈时间　2023 年 8 月 22 日
访谈地点　南浦溪库村

口述者简介：夏彩英，生于 1933 年，坡头人。

　　本口述由采访者与夏彩英老人的谈话录音整理而得。文本以口述者自述的形式呈现，基本保留老人使用莒江话方言讲述的口语习惯，必要时通过括号内文字和"注"以及附图的文字说明等方式作补充描述。

写在前面

　　库村古村落内原有一座五榴二层木厝，建于 20 世纪 20 年代。20 世纪 50 年代，它被政府征用作为粮库，1972 年，政府将它拆除，在原址新建一座更牢固更防潮的石头库房用作粮库，原建筑的材料则被一分两半，"还"给原主人，原主人在此基础上添加了些材料，在原址侧后方分别各建了一座三榴木厝。

　　这两座三榴木厝建筑风格相似，但细看，会发现位于左边的那座木厝的高度，比右边的木厝矮了些。

　　右边木厝的户主包长荣说，因为当年他们家盖房子的时候，他的妈妈坚持规格要与原建筑一致。

　　是他的妈妈，而不是他的爸爸做出这样的决定，而且这个决定被贯彻了下去。这件事情令我们对他的妈妈产生了好奇，当我们得知他的妈妈，这位年已九十的老人还健在，而且他们房前那片被打理得清清爽爽的品目繁多的花草树木都是他妈妈历年所种植、打理的时候，我们萌生了要和老人见面聊聊的念头。

　　因为中国农村女性，尤其是"旧社会"过来的，这么有个性有主张，且赢得了家里人尊重的女性，很少。

我姓夏，娘家坡头。91 岁，属鸡。

娘家六个姐妹，我是前一个妈生的，我妈 20 岁生我兄弟的时候血崩，来这里找国芙（即前文包融春医生）拿了药，也止不住，走了（去世之意）。

我刚 2 岁。

嫁入库村包家

我爸杀猪，中农，家里生活还算好的。

后娘生了五个女儿、一个儿子。

我没读过书，那个时节不给囡儿读书的。说反正是给别人洗碗（嫁作人妇之意）的。最小的妹妹读过书，高中。

年轻的时候也就是在家里嬉嬉，"囡儿阵"（一起玩的女伴）非常多。有时跟人家去拔草，养点兔子什么，重活家里不要我们做的。

没嫁过来前我也来过库村的，来跳舞，那时是政府组织的。长长的洋巾，这边那边地甩，跳秧歌。

我 19 岁嫁来。20 岁生大儿子长荣。

我爸做主定的亲，以前没有找你商量的。

我爸就是看他们家单个儿子，田地也有一些。家里还不错。

嫁过来的时节，新中国成立后了，轿子都收起来，少人用了，我一定要有轿子才来。不然可以明年我自己走过来（老人家的意思是，如果没轿子，她就明年再嫁，"明年"她可以不用轿子抬，自己走路。可见老人家做姑娘的时候就很有主见），他们等不及，就用轿子来抬（这位准新娘果然如愿以偿）。

男方的人和媒人头一天来女方，其他人、轿子是第二天早上来的。

坡头来（库村），半铺路（一铺为 10 里，约 5 公里），都是石头路。

是从这条路弄进来，嫁来的时候是抬这里进来的（指出入原库村粮管所的石砌巷道）。

| 夏彩英年轻时（受访者供图）

嫁过来时住在粮管所的老厝那里，孩子也都在那里生的。

我来的时候，这里上辈就是父母亲在，住两户人家，另一个是隔份（意思是非直亲但又有亲缘关系）的兄弟家。

原来的老厝听说失火了，一个兄弟吃烟，烧了（泰顺农村旧时多为木构房屋，容易失火）。

那时节我们没有电，用灯盏。点茶油的，灯芯浸在油里。

房子是后来我爸手盖的。五榴。[注]

【注】老人所说"我爸手盖的"，指的是她丈夫的父亲包立德。他们的祖父圣宙生子立德和立瑞（字琬如）。立德生国翘；立瑞生子二，即国役、国仆。

这边是我们的，长荣的爷爷叫立德。国翘，是长荣的父亲。[注]

【注】老房子为五榴，"这边"指房子厅堂的左首，按泰顺农村习俗，一座房子两兄弟分，左首所住为兄长，弟弟住右首，因"左首为大"。

那边是国役，他的父亲琬如，我叫阿叔，他是国民党的，学校都是他为头盖的。[注]

【注】按《库村包氏宗谱》，包立德生于光绪庚寅年（1890）；包琬如，行名立瑞，光绪丁酉年（1897）生，毕业于师范，是民国期间很有声望的教育界人士，曾得泰顺教育局赠匾：树人有道。库村村人流传，包宅包琬如与吴宅吴惟钞，是当时包、吴两氏能"说了算"的人物。

民国十九年（1930）秋，乡绅包凤藻、包琬如筹资创办私立库村高等小学，校址设在包氏大宗祠。学制 6 年（初小 4 年、高小 2 年），设国语、算术、社会、自然、图画、音乐、体育等课程，聘请上海劳动大学毕业生叶公望、夏杰人等执教，省教育厅厅长陈布雷曾题"自强不息"匾嘉奖。

他家里的（妻子）是莒江娶的。
我们的妈妈（指婆婆）是柏树底娶的。

家长里短

嫁过来之后，娘家也不是经常去的，有孩子了，还有各种活，也忙的。

但每年送生日（指娘家父母亲生日，做女儿的要回娘家为父母庆祝）都要的，六个姐妹都会到的。送羊肉、猪脚蹄……

| 三榴厝一角

以前生孩子，要送报喜（泰顺方言，"报喜"作名词用）、烟酒这些，那头（指女方娘家）就送吃谷鸡（有意思的表述）、玉兔（有意思的表述）、蛋……厝下底（指同屋檐下的邻居）和亲眷也会送的。

以前五个蛋是"月里羹"【注】，两斤面也是（月里羹）。那时大家都穷。

现在没有这个风俗了，现在都有吃的了。

【注】产妇分娩后休养期间内叫"月里底"，一般养卧一个月，叫作"坐月里"。"送月里羹"是泰顺传统风俗，指给分娩的产妇所送营养食品。要在新生儿未满一月内，一般为猪肚、素面，以及蛋、鱼、糖等。"送月里羹"来时，主人家做的点心一定用索面，加两个蛋，叫作吃"索面汤"。因"索面"的制作工序全都得靠手工，所以索面也称"手工面"。

那些年，女人也要去生产队劳动，挣工分，有工分才能分配粮食（生产队集体劳动按天计工分，工分可作分配作物收成的交换）。

孩子一大群，要做工分才能有饭吃。

除了做工分，还有自家的活，有时候还要助工（村人邻里之间义务帮工）。

一件棉菜花的衣服（印花衣服，花色为"棉菜花"）后面都雪白，北京蓝的，汗浸浸，太阳晒晒，就褪色了。上山要带竹茶筒，一大筒水。

当年我也做过"十英雄"【注】的，田划给我们10个人种，插田，掘番薯园……都是我们10个人做的，也计工分，前后大概有两三年时间。是县里下来的政策，当时都有奖状的，我们做得好。

【注】"大跃进"运动期间政府为了发展农业生产组织的劳动竞赛。

年年粮食也都不够吃，那时候经常连夜去种麦，做工分。

粮食缺，就想办法赚些钱去山边那些村里去买。他们的多一些，粮食也多一些。赚钱主要靠养猪，都得拔猪草、覆菜、猪儿菜……

两头猪，每天得一大泥箕，十个指甲都磨完。生产队集体也有养，我们都养过，猪栏做起来一间一间的，一间关三四头。

种芋，种麦……小麦种多些，磨粉做拉面、筒面、手工面……大麦主要磨好喂猪，人吃做"麦髻"（音，面疙瘩）。

种各种豆，做豆腐的豆……做豆腐，以前用盐卤做比较多，也有石膏做的，风痛的人不能吃。盐卤就是用篓装盐，下面用一个缸接，慢慢滴下来就是盐卤。

来这里之后，地主分家这些事我们也都得参加。当时地主成分的吴宅戏台边一户，我们包宅的下座厝（恒德堂）一户。

他们家里的家具、行头家伙（日用器物）、粮食都搬出来，搬到戏台那里去，我的大人（指父母）就叫我不要进去搬

| 三榴厝场景

去搜，都是同村人，这事不合适做。我就是在那里守。也有些比较"积极"的，下座厝家有个提篮在床底下都被人搜出来，我想，在床底下的也就算了，在外面的嘛没办法，有些事情不能做得太绝。下座厝的我就没去，都是上下厝，厝边邻榴的，怎么好意思？

搜来的东西都分给那些贫苦农。还有田地、厝都分给没有的人。

他们说交椅（椅子）给几张我，我也不要。

我民兵也当过，大家轮流守路，在石门楼下面的路口，衫袖红布绑起来（戴袖章），外地人过路都要有路条证明的。那时节还不大太平，土改那些年，有人劫的。两个人一天到晚一班。夜里也有民兵守。一般来去的人不多，也都是正规的人，都是邻近的陈山或者百丈口的。

繁衍生息

（20 世纪 50 年代末）房子被政府征用后，我们住在包独荣（澍德堂）那里，粮管所后面厨房那个房子也住了很多年，有个孩子就在那里出生的，牌坊门楼底（外翰第）也住过……哪里房子有空，就搬去住，搬了五六个地方。

房子自己找的，租金是国家给的。一大群人，就一间房子，很艰难。

后来政府落实（政策），归还拆掉老房子的木料，另外安排地点重新盖厝，我坚持原样盖，矮了不好看。

屋基是门楼底人的菜园。三面泥墙，那时筑泥墙的人工都有四桌。【注】

【注】老人的长子包长荣说房子前后盖了两三个月，请洪口的师傅盖，当年他的爷爷辈盖那五榴老厝，洪口的师傅是徒弟，几十年过去，他已成了师傅，盖"新厝"的时候，包长荣的父亲专程去请他。房子盖好，给师傅送猪头当谢礼，是包长荣挑去的。彼时包长荣的父亲47岁，母亲39岁。

房子一般最好的位置被用来做"新娘间"，

| 夏彩英老人在三榴厝

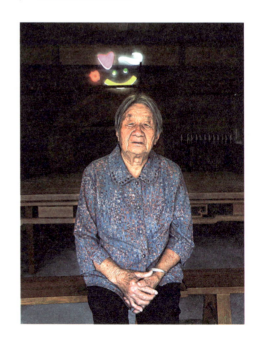

小的儿子结婚时大的就会让出来。媳妇娶来后一般就他们夫妻自己生活，会新做锅灶。^{【注】}

【注】房子盖好后，长子包长荣在这里成家，他的三个孩子也在这里出生、长大。后来，他的四弟也在这里成家。如老人所说，小的儿子结婚时，大的会把"新娘间"让出来。

伙厢（厨房）设在屋外，有的在底楼的后退。养猪、养牛等闲基在房屋前后或侧边。楼上用来睡觉。谷仓也设在楼上。

吃水是后山远处泉水用竹笕引来的。^{【注】}

【注】很长一段时间，这个家，也成为分散居于各地的家人团聚之地，老人的第二代、第三代后人，都会在节假日回来探访。

我六个儿子。一个在温州，一个在筱村，最小的在金乡……有个在翁山坑底。表兄弟他没有娶妻，我把第二个儿子给他（绍嗣）。

我没有女儿。

我这个媳妇很好，很远来的，内蒙古。娘家也远，我就当女儿了。十七八岁的时候来的。

【注】"这个媳妇"指包长荣的妻子，内蒙古人。彼时有内蒙古女人随在当地服役的村人嫁来南浦溪，她也因为这机会一起和女伴来到南浦溪，后来就当了库村媳妇。娶这么远的女子当媳妇，在彼时库村是相对稀少的事情，后来随着交通的方便和人口流动的频繁，这样的事情就渐渐多了。

| 夏彩英的媳妇和孙子（受访者供图）

这位年纪轻轻嫁来库村的内蒙古女子，来库村不久就学会了当地方言，"不说这里的话，就没法和这里的人交谈。"她说。刚开始来的时候，她说最不习惯的是抬头就是山，"闷"，她说。因为她的家乡内蒙古，一眼望去到天边，"我们那儿的太阳都比这里大，"她又说。吃的也不习惯。但是渐渐，随着她在这儿的年岁长远，生了孩子，当了妈妈，心安了下来，不习惯的变成了习惯。

她和她的婆婆一样，出生不久自己的亲生母亲就过世，父亲续娶。继母毕竟不如生母，恐怕这也是她远嫁的原因。她在库村的婚宴，她的父亲来参加，此后除了她父亲在家乡过世那年她回去了一趟之外，几十年来再没有回过家乡。

夏彩英说自己把她当女儿，或许也是因为彼此有相似的人生际遇吧。

晚景里有花

我老公 67 岁走的，30 年了。他大我 8 岁。
我 70 多（岁）都还劳作的，种菜。80 多（岁）了就不做了。

外地去过温州、罗阳。别的地方没去过。以前没时间，现在也走不去了。

我喜欢种花，来这里库村就开始种了，屋前屋后种满，那时节别人家没有种的。
我从小就喜欢花。山上看见有喜欢的就会挖来种。有一种山上挖来种的，像荜拨，花喷香的。

种过这么多，我最喜欢牡丹，红的。
我花种得好，主要是喜欢，自己有兴趣。黄昏吃过饭去看看花，心里就觉得快乐。

（老房子的屋前屋旁，老人兴致勃勃地带我们参观花草树木。）
月月红，小的枝条都剪掉，切到这里让它抽稔，要修剪了才会开得好。
这是罗阳我外甥家伙厢墙头摘来籽种的。灯笼花。灯笼花可以（扦）插。
有些是它自己长的，这是胭脂，有红的白的。这是墨草。
斜枹花。鬼箭羽。杜仲。

| 夏彩英与家人亲友合影（受访者供图）

原来房子后面都是田，这株柚子树是房子盖好第三年栽的。有山鸡椒、柿、枣树、桃……

桂花树是我孙子栽的。这株树不开花，就是青绿。

这是金帝兰，喉咙痛，叶子剥一张和洗米泔炖了吃好。

芭蕉，根吃清凉的，挖下去切一点来，不会影响（生长）的。（它的）花像猪心一样，挂下来很

好看的，也有人用的，吃凉。

　　这是蕲艾，我栽种的。杀鸡的时候挖点根放进去煮，吃好的，散风。

　　种花我一般用菜园泥，拌一些溪沙。
　　肥料用复合肥化水，以前没有（化肥）的时候用山灰。

　　虽然花坛都是土的，地上也干干净净，我喜欢干净。
　　我媳妇也受我影响，接我的代，也种了很多花。
　　我们房子前间都是空着用，不放柴禾什么的，干干净净。逢年过节，我们信教的，也没请（祭）祖宗。我 60 岁开始信教。

第十二章

[口述实录·翁彩霞]

教育改变人生轨迹

父亲和母亲都是有文化的

新中国成立初的小学教育

离家到县城读书

回家乡当民办教师

两个年轻人相识、结婚

跟随丈夫回到家乡库村，学习做一个农村媳妇

自己编曲，自己编舞

家庭有一个文艺的气氛

访谈对象　翁彩霞
访谈时间　2023 年 10 月 23 日
访谈地点　南浦溪库村

口述者简介：翁彩霞，生于 1946 年，库村媳妇。

　　本口述由采访者与翁彩霞老师的谈话录音整理而得。文本以口述者自述的形式呈现，基本保留受访者的讲述风格和口语习惯，必要时通过括号内文字和"注"以及附图的文字说明等方式作补充描述。

写在前面

　　翁彩霞是筱村五蒲人，因为父母开明，从启蒙到考上罗阳县城中学，一直得到家里的支持，后来成为泰顺县比较早期的民办教师，又从民办转成公办，从事教育三十几年。

　　所以她的经历，与库村比她年长的女性要丰富些，她的谈吐和识见，也展现了一个知识女性的风姿，这是教育的力量。

我今年 78 虚岁。1946 年 10 月出生。我最大，我妈妈连生了 6 个女孩子，最后又生了 2 个男孩子，那就是 8 个孩子。

本来家里女孩子就有 8 个，那时候生活很困难，条件差，其中两个就没有养活。

当时政府规定要到筱村去养（泰顺方言莒江话中，"养"还有"出生""分娩"的含义。此处意指生产、分娩），都得走着去。

我是在五蒲^{【注】}出生的，离筱村镇上二三里路。

【注】解放初属筱村乡，1950 年至 1958 年属葛洋乡，现归入筱村镇。

| 翁彩霞的父亲（受访者供图）

父亲和母亲都是有文化的

我爷爷是中医，再上一代我就不知道了。我爷爷有好多中药书。他有文化，中医的书很难懂的，大都是古文。

我父亲的兄弟很多，他是第四个，下面还有第五个、第六个。六个兄弟只有我爸还有第六个弟弟读书，可惜他那个弟弟后来生了天花（感染天花病毒引起的一种烈性传染病），不在了。

其他兄弟就是务农了。

他是 1916 年出生，中学是在泰一中读的，许笃仁是他的老师，他叫他先生（时人对老师的敬称）。当时泰一中叫瓯南公学。[注]

【注】瓯南公学创建于 1929 年，前身为泰顺师范讲习所，历经泰顺瓯南公学和战时补习中学、泰顺县立简易师范学校、泰顺县初级中学、泰顺县第一中学等沿革。2009 年 12 月由泰顺县第一中学更名为泰顺中学。查《浙江省泰顺中学校志》，翁彩霞的父亲翁泰是四一届（1938.09—1941.01）学生。

许超，字笃仁（1887—1941），泰顺横坑上塘人，著名学者、书法家。1911 年毕业于南京优级师范学堂，曾任北京图书馆馆员兼北大助教，后南归，先后任教于泰顺师范讲习所（并参与泰顺瓯南公学时期的创办）、温州师范学校等，积极倡导新文化，是泰顺教育界先驱。

国民党的时候，我爸教书，在筱村东垟那里当过校长，后来他一边教书一边行医，新中国成立后就去一个合作医疗诊所当医生。

我外公家在南浦溪这里，现在高速公路路口下面。他年轻时去桐庐做工，我外婆跟着他。我妈妈就是在桐庐出生的，9 岁左右，抗日战争爆发了，他们逃回来，回到自己家乡。

那时候家乡有办学，老师上课教学生，她在外边听、看。老师说你这个女孩子这么聪明，你可以来读书呀。我妈说我没钱，没有课本。那老师挺好的，自己手抄了一本给她，她就在那里读了，读二年级、三年级，她学习成绩很好的。

我爸爸最喜欢看《三国演义》，经常给村里人讲《三国演义》里的故事，也讲《水浒传》的故事，这些书他也都拿给我妈妈看，我妈妈也都会看懂，记得住。

我爸爸 95 岁去世，我妈妈 91 岁（去世），她记性很好，村里大部分人，谁几岁，她都记得，大家都会去问她。

解放初的小学教育

我们小时候住的是一座老房子，泥墙木屋，两层，五榴，还是有点规模的。

我爸爸办有一个小纸厂。我们家有竹园，毛竹很多，竹笋长大了，有一点枝分出来的时候，就能砍了，砍了放在一个水塘里，石灰什么的倒进去，让它腐烂变成浆，然后纸浆加水放在一个大槽里，用竹帘捞起来，薄薄的一层。一边在一个泥的小房子里面烧火，里面火烧起来，外面墙壁就热，纸贴到墙壁上烤干。

我爸雇人来做，做好了，就挑到百丈口那个地方去卖。这也是家里的一笔经济收入。

五蒲那里还有很多柿子，柿子还没成熟的时候就把它摘下来，有人来收购的，用来做漆[注]。
【注】柿染生漆，用生柿子榨汁后发酵成为柿漆，作为染料在布料上染色。

柿子是大人摘，我们小孩子去捡掉在地上的，捡了送去卖，也有几分钱。我奶奶有时候叫我做这个事情，卖掉柿子，她就会给我一分钱，这一分钱这么大张，这么长（指面值为1分的人民币纸币，米黄色调，大小约90毫米×42.5毫米），我觉得好，放在枕头下面。

等我到了要读书的时候，他们就让我去读书。我爸爸，谁读书不去（倒装句式，保留翁老师的叙述方式），他就讨厌，他就骂，他很喜欢村里人读书，谁读书好，考进去了，他就送给谁钱。
我们女孩子这么多，别人说把她（以"她"指代翁老师和姐妹们，也是老辈人的一种有意思的叙述方式）送人了，他说不，不送。

当然，他会送我们女孩子读书，每个都送。

| 山中野柿。个头虽小，成熟了也很美味

我7岁就去读了，我们村里有小学，读到四年级，五年级就去筱村读。那时候新中国已经成立了。村里小学有三四个老师，学生大概有八九十个。

八九十个学生当中，女孩子也有，男孩子多一点。当时有交学费，但很少，我不知道多少，不过我70年代教书的时候，每个学生学费只有8角，我们读书时，学费肯定更少了。

当时也与现在一样，功课有语文、算术、美术、音乐、体育等。珠算课要在四年级才开始学。不过我读二年级的时候，老师教我们还是用自己的方言土话，不是普通话。

到三年级的时候，国家就要求大家要读普通话。老师一定不能教土话，但是那时老师们的普通话也是不大标准的。

我记得我问老师我的名字普通话叫什么？

老师说你是"翁彩虾"。我想本来我的名字翁彩霞也蛮好听的，普通话"霞"怎么念成"虾"了呢？

也有教写字，那时候没有铅笔，用毛笔写，我还记得手脸都是黑黑的，因为毛笔比较不容易控制。写字的纸是光帘纸（手造竹纸），字都会映出来，很透，很薄。

到五年级就要去筱村读了，每天走路去学校，要带午饭。那里有食堂，饭用蒸笼热一下，拿到教室里去吃。那个时候，1959年办公共食堂后，粮食很困难，我家里没粮食了，我妈就把马铃薯片呀、青菜呀烧起来，给我带去当午餐。

村里上小学的孩子有八九十人，去筱村读书的时候，人就少了，有些就不读了。

那年我读完小学六年级就毕业考，我也稀里糊涂不太用功的，考完就回家了。

有一次我爸爸去东垟卫生院开会，那时候区委在筱村东垟，他看到一张红榜，上面有我的名字。

原来我考上泰顺一中了。他觉得很骄傲，其他人就考到筱村中学。那个时候筱村办了一个中学，开始招生了。

但是他又觉得我才14岁，这么小，去里面（指罗阳）怎么读？不放心。他就去和县教育局一个领导讲，他说我女儿考进一中，这么小，还是放在筱村读好一点，那个人说你这人真傻，里面是重点的。

那个时候泰顺县一中初一只有两个班，国家供应粮食。

学费是要的，学费三块多，但是国家有粮食给你，还有菜票，住校免费，助学金每一个月也有三块。如果在筱村读就得自己带饭了。

后来我爸爸说还好你考进一中，这样家里负担就轻一点了嘛。

离家到县城读书

开学那天我爸爸正好去县城进货买药，他就带我一起去。那天早上家里没有饭吃，就烧一个南瓜。早些时候我妈妈就对我妹妹说过，这个南瓜不能先割下来，以后你姐姐去城里读书，要走路去的，我们把南瓜烧起来给她吃。

吃完南瓜我们就走路，走到翁家山那里，下起了大雨。我爸爸说先回去，雨太大不能再走了。

翁彩霞年轻时（受访者供图）

第二天再去。我穿着布鞋，我们走到下洪，我爸说中午就在下洪吃一点，我心想下洪真好，有饭店啊！吃过中饭，我们走到下午三四点，才到县城。

六铺路（一铺为10里，约5公里），都是走路。

第二天我爸回去了。我在学校里，头两个星期不习惯，每到晚上看到月亮，就想到我妈妈，想念自己的家乡。有几个女同学每天晚上都在哭，大家都还小。

一个月后就习惯了，再后来就不想回去了。

当时县城中学是两个班，一个班大概就是40多人，招的都是泰顺籍的学生，各个地方的，女生有三分之一。我一直就读了三年，初中毕业了，也学习到了很多知识。

回家乡当民办教师

1962年的夏天，蒋介石要反攻大陆，我们温州地区是前线，这里就备战了，温州好多单位的人都转移到泰顺。

学校动员我们女同学，说如果蒋介石打来了，你们就当卫生员。

那个时候是很乱了。

那时候温州也有中专、卫校、师范学校，随便考上一个都不错，因为要备战，那年全部停招，只有高中在招，我考上了高中，但是读高中就没粮食供应，那时国家粮食很困难。

当年我爸爸一定要送我去读高中。我想想下面姐妹这么多，如果带了粮食，家里都没得吃，怎么带呢？

我就说我不去了。

开学一个月以后学校老师还赶来叫我去读，我说不读了。没粮食带呀。

我那时候 17 岁。后来葛垟小学（葛垟公社，属筱村区）缺少一个民办教师，我就去那里当民办教师，葛垟中心校，设在章前垟。

当时的工资只有 12 块。

那时我爸爸也在葛垟当医生。

那个时候，我什么都教，我自己一边学一边教，就是自己看书，然后教小孩。

我从小学一年级开始教。那是全日制的小学。

两个年轻人相识、结婚

我丈夫当时是在筱村中心校任教，他是瑞安师范毕业的，分配到了筱村。

那年我第二个妹妹，书不想读，她说要去放羊。我爸爸就叫我去劝她。我说你一定要去读书，不读书，长大后后悔就迟了。后来她说可以重新插五年级就读，那我就去筱村帮她办插班的事。学校老师说这个要问教五年级的包老师，他叫达光，库村人。我就去找他了，我说我的一个妹妹想插到你的班级就读行吗？

他说你妹妹什么名字，写一下。我写好了，他说你的字写蛮好哦。

后来他就问其他老师，老师说这个女孩子是在泰一中就读的，读书蛮好的，爸爸是医生，她的妹妹你可以收。后来他就把我妹妹插到他班。

因此他也就认识了我。他觉得我这个女孩子很大方，就有了印象。

后来，有一次轮到我妹妹值日打扫卫生，因为从学校到我家有好多路，平常都是几个同学一起走，她要是打扫完地天就黑了，她自己一个人害怕，她就不打扫卫生，溜了。结果被她班主任知道，跑去把她叫回来，批评了她，第二天她就不去学校了，说不读了。

后来包老师就来家访。

1985 年新山乡校全体教工合影（受访者供图）

事先我妹妹碰到她同班同学，同学说包老师今天会去你家里，我妹妹就跟我说老师要来，我去山上拔草了，我不想见老师。

我说好的。一会儿老师就来我家里。我妈妈那是很热情的。我妈对老师讲莒江话，俩人是同一个地方的，觉得很亲近。快到中午，二妹也从山上回来了，包老师和她碰面谈了许多，二妹答应明天就去上课。老师说他毕业后来筱村才教一年，没来过五蒲，今天亲自来一趟，才知道五蒲这么远，这些走读的学生真不容易。妈妈留老师吃过午饭才回去。

我妈还送给老师两个又红又大的柿子，老师可高兴了。

几天后老师写了一封信给我妈妈，说谢谢你们热情的招待，怎么怎么的，又写一封给我。那时候我爸爸也拿去看，他说这个老师文才蛮好的，有水平哦。

等几天老师又写了信来，是给我的。

我爸爸知道了，说他这人性子有点急。我俩从此经常通信，相互了解。我们平时都喜欢文学、看书、唱歌，有共同的语言，共同的兴趣爱好，一句话，志同道合，有缘。

结婚的时候我18岁。我本来是还不想结婚的，这么早。我爸爸说你如果想好了，就要结婚。家里妹妹那么多，爸妈负担太重了。

那是1963年冬。困难时期刚刚过去，大家生活条件才好了一点。

翁彩霞夫妇和小儿子合影（受访者供图）

那个时候一个人一年只有分配1尺8的布票，买布要拿布票去，一家人只做一件衣服，布票就用完了。但是我出嫁时收了30多件衣服，都是人家送的礼物。这说明爸妈的邻里关系是挺好的。

我出嫁的时候，嫁妆里有只皮箱。皮箱现在都还在。

还有一个樟树做的箱，很香的，还防蛀。还有一个柜子、两个开水瓶，那个时候觉得很好。有被子，绸缎被面，现在也还在，是我爸爸托登峰（翁老师的长子）的爷爷去温州进的货。还有什么毛线衣，这里本地都买不到，都得到上面（杭州、上海）去买。

登峰的爷爷原来是在这里（库村）开店做生意的，后来（新中国成立后）因为库村有了供销社，工商局就叫他们去其他村里开，叫作代销店，一个村一个代销店，他就在南峤。

我们的婚宴是在南峤村办的，当时是比较隆重的一个婚礼了。那时候酒宴要分红蛋，我们就分了400多个红蛋。

那个时候市场上没鸡蛋买，每家都是自己家里养的鸡下的蛋。

我18岁出嫁，登峰爸爸28岁，大我10岁。

跟随丈夫回到家乡库村，学习做一个农村媳妇

"文革"的时候，破"四旧"，立"四新"，大家成立战斗队，平时和谁关系好一点，就同一个战斗队。

我爸爸和我丈夫同一个战斗队。他俩很好，也很有话说。

1970年，当时就有一个文件，所有的公办老师都要回自己家乡任教，叫作回队任教。那年我俩就调回到家乡，在新山中心校任教（彼时南浦溪镇为新山乡）。

刚回来的时候，我烧菜都烧不来，还有孵小鸡什么的我也不会，那个时候没有菜场，我回来，鸡蛋也没地方买，怎么办？

我就去问那些老奶奶，她们就教我孵小鸡，养鸭子，后来还养长毛兔。我买了两只长毛兔，笼子做起来。

最多的时候养了20多只。

星期天就剪毛，要剪一天。有人来收购，他说你的兔毛最好，价格也最好。

翁老师一家在库村古村落里的老屋，即原"聚泰堂"商铺

农村妇女早就学会这些了，但是我是什么都不会。菜也烧不来，都是登峰爸爸烧，他烧菜烧得很好。后来他教我，教会我后，他自己就不烧了。

所以我来库村之后，才把这些家务活学会，怎么做咸菜，怎么做红酒，都学，现在这些都会。

红酒，现在每年都做。烧菜还是习惯用自己做的红酒，跟买过来的不一样。买过来的很淡。

库村现在还是有这个传统，每年到农历十月，每家都做红酒，拣日子，甲、乙这两天最好了，天干地支。这两天做的酒就清。

米要糯米，圆的也可以，我是用长的糯米，长的好一点。

习俗，每年到端午节都包粽子，我的小儿子说我包的粽子好吃，买的不好吃。现在他们那一辈都不想包了。

现在年轻人也不会做咸菜、豆腐乳……现在都去买了。

那时我们晚上还要做布鞋，每个人过年都要一双新布鞋，要给每个孩子做一套新衣服放在床头，新衣服新鞋子穿起来去拜年。说从头到脚都是新的。

反正只要生活在农村，这一套都得会才是，特别是那个年代。

邻里之间关系都很好的，有什么东西好吃的，都也拿过来，大家分享。

工作生活在乡村，种植是一件很自然的事情

我们也有种田，自己的田种一点菜。以前我是民办教师，户口在农村，有田，也有山，后来我转为公办了，那些就归还集体了，没有了。后来村里说我们家里登峰的爷爷他们私人田地很多的，但是后面全部打到集体了。

自己编曲，自己编舞

我们刚回到库村时，学校设在包氏祠堂，后来政府在别的地方盖了新楼，学校就搬到那边，名为新山中心校，再后来又改名为新浦中心校【注】。

【注】南浦溪镇中心学校其前身为始建于1930年的库村高等小学，后几易校址，二易其名，2016年9月，新山、南浦、联云三社区合并成立南浦溪镇，改名为南浦溪镇中心学校（九年一贯制学校）。

那时小学、初中都有，初中有两个班，初一、初二都在这里读。

初三就要去筱村【注】读。

【注】即泰顺县第六中学，前身为筱村中学，创建于1958年。

我在学校主要教语文，当班主任，有时候排不过来，我也要教数学、音乐等课，那时因为教师少，编制少。记得教我小儿子那班，我就语文、数学包班，从一年级跟到五年级。

我丈夫他当教导主任，还教语文、政治，很忙。

那时校园的生活丰富多彩。每年到红五月，纪念毛主席延安文艺座谈会的时候（1942年，中共中央召开延安文艺座谈会。毛泽东在会上就文艺工作发表讲话，提出："为什么人的问题，是一个根本的问题、原则的问题"，"我们的文学艺术都是为人民大众的，首先是为工农兵的"），县里、市里都会举办中小学文艺调演大会，要求选送的节目，内容、歌曲都是创作的，每个学校都要编排文艺节目参加演出，把最好的节目选送到区里、县里参加汇演，再由县里评选出最优秀的节目去参加市中小学文艺调演大会。

我和我丈夫都是学校的文艺骨干。他还负责这一块，那几年他带头编排创作的文艺节目《俩老看飞播》《半夜鸡叫》参加县里演出，获过奖。我是执行者，每次学校分配的任务都要积极、认真地完成。但是要创作出好的节目，是不容易的，我们在不影响教学的前提下进行创作，利用课余时间自编、自导创作了歌舞《改造溪田》《送水》《红领巾》《做军鞋》等文艺节目，参加了区、县、市中小学文艺调演大会演出，获得创作奖、优秀表演奖、演员奖，获得奖品有毛主席著作、钢笔、笔记本，还有两把二胡、四把笛子。看到这些，看到学生开心的样子，我真高兴、欣慰。

因为我在做我自己喜欢的事。

家庭有一个文艺的气氛

我们一家人都喜欢音乐，爱唱歌，两个孩子还会写作，诗歌、散文、小说都写。孩子爸爸他歌唱得好，还会演戏，听他说，他上小学时老师教他演越剧《梁山伯与祝英台》，他演得好，得到观众的好评，春节期间，老师还会带他们去其他地方演出。

我现在年纪大了，但是还喜欢唱歌，有空常常一个人在家里轻轻地唱，自我陶醉，很开心。

记得孩子还在上小学时，每年到夏天放假了，我们一家四口，每天吃过晚饭，就去村前溪滩上乘凉，在那里一起唱歌，读古诗，猜谜语，还讲故事，一直到11点才回家。村里的人都很羡慕。

那时候在村里看（露天）电影是最高兴的事，我们每次看电影回来，四个人都会自然地聚在一起讨论、分析电影里的人物，演员的演技呀、剧情，等等。两个孩子有时高兴得还会模仿刚才电影里演员表演的动作、表情。我们一边说，一边笑，无比快乐。

后来呢，农村也有了电视。刚开始的时候，大家还没买电视机，我们家最早就买了一台黑白的电视机，每晚把电视机搬到一楼大厅来放，村里的孩子、大人都从自己家搬来凳子，来我家看电视。大家可高兴啦，那时真有意思。

我感觉我们跟农村的一般的家庭会不一样，我们平时讲的话题不一样，对于其他的东西也不太追求。那时县教委领导叫我丈夫调到县里去，他说我不去，我在本校最好，在家乡种点菜，还有两个孩子要带在身边为好。他很注重家庭，对当官不感兴趣。

我在这个学校连续教了 32 年，一直到退休。我觉得自己这辈子活得很充实。我热爱教育，选对了这个行业。现在退休了，生活条件这么好，还有好多学生到现在还经常有来往，碰面时总是有说不完的话。师生之间情深，真是桃李满天下，栋才处处有。这就是我一生中最大的欣慰，我知足了。

| 翁彩霞夫妇在库村桥头留影（受访者供图）

后记

翁老师的口述完成之后，按惯例要交给本人过目，以修改文本中的错误和不妥之处。翁老师看过初稿之后特意前来，确认是不是可以像"改作文"那样对文本进行修改。在我们做口述历史的过程中，遇到平常会写也喜欢写文章的口述对象时，经常会"遭遇"对方关于语法是不是不太规范，表达是不是太口语化的质疑，所以对翁老师的"改作文"，做好了充分的心理准备，想想看一个从事三十几年的语文教学工作，笔下不知修改过多少作文的语文老师，其火眼金睛和严谨，肯定会让这篇口述初稿处处出现"红字"。果然，翁老师不仅对错误之处进行修正，还对语法进行了规范，并对文中段落进行删改或调整，令我想起我的小学语文老师，一个同样可亲可爱又可敬的乡镇老一辈女教师。

谨此向老一辈教育工作者致敬。

第十三章

[口述实录·蔡春衣]

行不苟合，做自己

爸妈都是党员，家里兄弟姐妹都有读书

我 14 岁还在读书，就被我妈定掉

做了一个大胆的决定

在库村学习当裁缝

在南浦溪买房、安居，衣服做得少了

访谈对象　蔡春衣
访谈时间　2023 年 8 月 16 日
访谈地点　南浦溪库村

口述者简介：蔡春衣，1962 年出生。

　　本口述由采访者与蔡春衣的谈话录音整理而得。文本以口述者自述的形式呈现，基本保留受访者的讲述风格和口语习惯，必要时通过括号内文字和"注"以及附图的文字说明等方式作补充描述。

写在前面

蔡春衣是五位口述人中最年轻的，情况最"复杂"。她14岁就被家里定亲，却又不像同样婚事被家中长辈做主的夏彩英一样，因为反正嫁了人以后要洗"碗"而失去念书的机会。蔡春衣一直念到高中毕业，当年没考上大学，还复读了一年。

或许正因此，她在嫁人之后，不像其他女子只能守在家里，她先是去了工厂当出纳，后来又学裁缝，挣的钱比领国家工资的丈夫还多。

而且她为了去上班，在仅生育一个女孩子的情况下，做出了放弃腹中胎儿这样一个对于农村妇女来说不那么寻常的选择。

此外，蔡春衣虽不算严格意义上的库村人，却在南浦溪盖房安居，在如今库村人陆续迁出古村落的时代，她和女儿林晓君在库村开店经营自己的手工作品。那之后，陆续有店铺在库村开张。或许，这也是库村古村落现在以及未来的另一种"存在方式"。

我今年虚岁 62 了。是 1962 年出生的。

以前没建珊溪水库的时候，我家在泰顺百丈镇，周坑底村。

我就在那边长大。

爸妈都是党员，家里兄弟姐妹都有读书

我爸家里就我爸一个孩子，我爷爷没有娶老婆。

爷爷是木工师傅，做大木，盖房子那种。有一年，我爷爷在坡头村做木，那里有一个人生了很多儿子，养不下了就给我爷爷一个。就是我爸爸，那年他 4 岁。我爸爸现在如果还在的话，大概一百来岁了，他比我大四十几岁，那就是一九二几年出生。

我爸爸就没有跟着我爷爷做木匠，他就是种地。

我外公外婆家很穷，我妈妈 14 岁就许（由父母做主定亲）给我爸了，14 岁就到我爷爷家，我爷爷帮忙带到 18 岁。

我爸妈差 9 岁，我妈 14 岁过来的时候，我爸爸已经 23 岁了。

结婚时他已经 27 岁了。

我爷爷做木匠，有工钱收入，经济条件是强一点。

我父母都是党员。我爸爸 1947 年就入党了，是地下党。

他说有一年多都没在家里睡，晚上头（方言，即"夜未深的晚上"）都去山上睡。当时说共产党是"共匪"，有人来抓。我小时候听他们这样子讲的。

我妈不知道是 1948 年下半年还是 1949 年上半年入党的。

他们两个人蛮积极的。我不知道我妈是不是在我爷爷家的时候被我爸带着参加共产党，大概是吧。我妈不大识字，我爸好一点，但是也没有很高的文化。

我爸很帅的，脸瘦瘦的，什么事情都很积极。他当过村干部，后来去乌岩岭工作，我妈生我大哥、我二哥，还有一个姐，太穷了，养不下，就叫我爸回来种地。

我们家算起来有 5 个兄弟姐妹。

两个男的和三个女的。我下面还有一个妹妹。

家里兄弟姐妹都有读书。

我大哥读书也很好的。"四人帮"时期，我们泰顺斗得很厉害，地方里有两派，八五派和五一派，我哥是五一派，那个时候有真枪。我哥有次给我爸骗回来，用绳子绑在家里柱子上，不让他出去，怕他给枪打死。我们村都听得到枪声，我妈说吓死了。

后来是五一派赢了，洪口乡里有一个人跟我大哥很好的，就推荐我哥去读书了。读中专，在温州读了两三年，回来在泗溪教书。后来又去杭州读大学，回到泗溪很光荣的，学校大会开起来迎接他。大学生回来教书比较稀罕的。

他后来还在仕阳教书。

他在仕阳的时候，我家里很穷，但我妈是坚持我们子女读书的，我哥交学费，把我带去仕阳。我就去了，那时候我 13 岁。我很善良（性格内向，"文弱"的意思）的，就待不了，整天哭，想家，想妈妈，

蔡春衣在粮管所大院留影（受访者供图）

读了两个月左右，我哥就把我送回来了，把我插班在洪口的学校读书。

大哥大我 11 岁。

从周坑底到洪口有一铺路，就是 10 里（约 5 公里）。我早上去洪口上学，晚上回来，还要去拔草、养兔子，什么叫学习都不知道的。两年后，初中毕业，那个时候高中是不要考的，我父母两个都是党员，我是被推荐去的。

我就去叶寮读高中，星期一去，星期五回来，要背地瓜丝当粮食去蒸。

那个时候真的苦，饿得回来都走不动路了，因为背去的地瓜丝吃完了。

1978 年，我高中毕业。

我 17 岁高中毕业，那时候"四人帮"被打倒了，可以高考了，但是那个时候我什么都没有学来，肯定考不上的。

根本就考不上。我在泗溪复习一年，也考不上。

我 14 岁还在读书，就被我妈定掉

我是 14 岁的时候被定掉的（由父母做主定亲）。对，我妈是 14 岁给我外公定掉，我也是 14 岁被定掉。

我二哥大我 6 岁，他是 1956 年出生。我其实还有个哥哥，比我大 1 岁，我听我妈说他是饿死的。

那个时候有个运动（"大跃进"），上面来查的时候，村里实际上是没有地瓜了，大仓库下面全空着，上面放了"番列"（晾晒番薯丝的器具），地瓜丝薄薄地铺一下，就说大仓库地瓜都满了。实际下面是全空的。

我听我妈说那个时候饿死很多人。每天都有人被抬出去。

我两个哥哥躺在那里没饭吃。

我妈去要饭。不是真正的要饭，是去上面高一点的村子，叶寮。那里是偏僻一点，很山边的地方，他们可以偷偷种一点粮食。

那年头，你种什么就把你拔掉，私人不能种。

后来我妈就买到了点地瓜丝，回家煮起来，我二哥有喂进去，就好起来了。另一个哥死掉了，可能因为他太小了，喂不进去。

我二哥矮一点。我四兄妹都很高，我二哥说他是被饿的，长不高。

他没有怎么读书，读了个小学毕业，十三四岁就去做篾（即从事竹制器物的制作）了。

那时候有人带去福建做篾。

我二哥在福建崇安那里做篾做了十几年。

我二哥难看一点，又矮一点，我妈怕我二哥娶不来媳妇。我14岁还在读书，就被我妈定掉，礼金拿去定我二哥的媳妇。

我那个时候拿了1000礼金。我拿1000礼金，我二嫂子定过来也要1000礼金。都是这样子。

我嫂子比我大4岁，也是先定的，用我的礼金来定，还要有衣服什么，钱就不够，不够就把我妹定掉。那时候我妹12岁，就也给我妈定掉了。

蔡春衣一家旧照（受访者供图）

我妹被定在我们这个村上面的一个村。我妹很漂亮，她长到14岁左右，定我妹的那家父母说这个姑娘太漂亮了，我们那个地方肯定待不牢的，你礼金还给我，衣服的钱就不用退了。

他儿子也不大好看的。

当时我们被定掉之后，我们还都是在娘家。
我嫂子是19岁到我们家的。

我们农村以前都这样子。
有些是自己不愿意，也没办法。有些长大了就退掉了。
我是愿意的。我老公以前年轻也蛮帅，我就喜欢他。也同村的，叫慧标。

他家里也是很穷。他有个外公，是做篾的，生一个女儿，就没得生了。
所以他的外公其实就是他爷爷，因为他爸爸是上门女婿。

他们把钱攒起来，等我老公19岁了，给他定媳妇。那几年谁的家都穷。

他14岁的时候也跟他外公去做篾，做了半年，又回来读书。他是读读，又去做篾，最后也有读到高中毕业。

他以前的老家是在包坑。

所以为什么晓君姓林，因为晓君爸爸的外公姓林。

他爸爸姓蔡。我姓蔡，我们那个村都姓蔡。

我没考上大学，第二年就结婚了，19岁。出嫁的时候买了一台缝纫机当嫁妆，西湖牌的。那个缝纫机一直用到现在。

当时农村风俗就是嫁妆要一台缝纫机。

还有手表，一块上海表。小小的，黑色的带子，我觉得戴起来真的很好看。

嫁到他家，就在他家里种地、养蚕。村里有养蚕的，我做女儿的时候就养过了。蚕种是上面发下来的，我们就去摘桑叶喂蚕，茧是有人来收购的，那个时候我有一点印象就是有蚕茧了，就有新衣服穿了。我妈会剪一块布来，找人裁剪，自己用针缝起来。

我们自己会缝。

做了一个大胆的决定

慧标他爸是有文化的，在粮管所工作，后来下放了。再后来上面有文件，子女可以补员（父母退休后，子女顶替参加工作），就把慧标补进去。

他补员补到粮管所，在筱村葛垟，我就在家里。

有次上面（相关部门领导，下同）就问了，问慧标，你老婆干什么的？他说在家里。上面说我这里需要个出纳。慧标回来跟我说，我当时就想去了。

那时我怀了二胎。肚子这么大了，坐月子的红酒都做进去了（泰顺习俗，妇女生产"坐月子"时都要用红曲米酒烧菜，温中和胃，活血消瘀，帮助产后恢复。亦有加热后直接喝，有助于下奶）。那个时候已经开始计划生育了，但很严是没有的。

我说去！慧标说你怎么去，晓君那时候那么小，3岁左右，慧标的爸妈又不能帮忙带，他们生了六个孩子，最后一个女儿也才七八岁。

我那个时候带晓君觉得很辛苦，再生一个更苦。我妈，我自己的妈，她说你苦死了。

怎么办？

我就决定去引产了。

我家里都不同意的。

我脾气以前也是很急的，家里不同意我也去引产。我是没看到（被引产的胎儿），听我妈说是女儿，不知道我妈是不是骗我。

女儿林晓君在库村粮管所门口种植的紫藤

那时候去县城罗阳做引产，都还要走路的。

引产完回来，一个月都没过完，25天，上面就叫我去了，我就去一个车木厂记账，一个月20块钱，还可以的。

慧标一个月是25块，所以晓君说她觉得她小时候没有吃苦过。有些跟她同龄的都要吃苦。

一年多后，慧标调到南浦溪这里了。

我们跟着过来，一家三口，住在粮食仓库那头的楼上。

蔡春衣夫妇（受访者供图）

当时这里人很多了。管仓库的、卖米的、卖油的、开票的……有六个人。

有家庭的就我们和碎忠两家人。其他都是单身汉。

碎忠也是保管员，管茶籽的。收茶籽。

惠标是管稻谷、番薯丝。

以前这里有两个大仓库，一个装地瓜丝和稻谷，一个装茶籽。有一年茶籽丰收，把仓库都装满了。现在茶籽一粒都没有。

仓库的后面是厨房，有个大锅灶，四口锅。外面有一排小房子，有六个小灶，大家各烧各的。

烧完了就在这里吃。

晓君坐这里吃饭。慧标说你饭吃完就 5 岁了。所以她记得很清楚。她跟库村是有感情的，实际上就在这里长大的。

厨房外面还有点地，可以种菜，我们还上山去割柴，柴也可以买，我们跟卖柴的说要多少，他就挑过来，我们就买个几十斤一百多斤。

"起火头"（柴火灶起火的火引）的材料我都自己去割，山上有的，土话叫"狼萁"（狼萁，里白科芒萁属蕨类植物，晒干后易燃烧）。

在库村学习当裁缝

后来我就在这里做衣服（缝纫加工）。

来库村前，有个师傅在洪口办了一个学裁缝的班，我跟我们村里的人去学过一个月。来库村后，我是正经有一个师父的。

我师父是我高中同学。那个同学也是聪明的，她书看看就会做了，就摆在这里做。

她叫张秀琴，是南浦人，她爸爸在这里的供销合作社[注]工作。那个时候这里是乡所在地，人口也蛮多的，又有合作社，又有粮管所，很热闹。

【注】供销合作社的历史可以追溯到 1761 年苏格兰的芬威克，当时产生了供销社的雏形，多年之后，各个国家纷纷效仿，成立了各种类似的组织。

我国供销合作社的历史始于清末民初，一些留学生在接受了先进教育后，将合作社的经营模式带回了祖国，并称其为协作社。1928 年，为了稳定物价和供应红军物资，鄂豫陕苏区创立了供销合作社，解决了士兵们衣食住行等方面的问题。

新中国成立后，1950 年，全国供销合作总社宣布成立，一直到 20 世纪 80 年代，供销合作社（尤其在农村）几乎是人们购买生活用品的唯一场所，兴盛了数十年。

我的师父张秀琴就在合作社对面开一个店，拿皮尺给客人量一下，要多少布，他们就在合作社买布，买好送过来，过 10 天、15 天来拿衣服。

那个时候我白天跟着她做，晚上她叫我自己看书。我是真的每天晚上看书，很有兴趣的，看不懂的地方问她，她一点我就懂了，就看进去了。

当时看书，要记牢尺寸，肩多少（尺寸），喉咙开下去是胸围的几分之一；裤裆多少（尺寸），是臀围的多少分之一……公式要记要背的。

还要学会画纸样。

大张的白纸拿过来，先学画短裤，直裆多少，横裆多少，裤脚多少，画好了，把纸剪下来。原来它是平面的，你剪好了，样子就出来了。你再把它拼起来。

裁布也是要有功力的，刚开始我裁的布都不大直的。裁得直，烫起来就直，如果裁不直，烫起来就不直，歪歪曲曲的。

缝也不是简单的。你这个衣服是老师做的，还是徒弟做的，能认出来的，老师缝的针脚是平的，徒弟的针脚看起来就会不平。

蓝夹缬茶叶枕（受访者供图）

你多做，就越做越好，越做越好，慢慢就好起来。

一般开始先学做短裤，然后就是汗衫，基本上有点概念了。

我跟师父做了半年，她就心不稳了，不想在这儿了，就离开了库村。一切都放在这里交给我了。我接手下来之后就在这里做衣服，一做就十来年。

虽然是山区地方，但穿衣服还是很讲究的。那个时候也跟潮流，现在没什么潮不潮了，现在你穿什么他穿什么都没关系了，以前是基本上他穿什么你也穿什么，像裤子是黑色的为主，但也流行过白色的。

像西装，那个时候有什么尖领的了，也有开两粒扣子的、三粒扣子的⋯⋯
也蛮赶时代的。

比如一个客人从温州来，罗阳来，时尚一点的，款式比较新颖的，我们会去看。

回来图纸画起来。

你如果不学裁缝的话，看看你是做不了的。学会裁缝，人家穿什么衣服，一看就心里有数。

有时候也把尺寸量一下，大概多少，一寸二或者一寸半、一寸八。

比如喇叭裤，我们就要计算下摆大多少（尺寸）。

我也做过中山装。西装做起来也蛮好看的。

女士的旗袍也做，领子这里一个洞，腰那里收一下，直下去，有些在这里（下摆）开个衩，有些就没开。

还有八片裙，那个时候也蛮兴的，上面到这里（指腰部），小小的合身的，下面就大大的。我给我表妹做过一套这样的八片连衣裙，她穿起来真好看。

我表妹嫁到这里，我们两个是隔壁。她身材好，衣服也好做，我做了，她穿起来当模特。

还有三件套，里面短袖西装领，下面八片的，长长的，外面一件马甲，她穿着也好看。

那些年衣服没得买，很多人找我做，一套西装做下来，工钱40块，所以我挣的钱比慧标多，他就是几块死工资。

在南浦溪买房、安居，衣服做得少了

1991、1992年，我们买了包宅的地基，盖了自己的房子。

那里以前是老车站，附近山村的人来这里买东西，都坐在我家门口等三轮车回去，我们就把凳子搬出去，让他们坐下歇着。

后来就在家里开店，副食品店。

那时候供销社基本上没有了。布也没了，我就去瑞安，今年兴什么，流行什么，我就拿什么布，一般买个二十来米，裁缝机放在家里，边做衣服边开店。

那个时候来做衣服的人也少了，因为有的买了。有些人也还是喜欢做衣服穿。
我基本上穿我自己做的。

我妈每次来我这里，我都做新衣服给她穿，我妈也很喜欢穿新衣服，我一做起来她就马上穿起来。

我婆婆那就不一样了。我做起来给她，她就不穿，放了十几天、二十来天才穿。

我觉得马上穿好一点，我高兴一点。

晓君的衣服，从小到大，基本上都是我做，后来长大了，也是买衣服穿。
成衣开始多起来了之后，裁缝店的生意也就慢慢淡了，原来做衣服的有好几家，（库村）村里头也有。

达安（外翰第户主之一）的爸爸也做衣服的。
那种便衣（大襟衣）的衣领，我以前做不来的，裁缝书里这种衣服很少，我都去问他的爸爸。他是做长衫的。

达安也是裁缝，他的店开在粮管所出去的泥仓那里。
那天刚好碰见达安，我说你帮我裁一件大襟衣。我想留一件纪念。

我停掉了已经快二十来年了。裁不大来了。
他会裁剪。他 72 岁了。

后记

蔡春衣说自己"停掉了"快二十来年了，实际上她一直陆陆续续还为自己的家人或邻居做一些样式相对简单的衣服，此外，4 岁就来到库村，在库村长大的晓君虽然后来去了温州读书、工作，但假期常回库村。

蔡春衣和丈夫蔡慧标则一直生活在库村。蔡慧标因为工作单位在库村，户口就落在库村包宅，他工作的粮管所解散之后，只有他一人留守，成为空荡荡的粮管所的看护者，他和爱花的女儿在院子里种了各种植物，散养在后院菜园的小鸡，则自由自在地长大，为清寂之地平添了些许生气。

蔡春衣和女儿的户口虽然不在库村，但她说自从来了库村，"38 年，一直都在这里，我说我是蜗牛，都没有动。"

有意思的是，蔡春衣是百丈乡音，蔡慧标因为自己的爷爷（也是外公）是联云包坑人，口音又是南浦溪一带的莒江口音。夫妻这么多年，"我俩说话，我讲我的口音，他讲他的口音，我没有改变，他也没有改变。"

晓君因为在库村长大，就是说这里的方言。
"所以我女儿对这里的感情是很深的。"
蔡春衣说。

的确如此，在温州生活、工作的晓君生了
女儿乐妞后，回想自己在粮管所大院度过的快
乐童年，起意要在库村租一个有院子的房子，
彼时 2016 年，乐妞五六岁。

正是在那段时间，晓君萌生了做茶叶枕的
念头，"那种清明后的茶叶，我们泰顺人几乎
都不要了，其实很可惜，那么嫩，那么长，又
很好采摘，我就怂恿我妈做茶叶枕"。

在晓君的怂恿下，她的妈妈真的用她当年
的嫁妆，西湖牌缝纫机做起了茶叶枕。头脑活
络的晓君又预感到农村人传统的蓝夹缬以后会
越来越少，就去收了一些，蔡春衣将它们缝制
成布袋包，还得过省文创比赛的二等奖。

蔡春衣也为外孙女乐妞做花布衣，乐妞穿
着花布衣在库村巷弄快乐行走的照片，还被陕
西省博物馆发布在官网上。

| 蔡春衣的小孙女（受访者供图）

就这样，原来"做一点相关的布艺玩玩"，送送朋友，随着喜欢的人越来越多，晓君索性
在库村门口垟一带另租了一个房子，真正开店，起名为"库村人家·手工工坊"，里面除了手工
作品之外，还有晓君收集的各类带有民间古朴风格的小用品。

同时在楼下开了一家茶室。

彼时库村古村落还没有一家店，她们这是第一家。可见这对母女不仅头脑活络，行动能力
也很强。合适的季节，她们还在店门口摆摊，售卖自己做的泰顺传统小食绿豆腐。

外一章

［烟火日常·之一］

巧妇·自然味道

豆腐柴——

来自库村的广袤山野间

碧绿清透本原美馔

这是与自然相近的好处

写在前面

绿豆腐是泰顺独有的一种小食，是用"豆腐柴"【注】树叶及嫩枝加工成凝膏状的绿色食品，当地称"豆腐柴"，时下称为"绿豆腐"。

那天为了了解绿豆腐的制作方法和流程，我们一早去了蔡春衣在南浦溪的家，彼时她丈夫蔡慧标已经一早出门采摘了新鲜的豆腐柴叶子。彼时10月初，他说可能是最后一次采摘了，之后随着天气转凉，豆腐柴的叶子会因季节的变化而变黄变老，就不再适合制作了。得等到来年春天的清明时节，新芽萌发，叶片长到饱含汁液，才有机会再制作。

不用说，整个制作过程中，蔡春衣是灵魂人物，她的丈夫、女儿林晓君以及彼时也正在场的亲家母（即林晓君的婆婆）则担当着帮手的角色，尤其在放多少凝固剂，以及最关键的涉及汁液的浓淡问题，唯有她才能定夺。而这，完全靠直觉和手感，以及多年来实际操作积累的经验。

| 豆腐柴植株

【注】豆腐柴，多年生落叶灌木，叶呈卵状披针形或椭圆形、卵形或倒卵形，边缘具有不规则的粗齿，有果胶香味。《本草经集注》云："本品气作腐臭，土人呼为腐婢。"腐婢的叶、茎、根均可入药，有清凉解热、消肿止痛、收敛止血等功效。

访谈时间：2023年10月4日
访谈地点：南浦溪镇蔡春衣家
口述人：蔡春衣、蔡慧标、林晓君等

本口述由采访者与蔡春衣等人的谈话录音整理而得。文本以口述者自述的形式呈现，为便于理解，语句组织条理略有调整，但基本保留口述人的口语习惯和表述风格。

制作前准备工作

林晓君：

豆腐柴的叶子每年"五一"到"十一"左右都可以采，因为叶子是摘了又长，摘了又长，可以摘两三次。新叶子长出来大概需要一个多月。

这是我爸特意去别人家摘来的，说他家的豆腐柴叶子长得好。不然这时候（10月初）有些叶子已经变黄了。10月之后，叶子就开始掉，冬天就没叶子了。它是落叶植物。

豆腐柴原来是野生的，这种植物就是东一株，西一株。

现在有些人也会把它弄来，房前屋后种一棵。

| 豆腐柴鲜叶

叶子摘下来之后，要用开水烫一下，让它变软，这样揉搓的时候手就不会痛了，还可以杀菌。然后用清水洗，一般洗两三遍，如果感觉比较脏，就多洗几次。

这里差不多有三斤叶子，可以做两大盆。

洗完再用开水烫，烫了之后要用冷水冲一下，这样就能保持它的绿色，不然颜色会变黄了，就很难看。

这一道也是很关键。

| 反复用清水冲洗

蔡春衣：

因为豆腐柴做好了我们是要生吃的，所以得先烧点开水，放凉备用。尽量不用生水。

洗干净不锈钢大盆，需要多几个。以前我们用脸盆，那种搪瓷的。

洗干净双手。戴手套不行，太滑，而且化学制品不好，也有味道。

| 再用开水烫洗后沥干

| 加适量水用双手搓揉树叶

| 充分搓揉出香浓汁液

| 叶汁用纱布过滤

| 徒手挤压帮助过滤

| 叶渣继续搓揉，直至三次

豆腐柴叶子搓揉出汁

蔡春衣：

用双手掌心包住叶子在大盆里前后来回或者转圈反复地搓，一次不要太多，太干可以适当加点水。一直搓到没有什么汁水出来了，手感到叶子变得有渣了，就先停下来。

全部的叶子都搓完了后，就要过滤了。用纱布包住搓碎的叶子连液汁，然后用手握住挤压，把汤汁过滤出来。汤汁很黏稠，而且很滑，比较不容易滤出来，需要手劲，慢慢来。

滤完再拿叶渣像前面的方法一样，加点水再搓。因为里面的汁水还没充分挤出来。

这次搓出来的汤汁就感觉稀了很多，也没那么黏了。

重复上面的过滤步骤。滤出的汤汁和第一次的混在一起。

接着，再拿叶渣加少量水再搓，再过滤。出来的汤汁也更淡了。

一般要搓三次，有时候还要四次，就要看情况了，和你搓的时间和力度有关系的。

然后把三次挤出来的汁水混在一起。

颜色很好看。

加凝固剂之前，还要先把三次混合的液汁调到适合的浓淡，这个是决定口感的关键。你要用眼看和手摸来判断加水还是不要加水，要加多少水。

边加水边观察，看汤汁的流动性，就会看得出来，还有，浓淡手也会有感觉的。

我们就是凭经验，凭手感。

豆腐柴液汁凝固

现在要加凝固剂。现在我们都是用钙片。

最早就是用柴火烧起来的土灰泡水过滤出来的"灰碱水"。后来用过石膏，也用过白玉牙膏，不过牙膏有味道。

这是钙粉，碳酸钙，去药店买的。先用凉水化开。

这一盆大概需要两三克，量很关键，放多了就太硬了，放少了又凝固不起来。这个需要做熟悉了才会知道。

放下去之后，就没得改了。铁板钉钉的事情。放多了放少了都不能补救了。

我做了这么多年，偶尔也出现凝固不起来的情况。一般不会。偏硬一点，偏软一点，那有时候也是会有的。

把手放进加了凝固剂的汤汁里，顺时针用力搅拌，得让凝固剂和汤汁均匀混合在一起。不能搅太久，匀了就行。

搅好就不能再碰它了。放在桌子上也不能让小孩摇晃到。

基本上，半个小时就会凝固。

| 混合三次叶汁并调至适当浓度 | 反复多次过滤 | 加入适量钙粉（起凝固作用，先加水化开） |

用手充分搅匀钙粉溶液

| 凝固后的豆腐柴成品，可即食

晓君婆婆：

晓君不行，她搞不起来，我也搞不起来。

蔡慧标：

做"豆腐柴"我们是一代一代传下来的，我们小时候看着大人做，小孩也会帮忙搓，所以也都知道怎么做。

绿豆腐好像也就泰顺人会做，像洞头，很多豆腐柴，大得像树一样，但是他们就不会做这个东西。

平常我们拿这个东西是当好吃的东西吃，也可以当菜配饭。

想吃就自己去山上摘点叶子来，随时就可以做。

有咸、甜两种吃法，其实辣的也很好吃。味道也挺好的。

豆腐柴属于寒凉性质的植物，有清热解毒作用，以前，谁身上烂疔之类的，也会摘这种叶子，捣得很烂，直接敷在上面。豆腐柴的根可以治脚腿风痛，很有效。

蔡春衣：

这个东西是靠经验的，多做几次就会有感觉了。

我做起来都会偏硬一点，我不敢做那么淡。

太淡的话，放一会儿就会出水，因为里面太多水分。我做硬一点，水分就不会那么容易出。

＊ ＊ ＊

整个过程前后一个多小时。两盆绿豆腐浓汁等着凝固。等我们近午时去"库村人家"，她们所做的绿豆腐已经卖完了一盆。另一盆也已续上。

不用说，来来往往的游客，对这碧绿清透、滑嫩可口的凉品很感兴趣。我们自然也免不了要上一份，日光下站着，一勺勺往嘴里送。

| 白花美丽胡枝子　　　　　　　　　　　　茶花亦可作为食材

"豆腐柴"只是来自库村广袤山野间的本原美馔之一。

　　除此之外，本地很多山民都喜欢顺应四时，在春夏季节采摘各种野生植物的嫩叶，那些生长于野地、溪边、山上的草叶或树叶乃至初开放的春花，他们都能够辨识，并且熟练采摘，比如清明时节特有的棉菜；还有像苦菜、清风丝、臭桐蓬、蕨菜、桑叶……都能入菜，且各有自己独具的风味；还有秋季的野蕈，各种野果；冬天的冬笋……而许多植物的根茎花果，还兼具药效，或滋补强身，或清凉去火，经人们的巧手烹调即成美味"药膳"，是久居城市的人享受不到的。

　　库村古村落古戏台附近溪边一株"马里绡"（美丽胡枝子），初夏时节开放，每天早上都会有村民前往摘一小把，烧汤、烙饼，或晒干了泡茶……

　　这是与自然相近的好处。

外一章

[烟火日常·之二]

巧妇·四时食事

豆腐腌 / 豆豉 / 菜咸
竹笋 / 干菜 / 番薯粉
红酒 / 麻糍 / 腊毛兔
是食味，也是乡味——

写在前面

如果在库村待的时间够长，会发现库村人爱晒，随着季节变化，竹笋、豆角、蔬菜、野菇、萝卜……或经过蒸煮，或直接切片切条，整齐排列于或大或小的箥匾上，置于桥头、溪边、屋前……乃至直接铺在栏杆上，让它们经历日光和风的作用，用自然之力剥夺它们内含的水分，达到可以改变性味和长期储藏的目的。

这是人们在与自然关系密切的年代中获得的生活智慧，代代相传，使得人们在无法获取新鲜蔬食的季节，能够通过这样的方式而维持必要的营养，或者，能够使得"无味"乃至难以下咽的主食如番薯（很多经历过 20 世纪困难时期的人对番薯都有着刻骨铭心的"不良"记忆）变得适口一点。泰顺民间把主食之外的这些菜蔬，统称为"配"，非常形象和贴切。

| 晒谷场景。麻糍、粉干、九层糕、汤圆……制曲、酿酒等都离不开稻谷

为了让"配饭"的这些菜肴样式更丰富、更多样化，以解人类嘴馋（想必动物界也只有人类有追求"好吃"的需求，其他不管天上飞的、海里游的、地上跑的，没有这样的想法和欲望），在漫长的时光中，人们又根据蔬食的不同特性，采取不同的加工方

法，或腌，或晒，或两者结合，炮制出同样可以长期储藏的各种美味佐食。

而所有这些"工作"，必然由女性担当。很简单，农耕时代，担任劳作主力的男人们要下地干活，无暇也无精力，或许也"不屑"顾及这类"小事情"，而家中女人，在彼时如果不熟谙相关技艺，就算有钱，也无处去买。

在这种情形下，泰顺山区的女子，但凡上了年纪的，对于这一类技艺的操作流程，都了然于心，当然，她们的能力不止于此。按库村媳妇夏彩英所说："以前女人一年到头很忙的，带孩子，还要养猪、养鸡这些禽畜，有时还要上山砍柴，柴火灶烧饭用。农忙时也得下地帮忙。"

前文所写包文修的妻子，她嫁来库村时，即居住于溪边那座泥墙屋，如今虽搬到她女儿所买的砖混榴房居住，但几乎每天都会来泥墙屋，开门通风，打理屋前的各类植物，为它们剪枝、浇水……

和夏彩英老人一样，她也是一个喜欢花，热衷而且擅长养护各类花木的人，这种骨子里对于"美"的喜爱，也表现在她对现在居住的家（女儿一家现在居于罗阳）的日常打理上，不用说，房前房后的空地上花盆摆列，各种花卉应着各自的花时，展露自己最美的风姿。

| 万物皆可干——冬瓜

一楼墙壁上，赫然挂着一枝带着数个柿子的枝丫，老人笑说，觉得它好看。

屋内，家具器物井井有条，厨房干净明亮。沿墙摆放的数口大缸引起了我们的注意，老人说这是酿红酒（泰顺民间称自酿的红曲米酒为红酒，因其颜色红艳）用的缸，她揭开缸口的封布，指点我们看缸的内壁，说这里铺着一层炉灰，可以吸潮吸异味，保持酒缸的洁净。

这令我们感觉新鲜。做酒的缸得专用，这点常识想必很多人都具备，但酒缸空的时候要铺炉灰，不一定所有人都能考虑这么周全。

下述关于腌晒、酿造等内容，便是请教老人所得，为了叙述方便，按类别作简单分割。

访谈时间：2023 年 10 月 24 日
访谈地点：南浦溪库村
口述人：吴碎娟等

本口述由采访者与吴碎娟等人的谈话录音整理而得。文本以口述者自述的形式呈现，为便于理解，语句组织条理略有调整及补充，口述部分基本保留口述人的莒江话方言口语习惯和表述风格。

豆腐腌（方言，即腐乳）

以前豆腐也都自己做，每座厝里基本都有石头打的"米磨"，逢年过节，大年二十七八，都要做好几板。平时有老司（工匠师傅的意思，农村造房子、做家具或农具，一般都要请工匠师傅上门，管吃，有条件的也管住），有人客的时节，也做来当菜用，以前买东西没有现在那么方便。

做"豆腐腌"的豆腐也是一样的。

豆腐切成大块，放在铺上干净稻草的扁筛里晒到干皮，放在阴凉房间里，半个月左右，表面就会长毛。油、盐和红曲粉一起放锅里炒热，将豆腐块滚上调料，再一层层放在陶坛里，过一夜后，倒入红曲酒，然后等着就可以了。

豆豉

以前，每家每户都种点"徐昌豆"，就是黄豆。一般在番薯地里间种一些，还有"田岸豆"，种在稻田田埂里侧。因为田园比较有限，专门整片种的比较少，基本都种在田头地角。

秋天的时节，番薯和水稻收完就可以收黄豆了。

黄豆煮熟，沥干，拌入面粉，放在阴凉房间内，等到表面长满绿霉，放入陶坛内加入放凉的盐开水，放在太阳底下露天曝晒，没雨的夜里也放在外面，豆豉晒得越久越香。以前的人都用圆形的簸箩去勾点蜘蛛网来盖在坛口，防止虫子苍蝇进去。

发挥做法：冬瓜去皮，切成一圈圈，晒到半干，放锅里蒸熟，再晒，加到豆豉里。

【注】豆豉约创制于春秋、战国之际，是一种豆制食品。一般用黄豆或黑豆泡透蒸熟或煮

熟以后，经发酵制成，多用于调味，《齐民要术》载有制作豆豉的技法。东汉开始用作药物，《本草经疏》《药性论》《本草纲目》等都有记载。

菜咸（方言，即咸菜）

2月末，清明边，芥菜砍下来，洗干净，晾晒，个头大的要晒三天。再切成短条，加盐拌匀（一般10斤芥菜用六两半到七两盐）。再用手，多了就用脚，踩，揉，然后压放在箩筐里。

过两夜，还要翻揉一次，然后再压实，放在竹筒或者陶坛里。以前坛子大的可以装四五十斤的，用一种木槌压，封口有些会用黄泥压实，再用笋壳包上，扎紧。倒转放在沙子上面储存。

一般2月做好，过了6月才好吃，没放久会有"青气"。

太湿了容易酸，太干了又容易"发"掉（发酵，出现白腐），也很难控制。做得好的可以放很多年。

芥菜除了做菜咸，也有人用来做菜干。一般用尾部有叶的那段，也要先用盐揉压，再拿来焖煮，晒干。吃的时候，泡开，洗去咸味，用来炒肉之类的。

以前我们菜咸每年都要做一百多两百斤的。

芥菜我们都是种梗圆一点的那种，黑黑的，有些梗是扁一些的。这个时候就可以种了（10月24日），水稻割完就可以了。

菜咸一般就是油炒，当作菜。也可以烧汤。以前孩子在读书住校，经常带这个去当菜，因为容易保存，也方便吃。

二月二本地有吃"芥菜饭"的习俗。

白菜、山东乌也可以这样做成菜咸。

【注】白菜、芥菜、山东乌均为十字花科芸薹属的蔬菜。泰顺本地普遍种植。

路边堆码齐整的柴薪，多是备着春天用来煮竹笋的

竹笋

过了 2 月，自家种的蔬菜就少了。白花豆、豌豆要 4 月左右才能吃。除非有种甜菜（莙荙菜，原产于欧洲南部，5 世纪传入中国），但一般都给喂猪。

这时春笋正当出，出泥面了的笋就不好吃了，涩口，一般都拿来晒或者腌。

晒笋干的笋一定得煮久煮烂煮透才好吃。一般都是整根放进去煮，要煮过夜，笋要头对头，尾对尾，排好塞紧，这样容易熟，还会嘭嘭地整条爆开。

以前有些人家柴火充足的煮好几天，做"烂笋糖"都煮到乌黑。

腌笋，就是生的笋，小竹子的，用盐揉拌，盐要多，会出水，沥干，压实储存。或者毛竹的笋砍成小块，加盐，煮透，晒到半干，再蒸再晒，然后压在坛里。吃的时候浸泡，把咸味退掉再加工。

万物皆可干——野蕈

干菜（方言，即菜干）

干菜种类很多，基本的蔬菜瓜果都可以晒干，但方法不一样。

刀豆干、豇豆干、四季豆干用水煮熟透了，过一下凉水，直接太阳晒干就可以，比较简单。还有苋菜干，等等。

一般就是晒干了，备着，为了没青菜的时候吃的。有些是种多了一时吃不完，晒干了储存。

以前种菜品种比较固定比较单一，种子也都得自己留。

季节到了，7 月前后，大家还会上山"拾蕈"（音 xùn），也会晒干。一般头天下了大雨后，第二天早上去山上"拾蕈"，基本都会满载而归。

萝卜我们叫"菜头"，也有晒干，叫"菜头片"，切片晒到半干，放锅里蒸熟，再晒，再蒸再晒……还有做"菜头糖"，切成小段，做法差不多。菜头可以做很多花样，比如"菜头脯"，等等。

【注1】蕈，高等菌类植物，生长在树林里或草地上。由帽状的菌盖和杆状的菌栖构成，形状略像伞。野蕈种类很多，无毒的可食用。盛夏时节，晴雨相间，湿闷的环境非常有利于菌类的繁殖和生长。

【注2】白萝卜是根菜类的主要蔬菜，属十字花科萝卜属的二年生植物。其生育期为50天左右，一般地区每年可种植二季。

＊＊＊

番薯粉和红曲米酒这两样食物为泰顺所常见，它们与熏兔、青豆干、笋干等一起所组成的关于泰顺食物的记忆，可以提升到乡愁的高度。

番薯粉本是指从生番薯里分离出来的淀粉，但用这种淀粉制作的食材和食物，当地通常也统称为番薯粉。现在，粮食充足了，不再靠番薯丝做主食了，村民们就把地里挖出的番薯先清洗干净，用机器粉碎成浆，并加水搅荡冲洗，再用纱布过滤去渣滓。这样反复淘洗过滤，分离出来的淀粉就溶化在水里，最后沉淀下来形成白色的固体物，附着在桶底。倒去废水，把这些凝固的粉块挖出来晒干，就是番薯粉。

番薯粉的民间用途很多。

还有人摘取苦槠的果实，晒干，去壳及苦皮，取果仁，磨浆洗出淀粉，类似炊番薯粉的工艺做出"苦槠粉"片。

番薯粉

霜降过去，就可以割地瓜叶，掘地瓜，刨地瓜丝了，以前是每次地瓜丝晒之前都用水洗一下，洗出来的水，经过沉淀就有地瓜粉，这样很多次收集起来，到最后再过滤，晒干。

因为番薯粉性偏凉寒，有降火的功效。比如上火了，可以把番薯粉加水和少许食盐调成很稀的液体，放锅里边搅边加热，凝固成黏黏的糊状物后，加点油、葱花或倒点米酒、酱油之类的调一下味。

| 日晒中晶莹剔透的番薯粉丝

农村祝寿或结婚、过年时要贴对联，我们也用番薯粉调水加热，制作糨糊，黏性很好，方便又实用。

平常炒菜，加点番薯粉，能起一个勾芡作用。

还有一种是番薯粉条，那是用晒干的番薯粉加工的。先用清水把番薯粉化开调成浓稠液态状，大锅里烧水，水上放个底部平坦且有高齐边沿的竹编圆匾，水开后将少量番薯粉浆倒进竹匾，摊匀，番薯粉浆隔水蒸熟，凝固，揭下来之后就是一片薄皮，放凉后卷成圆筒状，横切成一厘米左右的宽度，现炒加工或者晒干收储备用。

还有一种像粉丝那样细细长长的番薯粉丝，制作方法和原理基本一样，只是所用器具不一样。番薯粉条是一层凝固之后就揭下来切段，番薯粉丝则不同，它是一层熟了，再加一层粉浆，这层熟了又再加一层粉浆。这样层层叠加，最后成了厚厚的一块大圆饼，然后把它们固定在木头做的夹具里，用特制的铜刨刨成长长的细丝，再环成一个个小团，放在竹制晒具上晒干，就是番薯粉丝。

红酒（红曲米酒）

泰顺民间几乎家家每年都要酿酒。一般在古历十月前后，用糯米、乌衣红曲、山泉水为原料酿制，酒体透亮暖红，俗称"红酒"。

红酒一般天气变凉了做，古历十月过后，用糯米，一大斗红曲做四小斗米（十二斤）的比例。米浸透，用饭甑炊好米饭，摊散（否则酒容易变酸），放凉至温，加到事先备好了水和曲（一斤米两斤水）的酒缸里。当天夜里会沸腾（视气温和水温度），注意不要溢出，一周内缸口只能用纱网盖住。半个月后密闭。

一般坐月子、红白事、老司上门做手艺（比如盖房子）都要有计划地事先做着备用。

以前妇女坐月子的时候，一般烧菜都是用酒代水的，会比较多奶水。现在妇女多剖腹生产，手术后忌酒，就少人用了。

年年补药我们也要吃，浸酒。每晚筛一小缸酒喝（注：筛，斟酒或斟茶之意）。

红酒每年酿一次，酿三四百斤，主要是烧菜用，烧肉、烧鱼都要，也喝。热红酒加鸡蛋，加糖，或者加紫苏、姜这些驱寒用。孩子们回来也带点去。

搓年糕的热闹场景（包国福供图）

麻糍

麻糍也是逢年过节做，晚米浸透，用饭甑炊好米饭，拿到"踏碓"去捣。

家家户户都做，要做很多。可以吃很久，要放久就得放水里浸，不容易发霉，也不会开裂。

多搓直条形的。送人就要压印成"糖糕"（长条形，不甜）或"麻糍钱"（圆饼形），有图案，漂亮点。请祖先拜佛的要做明斋（音），鹤这些形状。

以前七月半、八月十五都会做九层糕，自己炊。

粽子"重五"包，每年都有的，米粽、豆粽、麦粽……

【注】棉菜麻糍是麻糍里混合了晒干的"棉菜"粉末，干煎尤其香。"棉菜"是清明时节前后特有的植物。

"麻糍重"即米面层。米面层是将大米用水浸泡后，磨成细腻的米浆，用竹编的圆圈，隔着热水，把调成适当稠度的米浆倒进去摊匀，蒸熟后凝固成型，揭下放凉后卷成圆筒状，横切成一厘米左右的宽度，现炒加工。若是晒干收储备用的，就要切细一点，容易晒干和烧煮，称为"麻糍干"。

蒸熟后马上加馅料卷起来吃的米面层，是泰顺很有特色的小点，里面通常加笋丝、豆芽、蔬菜、

瘦肉等，但这种米面层的裹皮要适当做得薄一点。

腊毛兔（熏兔）

以前那个时候，物资比较匮乏的时候，很多东西都是自给自足，就算你有钱也不容易买到，所以家家户户都会养点鸡、鸭、兔子之类的，必须养的，因为别人也就是有限地养一点。

兔子除了用来和草药煮汤之外，就是腊兔。

兔子杀了洗干净，晾干，铁锅里放菜油、米、粗糠等炒焦，全兔覆放在竹木支架上，锅底烧火，使锅里油米炭化冒烟，利用烟熏及高温将兔子表面熏至金黄油亮即可。

* * *

据我们了解，如今库村年轻一辈，基本上对这些"腌""晒"等需要动手的事情不感兴趣，因为现在想吃什么，"买"就是了。

的确，以前山里的女子什么都得会做，就是因为想"买"也买不到，所以乡村教师翁彩霞无奈之下，只得向老人们请教如何孵小鸡，如何养兔子，以及如何酿酒，包粽子……而现在，所有这些都可以通过"买"这种简单的方式解决，又有谁有耐心有兴趣做这些烦琐之事呢？但是也正如翁彩霞老师所说，她的小儿子说只有她包的粽子才好吃，她也坦言，自己酿的酒才有真正的酒香和酒味，买来的红酒，"太淡了"。想必，这"淡"还不仅仅是味觉上的淡吧。

所以上述内容，不仅是一份库村老一辈人生活经验的片段记录，或许，也可以作为一份简单的"攻略"，以供未来可能对此感兴趣的人参考，重拾"亲自动手"的乐趣。

| 万物皆可干——刀豆和金瓜籽

后
记

[并致谢]

穿过时间的迷雾

本书的完成，对于作者

既是挑战，也是乐趣

而未解之疑惑，或许

未来有机会穿过时间的迷雾

探得真相——

《女性的身影·历史长河中的库村》至此告一段落，对于作者，这本书的完成是一个挑战。因为两位作者并非从事历史研究的专业人士，而中国历史，关涉到各朝代的官职、人物、事件等部分尤其复杂和细琐，需要投入大量时间和精力进行研读、分析，在其基础上对照库村包、吴两氏宗谱，将宗谱中出现的相关历史人物与中国大历史建立有机的联结，并通过合理的推断和联想，尽可能使得这些历史人物呈现出立体的、鲜活的形象。

在这个过程中，我们发现，因为年代久远，一些人事所涉及的名字、家族渊源、时间和地点，出现错乱和"张冠李戴"的现象。我们抓住疑点，"顺藤摸瓜"，进而对相关文本进行比对、梳理，尽可能还原真相，凡有所得，总有"悬案得破"的欣喜。所以本书的完成，对于作者，既是挑战，也是乐趣。

当然，文中依然存在着若干疑点，因为条件所限，尚不能得出足够明晰的结论，或许未来有机会穿过时间的迷雾，探得真相。

非常感谢给予大力支持的库村村干部及退休村干部包国宣、包国岳、吴立苏、吴振橙、包国福、包惟国……在我们进行田野调查和查阅宗谱的过程中，得到了他们热情和及时的帮助；非常感谢接受我们采访的口述人和她们的家属，感谢她们对我们的信任，愿意敞开心扉和我们交流；非常感谢在本书中出现或没有出现过名字的村民们，如吴立华、吴时达、吴先和、包忠信、吴振才、包其宣、包成算、包碎挫、吴恒奏、吴振修……如果没有他们提供线索，让我们翻阅他们收藏的各种版本的宗谱，这本书不可能这么顺利完成。

并感谢泰顺图书馆的工作人员夏妙录女士提供她的个人藏书，供我们翻阅数月之久。

278

本书写作过程中，参考了下列文献资料，谨此一并谢过。

[01]（后晋）刘昫等撰.旧唐书［M］.北京：中华书局，1975 年版。

[02]（宋）欧阳修 宋祁等著.新唐书［M］.北京：中华书局，1975 年版。

[03]（宋）司马光主编.资治通鉴［M］.北京：中华书局，2023 年版。

[04]（宋）苏轼著，孔凡礼点校.苏轼文集［M］.北京：中华书局，1986 年版。

[05]（元）脱脱、阿鲁图等著.宋史［M］.北京：中华书局，2016 年版。

[06]（明）解缙、姚广孝等著.永乐大典［M］.北京：国家图书馆出版社，2023 年版。

[07]（清）永瑢、纪昀等著.钦定四库全书［M］.中国台湾：台湾商务印书馆，2012 年版。

[08]（清）朱国源著.泰顺县志［M］.泰顺：清雍正七年（1729）版。

[09]（清）林鹗、林用霖著.分疆录［M］.泰顺：清光绪四年（1878）版。

[10]（清）库村包氏宗谱［M］.泰顺：多种不同纂修年代及版本。

[11]（清）库村吴氏宗谱［M］.泰顺：多种不同纂修年代及版本。

[12] 龚延明、祖慧编著.宋代登科总录［M］.桂林：广西师范大学出版社，2014 年版。

[13] 陈舜臣著.中国的历史［M］.福州：福建人民出版社，2013 年版。

[14] 陈寅恪等著.西南联大国史课［M］.北京：天地出版社，2021 年版。

[15] 陈寅恪著.唐代政治史述论稿［M］.上海：上海古籍出版社，1997 年版。

[16] 许倬云著.九堂中国文化课［M］.桂林：广西师范大学出版社，2020 年版。

[17] 卜宪群著.中国通史［M］.北京：华夏出版社，2016 年版。

[18] 张海鸥著.宋代隐士居士文化与文学［M］.北京：社会科学文献出版社，2017 年版。

[19] 郤文倩著.食色里的传统［M］.北京：中华书局，2022 年版。

[20] 韦祖辉著.中国文化小通史［M］.福州：福建人民出版社，2006 年版。

图书在版编目（ＣＩＰ）数据

女性的身影：历史长河中的库村 / 库村口述历史编
纂委员会编 . -- 北京 : 中国文史出版社 , 2024. 12.
ISBN 978-7-5205-5111-3

Ⅰ . K295.55

中国国家版本馆 CIP 数据核字第 2025ZW6510 号

责任编辑：赵姣娇

出版发行：中国文史出版社

社　　址：北京市海淀区西八里庄路 69 号院　　邮编：100142
电　　话：010-81136606 81136602 81136603（发行部）
传　　真：010-81136655
印　　装：温州市北大方印务有限公司
经　　销：全国新华书店
开　　本：787mm×1092mm　1/16
印　　张：18.25
字　　数：404 千字
版　　次：2025 年 3 月北京第 1 版
印　　次：2025 年 3 月第 1 次印刷
定　　价：68.00 元

让历史映照未来